DRÔLES DE PRÉSIDENTS !

DU MÊME AUTEUR

Un Français de la Coloniale. Afrique, Chine, Mandchourie, Algérie, Les Éditions du Menhir, 2021.

Jacques Chirac, l'album souvenir, avec Jean-Louis Debré, L'Archipel, 2019.

Chirac, quelle histoire ! (1932-2019), L'Archipel, 2019.

Protéger le président. Élysée : quinze ans d'histoires secrètes, avec le colonel Denis Roux, L'Archipel, 2019.

Je ne pouvais rien dire, avec Paul-Louis Voger, L'Archipel, 2018.

C'était Rocard, avec Jean-Paul Huchon, L'Archipel, 2017.

Les Conquérants 2017, avec Éric Revel, L'Archipel, 2016.

Dans les coulisses de la diplomatie française, de Sarkozy à Hollande, L'Archipel, 2015.

La France peut s'en sortir !, entretiens avec Jean Arthuis et Michel Sapin, L'Archipel, 2012.

Chirac, les 5 visages d'un président, L'Archipel, 2012.

L'Île-de-France et les Franciliens, Éditions des Syrtes, 2004.

Ceux qui aiment ne peuvent pas perdre, entretiens avec Jean-Paul Huchon, Plon, 2004.

XAVIER PANON

DRÔLES DE PRÉSIDENTS !

De de Gaulle à Macron, 60 ans d'humour

l'Archipel

En couverture :
ph. AFP (de Gaulle), Heinrich Sanden / DPA Picture-Alliance *via* AFP (Pompidou), Jean-Pierre Loth / Ina *via* AFP (Giscard d'Estaing), Michel Clément / AFP (Mitterrand), Georges Gobert / AFP (Chirac), ph. Denis Closon / AFP (Sarkozy), ph. Thierry Chesnot / Getty Images Europe *via* AFP (Hollande), ph. Alain Jocard / AFP (Macron).

Notre catalogue est consultable à l'adresse suivante :
www.editionsarchipel.com

Éditions de l'Archipel
92, avenue de France
75013 Paris

ISBN 978-2-8098-4319-4

À Gislaine,
Diane et Xavier,
Christophe et Astrid,
Ludovic et Cécilia

« *Le rire, comme les essuie-glaces, permet d'avancer,*
même s'il n'arrête pas la pluie. »

Gérard Jugnot

Introduction

Guerres, pandémies, attentats, périls climatiques, émeutes de quartiers, chômage, conflits sociaux, internationaux… Depuis de Gaulle, les huit présidents sont en première ligne. Dans une apparence jupitérienne – grâce aux pouvoirs quasi monarchiques que leur confère la Constitution de 1958 – masquant l'emprise grandissante d'une suprématie européenne. Soumis de surcroît à la loupe grossissante de l'info en continu et à celle, souvent déformante, des réseaux sociaux, ils restent des points de repère institutionnels, mais ils ont perdu de leur aura gaullienne.

Ce sont donc de « drôles de présidents » qui, tout en tenant la barre, « prennent la foudre[1] ». À la fois paratonnerres et punching ball pour un peuple frondeur qui, depuis une vingtaine d'années, exprime ses frustrations et ses colères contre ce qu'il ressent comme un mépris de « ceux d'en haut ». Et ce dans un contexte de contestation globale – Bonnets rouges, Gilets jaunes, mouvement #MeToo, déconstruction de l'histoire, manifestations antivaccin…

1. Gilles Le Gendre, député LREM, *Le Monde*, 25 août 2021.

A priori, pour nos chefs d'État, pas vraiment de quoi se dilater la rate. Et pourtant, ce sont des présidents capables de drôlerie, chacun selon sa personnalité, que ce livre propose de découvrir. Avec un avantage au général de Gaulle, qui coche la plupart des cases de l'humour : répliques du tac au tac, mots historiques, menaçants, insultants, assassins, paillards, cyniques, sarcastiques, maladroits, comique de situation, sans oublier le recours à l'injure, qui pouvait conduire aux duels au siècle dernier, et l'autodérision, *nec plus ultra* de l'humour.

Pour ne pas succomber à la déprime totale, l'humour reste, pour les locataires de l'Élysée soumis à un stress exceptionnel, l'un des moyens de résister et de conserver une part d'humanité. Il est une arme de salut et souvent depuis leur enfance, compte tenu des relations difficiles de la plupart avec leur père. Certes, un président n'est pas un chansonnier et l'Élysée n'est pas l'Olympia. Nul n'attend qu'il galèje à longueur de temps, encore moins quand la tragédie frappe par surprise. Mais l'humour offre au chef de l'État, moyennant « l'anesthésie momentanée du cœur » décrite par Bergson, la prise de distance indispensable pour affronter les situations dramatiques. Il procure aussi l'antidote à leur solitude élyséenne, accentuée par le pouvoir de destruction nucléaire de la planète.

Solitude ? Le Général, si l'on en croit ses *Mémoires*, avait fini par en faire son « amie ». Georges Pompidou se sentait « en prison ou au couvent ». Giscard s'en extrayait à l'heure du laitier en s'invitant chez des Français, ou à la chasse en Afrique, entre autres échappatoires. François Mitterrand s'octroyait toute la liberté du monarque républicain. Jacques Chirac a toujours vécu en globe-trotter, à cheval entre l'instant présent et les millénaires Arts premiers, sa passion. Nicolas Sarkozy a partagé sa solitude avec Carla (« C'est du sérieux ! ») et traversé l'Élysée en courant, façon lapin Duracel ou Forrest Gump. François Hollande a fui sa solitude, et pas seulement en scooter : l'humour est sa seconde nature, même s'il n'a pas suffi à lui éviter la scoumoune. Quant à Emmanuel Macron, son vaccin s'appelle Brigitte.

L'humour ne s'apprend pas. C'est un art et non une science. Il contribue à l'autorité dont l'homme politique a besoin. Il est une arme de « dérision massive », qui met les rieurs de son côté et neutralise les ennemis qui le défient[1]. « À Paris, disait Talleyrand, les éclats de bombes blessent, les éclats de rire tuent. » Il canalise les tensions et permet, selon le belge Louis Scutenaire, « de se tirer d'embarras sans se tirer d'affaire ». Il exige également du courage car il n'est pas sans risques : « C'est l'un des plus sûrs moyens de se faire des ennemis[2]. » Il n'est que d'évoquer le massacre des humoristes de *Charlie Hebdo*. Risque aussi que le rire transgressif, en rendant la politique moins triste, ne tombe à plat, soit mal perçu par des gens qui se sentent exclus du spectacle, ou par les tenants d'un politiquement correct et d'une *cancel culture* qui propagent leurs imprécations et condamnent au bûcher médiatique. Certes, sous le paravent de l'humour, les anciennes moqueries de la « beaufitude », notamment sur les femmes, contribuaient à les maintenir dans leur statut d'infériorité et de dépendance. Les nouveaux inquisiteurs seraient donc aussi des libérateurs, comme cette majorité de Français qui considèrent que l'« on ne peut pas rire de tout ».

---

1. Alfred Sauvy, *Aux sources de l'humour*, Odile Jacob, 1988.
2. François Goulard, France Culture, 26 octobre 2014.

Désormais, le moindre trait d'humour passe pour un dérapage. Le balancier, parti dans un autre sens, fait reculer la liberté de rire qui est pourtant « le propre de l'homme », selon Rabelais. Sans doute ce dernier serait-il de nos jours « enfermé pour offense aux bonnes mœurs », tant il est vrai que « le rire et la moquerie sont devenus des infractions[1] ».

Il est vrai aussi qu'en dépit des apparences qu'ils ont cherché à préserver et de l'image vertueuse qu'ils ont voulu donner d'eux-mêmes, les présidents de la Ve, y compris de Gaulle, n'ont pas été des petits saints. Il leur a fallu une dose de cynisme et de double jeu pour donner libre cours à leur humour.

L'homme souffre si profondément, dit Nietzsche, qu'il a inventé le rire, dont les vertus thérapeutiques sont connues. « Le rire, un grand médecin », écrivait George Sand à Flaubert. Un praticien à consulter sans modération, en attendant l'improbable résurrection du Parti d'en rire de Pierre Dac et Francis Blanche.

---

1. Courriel d'André Bellon à *Ouest France*, 3 mai 2021.

Charles de Gaulle

« Moi » et la France

Dessin de Jean Effel[1]. Deux grands hommes se présentent : « Mao, Chine. — Moa, Charles de Gaulle. » Tout est dit par ce « moi » gaullien, conscient que sa place unique dans l'Histoire peut se payer le luxe de l'autodérision : « Je souhaite que mes obsèques soient réduites au strict minimum. — Qu'entendez-vous par "strict minimum", mon général ? — Moi. » Ou ce jeu de mots si français d'esprit, à la suite de son opération de la prostate en avril 1964 : « Avant, les Français me regardaient comme si j'étais la France ; maintenant, ils savent que je suis incontinent. » Il reçoit à l'hôpital Cochin des lettres de ses ministres, ce qu'il juge déplacé, car, dit-il, « ce n'est tout de même pas la prostate de l'État », mais une affaire d'ordre privé[2].

Sauveur et incarnation de la France, fondateur de la Ve République, initiateur de l'élection du président de la

1. *L'Express*, 30 janvier 1964.
2. En revanche, il aurait apprécié que les ministres lui envoient un mot après l'attentat du Petit-Clamart, car, là, c'est le chef de l'État qui avait été mitraillé.

République au suffrage universel… Comme on ne prête qu'aux riches[1], on a crédité le Général d'une pléthore de traits d'humour, si bien qu'il est difficile de démêler les vrais des apocryphes, d'origine douteuse, à multiples variantes ou carrément faux, évalués à 50 % par son fils, l'amiral Philippe de Gaulle. Par exemple à Marie Besnard, l'empoisonneuse de Loudun : « Eh bien, madame, continuez. » Faux aussi, Churchill traité de « vieux forban ». Démenti à Michel Droit de l'expression « l'intendance suivra » et de l'ironique défi à Dieu : « Je suis prêt à me présenter au Créateur, mais est-il prêt à cet affrontement ? »

Malgré ce travail d'élagage[2], qui comprend les mots drôles effacés des comptes rendus officiels par respect pour la dignité de la fonction, l'humour chez de Gaulle est le plus complet de tous les présidents de la Ve. L'alliage de la statue du Commandeur et du comique, son physique et son aura légendaire amplifient paradoxalement la dimension humoristique du personnage. « Il y a dans le gaullisme un côté qui me frappe : c'est son côté comique, écrivait Jean d'Ormesson. Il me semble qu'après lui, on a beaucoup moins ri. Je ne me souviens pas que Pompidou, Giscard ou Mitterrand aient autant fait se gondoler les journalistes et les foules[3]. »

---

1. Car, selon Tristan Bernard, les pauvres remboursent difficilement !
2. Sabine Jansen, *Les Sautes d'humour du général de Gaulle*, Payot, 2018.
3. Jean d'Ormesson, *Garçon de quoi écrire*, entretiens avec François Sureau, Gallimard, 1989.

Les rires

Autant de de Gaulle, autant de surnoms : « le Grand Charles », « le Général », « l'homme du 18 Juin », « le général Micro », « Charles le Connétable ». Nom de code « la Grande Zohra » pour l'OAS. Autant de sobriquets : Sa Grandeur, Huile, Salhuile (à Saint-Cyr), Coq, Asperge, Double-mètre, Fil de fer, Brute pompière. De caricatures, d'anamorphoses (en éléphant, en girafe ou en échassier), de pamphlets, de procès… Et autant de rires.

Son chef d'état-major à Londres, le général Pierre Billotte, témoigne qu'il « aimait rire et savait provoquer le rire pour se faire mieux comprendre. Il était doué d'un humour multiple, tour à tour rose ou noir, ironique ou sarcastique, bienveillant ou féroce, bon enfant ou grimaçant, rarement méchant, mais le plus souvent moqueur[1] ».

Comme les Chinois, analyse son fils, il avait différentes sortes de rires à son arc. Le « rire de franche gaieté », d'abord, quand il regardait Bourvil et de Funès. Pas de rire aux éclats, bouche ouverte, dents dehors à la Chirac. Pour être sonore, ce rire n'était surtout pas tonitruant. « C'était un rire intérieur que le visage transposait en une espèce de rictus et auquel la gorge donnait un son d'arrière-souffle. » Il riait ainsi des imitations d'Henri Tisot : « Au fond, il fait le même métier que moi : il répète tout le temps la même chose. Mais lui, au moins, ça lui rapporte ! » L'épouse d'un ministre se dit choquée de ses parodies vocales et délirantes, comme celle,

1. Pierre Billotte, *Trente ans d'humour avec de Gaulle*, Mengès, 1978.

inégalée, de « l'autocirculation » : « Mais, madame, il fait ça très bien, et d'ailleurs, je l'imite parfois aussi, à mes mauvais moments ! » L'année suivante, en 1962, « La Dépigeonnisation » ayant fait moins de ventes, le Général plaisante : « Tiens, Tisot est en baisse. Je vais encore me retrouver tout seul. »

Le rire de l'étudiant, ensuite, pour mettre son interlocuteur en boîte. Chaban-Delmas : « Certains de mes amis me verraient bien à la Chancellerie, ou président de l'Assemblée nationale, ou même Premier ministre. Mon général, qu'en pensez-vous ? — Eh bien, Chaban, changez d'amis ! »

Le rire ricanant du mépris, encore, pour descendre quelqu'un en flammes ou couper une remarque. Un châtelain de Seine-et-Marne, militant du Rassemblement, accueille le Général d'un discours interminable et grandiloquent : « C'est pourquoi j'ai l'honneur de vous accueillir dans ce canton dont je suis conseiller général, sur mes terres qui… » De Gaulle, agacé : « … qui sont des terres à betterave. Allons déjeuner. »

Le rire persifleur, fréquent, pour adresser un reproche ou une critique. Il fait chaud à Alger en juillet 1943. André Philip se présente au palais d'été en chemisette et en short : « Ne vous gênez pas, ricane de Gaulle. La prochaine fois, venez donc avec votre cerceau. »

Le rire d'orgueil, impétueux, foudroyant, enfin, quand il s'agissait de la France. « Un fou a dit : "Moi, la France" et personne n'a ri parce que c'était vrai », a écrit Mauriac. À Londres en 1942. Churchill : « C'est insensé, ce que vous prétendez là. Vous vous prenez pour la France ? — Si je ne suis pas la France, pourquoi discutez-vous avec moi ? »

« Li fousil mitraillour »

Avec ses petits-enfants, le Général partageait cette même rieuse gaieté en leur posant des devinettes : « De quelle couleur sont les petits pois ? Réponse : les petits poissons rouges. » En entonnant les chansons qu'il fredonnait autrefois à son fils, « quand un gendarme rit dans la gendarmerie… quand un sapeur a peur »… Ou encore, avec l'accent des tirailleurs indigènes, une chanson de marche pour leur apprendre le règlement militaire : « Li fousil mitraillour est oune arme outoumatique… » De Gaulle papa gâteau qui faisait saliver les petits avec les friandises de son enfance, gaufres à la crème vanillée, tarte au sucre caramélisé, spéculoos en forme de petits bonshommes découpés à la Saint-Nicolas[1]…

Personnage austère, il laisse transparaître sa gaieté en quelques occasions[2]. En regardant l'émission télé pour les quatre-vingts ans de Maurice Chevalier à Bobino. Tout à son admiration, il prend la voix et l'accent parigot du chanteur et fredonne : « Quand j'aurai cent ans et que le bon Dieu me dira : "Avance, avance", je répondrai : "Attends, attends." » À la Boisserie, il lui arrive de chantonner des airs d'opérette ou de siffloter en marchant. Au lendemain de son allocution sur le référendum algérien et son appel à voter « oui », plusieurs ministres, dont Michel Debré, ont des mines renfrognées. De Gaulle leur rappelle : « Vous avez l'honneur d'être au gouvernement à mes côtés et nous avons accompli une

1. Philippe de Gaulle, *De Gaulle, mon père*, entretiens avec Michel Tauriac, Plon, 2004.
2. *Ibid.*

œuvre considérable. » Et de fredonner Charles Trenet : « Longtemps, longtemps, longtemps après que vous aurez disparu, votre nom restera dans les rues. » Chansonnette encore en mars 1960, ramant avec Nikita Khrouchtchev dans un canot sur le lac du château de Rambouillet. Le dirigeant soviétique, lui, chante en russe *Les Bateliers de la Volga*. Une scène très préparée.

La France…

Question de Pompidou convoqué par de Gaulle pour entendre sa première réaction à la lecture du manuscrit du premier tome des *Mémoires de guerre* : « À quel moment avez-vous senti que, désormais, vous incarniez la France ? — Pour vous dire la vérité, depuis toujours. » Propos, ajoute Pompidou, « où certains verront la preuve d'un immense orgueil, mais où je vois le signe de la prédestination ».

De Gaulle en Jeanne d'Arc, en somme ! « Comment voulez-vous que je fasse avec un homme qui se prend à la fois pour Jeanne d'Arc et Napoléon ? » aurait dit Roosevelt. Un statut qu'il assume, le teintant d'une couche de lucide autodérision : « Les grands hommes sont aussi cons que les autres, mais rien ne peut être fait sans de grands hommes. » Pour les autres, le commun des mortels, il est sans illusion : « Vous en connaissez, vous, des hommes qui n'aient pas été, qui ne sont pas ou qui ne seront pas des fripouilles ? Eh bien, moi, je préfère un homme dont je sais qu'il a été une fripouille à un homme dont j'ignore s'il ne va pas devenir une fripouille[1]. »

1. À Raymond Schmittlein.

Grand homme donc, comme il le rappelle à Félix Houphouët-Boigny, président de Côte d'Ivoire, qui, le 17 janvier 1961, souhaite l'accueillir en visite officielle. « Je suis déjà venu. — Oui, mais vous n'étiez pas encore chef de l'État. — Mais, Houphouët, de Gaulle était alors bien plus que cela ! » Autant dire que, « possédé par la France », il ne doute pas que sa place est au premier rang et non au huitième, derrière les rois et chefs d'État présents aux obsèques de Kennedy. Ni jérémiades ni protestations. Modèle, la reine Victoria : « *Never complain, never explain.* » Il agit. L'homme du refus sort ses lunettes et avance d'un rang en saluant : « Bonjour, altesse » ; encore un rang : « Bonjour, cher ami », et ainsi jusqu'au premier rang[1]. Le rang de la France à ses yeux. Le sien, donc.

Que la France aille bien (« Comment va la France ? » lui demande une Anglaise le 1er août 1940, après une inspection du camp d'Aldershot par le général Cory. « Très bien, madame, elle nous enterrera tous[2] ») ou que la France aille mal (« Comment va la France ? » lui demande un visiteur en 1954 : « Mal, je vieillis ! »), dans tous les cas, il est la France. Conviction appuyée sur l'analyse des forces en présence, sa connaissance du passé et « l'intuition qui réside dans l'expérience », écrit-il dans *Vers l'armée de métier*. Sans doute faut-il y voir la source de son talent de visionnaire pragmatique : mort de l'URSS et effondrement du communisme ; écrasement du printemps de Prague ; défaite des Américains au Vietnam ; reconnaissance de la Chine en 1964 ;

1. Le commissaire Raymond Sasia, cité par Michel Tauriac, *Vivre avec de Gaulle*, Plon, 2008.
2. Également attribuée à Louis Joxe en 1948.

discours de Phnom Penh en 1966 ; refus d'intégrer la Grande-Bretagne dans l'Europe ; énergie nucléaire et force de dissuasion ; retrait du commandement intégré de l'Otan ; espace, pilule, droit de vote des femmes, projet du *Concorde,* ce « gobe-millions »… Après l'abandon du *France*, trop coûteux, il interroge Pierre Messmer, ministre des Armées, sur le supersonique : « Est-ce qu'il faut vraiment fabriquer en série des crocodiles empaillés qu'on va mettre dans un musée ? » Lancé en 1976, le *Concorde* se posera une dernière fois en 2003.

Le général de Lattre de Tassigny, lui faisant savoir : « La France pense que… », s'attire cette réplique : « Quand je veux savoir ce que pense la France, je m'interroge. » Le 21 septembre 1958, une semaine après la visite du chancelier Konrad Adenauer à Colombey, le futur maire de Strasbourg, Pierre Pflimlin, s'inquiète de ce rapprochement franco-allemand : « La France doit se garder de favoriser la réunification de l'Allemagne, il y a longtemps que je le pense. — Et moi, Pflimlin, il y a mille ans que je le dis ! »

… et Lui

« Le général de Gaulle se tient sous le regard du général de Gaulle qui l'observe, qui le juge, qui l'admire d'être si différent de tous les autres hommes », a encore écrit François Mauriac de ce héros qui parlait de lui à la troisième personne. Il n'en doute pas. Son nom résume tout. La ville de Dunkerque inaugure une plaque en son honneur, le 25 septembre 1959. Excuses : « Nous n'avons pas pu graver tous vos titres, mais seulement “Au général de Gaulle." — "De Gaulle" suffisait », répond-il avant de prononcer, devant la foule en liesse, un discours sur le miracle de cette ville et de la France « ressuscitée », puis de lancer *La Marseillaise* d'une voix ferme et juste – et non d'une voix de fausset, comme l'ont souvent écrit certains proches.

Pour incarner la France, il donne de sa personne. « Autoritaire, intransigeant, intraitable, superbe[1] », doté d'une « intelligence exceptionnelle » qui fascinait Malraux, de Gaulle se considérait en quelque sorte en service commandé, celui de la Grandeur, partagé entre une haute idée de lui-même et une timidité étonnante mais réelle. « Ce qui me gêne le plus, c'est de parler en public. » On a peine à le croire, mais Pierre Lefranc a constaté, avant les meetings, son trac, son angoisse, son anxiété. Avant une conférence de presse, il se motive d'un « bon, allons-y ». VGE avait détecté cette timidité dans les discours du Général en Angleterre, les petits films tournés avec Yvonne dans leur cottage de Londres et les réunions en petit comité. Cela dit, il avait appris à la domestiquer. D'une pichenette caustique, voire méprisante, il écartait les broutilles.

Ainsi en 1959, lors d'un Conseil des ministres chargé de dossiers subalternes : « De Gaulle, messieurs, n'a pas été créé et mis au monde pour s'occuper du train-train. » À la Libération, Louis Vallon, chargé des problèmes économiques au cabinet du Général, veut évoquer l'industrie alimentaire : « Allons, Vallon, je n'ai pas sauvé la France pour distribuer les rations de

1. Philippe Ragueneau, *Humeurs et Humour du Général*, Grancher, 1990.

macaronis. » Paul Ramadier, ministre du Ravitaillement en 1945, n'a pas plus de chance quand il s'apprête à faire le point : « Et voilà, nous venons du 18 Juin pour nous occuper des harengs ! » Le même demande audience au président du Gouvernement provisoire, bien occupé avec la réforme de la Constitution, l'Indochine, le Parti communiste, l'Allemagne occupée, la réorganisation des pouvoirs publics, l'assurance sociale : « Vous venez encore m'emmerder avec vos patates ? Foutez-moi la paix avec ces détails. » Le permanencier de nuit à Matignon l'informe en 1958 que des paysans bretons ont pris la sous-préfecture de Morlaix : « Ce n'est pas moi que ça regarde. Voyez le ministre de l'Agriculture. » Il s'enquiert de l'accueil prévu pour un chef d'État étranger : « Vous aurez la garde à cheval. — Qu'est-ce que vous voulez que je fasse derrière la garde à cheval ? Je ne me nourris pas de crottin. » Et malheur à ceux qui tenteraient de le joindre au téléphone, qu'il déteste : « On ne me sonne pas comme un cheval de trompette », dit-il à Philippe Ragueneau.

Le Général est très vigilant sur l'étiquette linguistique, toujours connotée. Reçus à Matignon, les dirigeants de la CFTC lui rappellent leur entretien avec « l'un de vos prédécesseurs ». Maldonne : « Vous vous trompez d'individu : de Gaulle n'a pas de prédécesseur ! » Boulette de son aide de camp, Gaston de Bonneval : « Alors que vous bavardiez avec André Malraux… — On ne bavarde pas avec le général de Gaulle, on s'entretient avec lui. » Une note signale que « le Général court le risque d'être soumis à des questions sur… » L'auteur se fait corriger : « Sachez que le général de Gaulle ne court jamais de risques et ne se soumet pas à des questions[1]. » De même suite à cet avertissement : « Le général de Gaulle devra sans doute donner des assurances aux professionnels de… ». Correctif : « Le général de Gaulle ne donne jamais d'assurances, surtout à des professionnels. »

Pas question non plus de s'abaisser à jouer le député en 1951, malgré la pression du comité directeur du RPF : « Vous voyez le général de Gaulle demander à Édouard Herriot la permission de prendre la parole ? » De même, à Jacques Soustelle : « Vous me voyez mettre mon petit chapeau dans ma petite armoire au vestiaire du Palais-Bourbon ? »

Délicat

… et même courtois. Il raccompagne toujours les invités et les gens de passage. Avare d'éloges et de marques d'affection, il lui arrive de claquer quelques rares embrassades sur les joues. « Je vous embrasse », dit-il à Pompidou, surpris et soupçonneux, au moment de son départ secret pour Baden-Baden. Distant, mais parfois aussi attentionné. « Vous avez déjeuné, au moins ? » demande-t-il en janvier 1967 à sa nouvelle secrétaire, Claudine Hurard, qui vient de taper un très long texte en un temps record. Roland Nungesser est rentré d'Inde avec une voix cassée qui nécessite une cure à Luchon : « Ce n'est pas avec dix jours que vous vous soignerez. Prenez quinze jours. »

1. Claude Dulong, *La Vie quotidienne à l'Élysée au temps de Charles de Gaulle*, Le Livre de Paris, 1975.

Le 18 décembre 1959, le Général change quatre fois de tenue. Le matin, il s'est rendu sur les lieux de la catastrophe du barrage de Malpasset, dans le Var. Il est revenu en civil. Puis c'est en jaquette qu'il reçoit des lettres de créances d'ambassadeurs étrangers. Il se remet en tenue kaki pour les enfants présents à l'arbre de Noël de l'Élysée. « Ils sont venus pour voir le général de Gaulle avec sa vareuse et son képi, et non un chef de rayon en jaquette. » Visite en 1963 de l'Institut national du sport. Alain Mimoun, médaille d'or aux Jeux olympiques de Melbourne en 1956 : « Dites donc, Mimoun, à Melbourne vous aviez fait le marathon en *x* heures et *x* minutes. — Oui, mon général. — Il paraît que maintenant vous le faites en *x* heures et *x* minutes ? » Le champion n'en est jamais revenu : « Tu as vu, il connaît tous mes temps[1]. » Déjeuner avec la Reine mère le 12 avril 1959. Le nouvel intendant veut les inviter à passer à table mais bafouille : « Monsieur le président de la République est… monsieur le président est… élu ! » Fou rire dans le salon. Humilié, l'intendant remet sa démission, que le Général, bon prince, refuse : « Imaginez s'il avait renversé la saucière sur Sa Majesté ou lancé : "Sa Majesté est élue" ! »

Grognon

D'ordinaire plutôt placide, il manifeste quelques sautes d'humeur, souvent avec une mauvaise foi et une cruauté qu'il regrette ensuite. Premières victimes, évidemment,

1. Cité par Michel Tauriac dans *Vivre avec de Gaulle*, *op. cit.*

ceux qui sont à portée de voix, ses aides de camp les plus dévoués qui s'offrent une petite rasade de whisky avant d'aller prendre une soufflante gaullienne. « Sous prétexte que vous êtes mes aides de camp, vous vous prenez pour les maîtres du monde ! » Gaston de Bonneval, fidèle pendant près de vingt ans et souffre-douleur, prend un jour de congé : « Qu'est-ce que vous avez encore foutu ? » Il s'absente quelques heures : « Ah ! celui-là, ce n'est pas parce qu'il a fait huit enfants qu'il doit se sentir obligé d'aller les voir tous les jours. » Il consulte un médecin pour une bronchite : « Alors, Bonneval, sous prétexte de vos bronches délicates, vous êtes tout le temps absent ! » Olivier Guichard prend un peu de repos à La Baule avec le feu vert de Pompidou. Message urgent du général de Gaulle qui veut le voir. Il rapplique quelques heures plus tard : « Alors, Guichard, toujours en vacances ? » Au dîner en l'honneur du shah d'Iran, en juin 1959, il manque deux pigeonneaux pour les quarante-deux invités. On sert un bifteck au Général, furieux : « Qu'on m'apporte un œuf. » Le soir, engueulade en cuisine.

Conférences de presse : le show !

Sa haute idée de lui-même et de la France s'accompagne en permanence de traits d'esprit qui en font, là aussi, un personnage hors norme. Ses conférences de presse, notamment, dix-sept en onze ans, à l'instar de ses bains de foule, ont conforté sa légende, s'il en était besoin. Exercices de « haute voltige » et même « œuvres d'art », selon Raymond Aron : « L'orateur survole la planète, rappelle le passé et jette des rayons de lumière sur l'avenir. Il distribue blâmes ou éloges aux uns et aux autres, il couvre de mépris ses adversaires et il ne dissimule pas la satisfaction que lui inspire la France qu'il façonne[1]. » Pour le très critique directeur du *Monde,* Pierre Viansson-Ponté, ce n'était que « dictature du verbe ». Il n'empêche. Les shows du général rameutaient des centaines de journalistes « avides du scoop historique, des coups de griffe, des bons mots », notait Michel Tauriac et « suspendus à la performance de l'artiste », se félicitait Alain Peyrefitte.

« Ils savent qu'il y aura du sport », salivait de Gaulle, qui préparait dans le détail ses performances destinées à rappeler que, « sans la France, le monde n'est pas digne de vivre et que, sans de Gaulle, la France n'est pas apte à survivre[2] ». Nombre de questions étaient au préalable « suggérées » à des journalistes connus, mais il lui est arrivé de « répondre à une question au fond de la salle qui ne m'a pas été posée ». Rires assurés ! Il apprenait par cœur les répliques destinées à faire date et qu'il assénait, de sa voix chauffée aux pastilles Euphon, avec l'emphase de l'acteur déclamant du Racine[3], et le ton gouailleur qui était sa marque de fabrique. À l'abri de quelques expressions favorites, « les choses étant ce qu'elles sont », ou, avec un zeste d'ironie, « alors on me dit », « il y en a qui prétendent que », « on voudrait me faire dire que », « allons donc », il trouvait des formules choc dans l'inspiration du moment : « L'Algérie de papa », le « quarteron

1. Raymond Aron, *Le Figaro*, 25 janvier 1963.
2. Jean Lacouture.
3. Racine, mais aussi Corneille, Baudelaire et Verlaine, entre autres, dont il avait en mémoire des centaines de vers.

de généraux », « la paix des braves », « nous qui vivons de l'Atlantique à l'Oural », « cette lourde machine qu'on appelle l'Onu ». Et, pour frapper les esprits, rien de tel que des mots rares jaillis avec délectation : « tracassin », « volapük », « farfadet », sans oublier la « chienlit » de Mai 68, tous devenus célèbres. La signature d'un de Gaulle qui avait retenu des meetings de Jaurès, entendu à Lille, et plus tard de Churchill, l'art de capter son auditoire.

« Pourquoi voulez-vous qu'à soixante-sept ans je commence une carrière de dictateur ? » Célèbre apostrophe lancée le 19 mai 1958 pour rassurer sur ses intentions d'agir dans la légalité au cas où la crise algérienne, déclenchée six jours plus tôt, lui donnerait l'occasion « d'être utile encore une fois à la France ». Sur ce, ajoute-t-il, « je vais rentrer dans mon village et m'y tiendrai à la disposition du pays ». Cela ne tarde pas. Le 1er juin, René Coty le nomme président du Conseil, chargé de rédiger une nouvelle Constitution. Le 13, il doit prononcer sa première allocution radiotélévisée. Séance de maquillage dans le studio installé dans le bureau de Jacques Foccart. « Qui est cette dame ? demande le général à Philippe Ragueneau, chef du service de presse. — La maquilleuse. — Je ne suis pas une starlette, Ragueneau. » Ce dernier explique qu'un nez brillant n'a jamais amélioré une image de marque. « Je ne suis pas non plus une savonnette. — Très bien, les téléspectateurs seront fascinés par votre nez brillant et n'écouteront qu'à moitié votre intervention. — Bon, allez-y, vous n'en ferez jamais qu'à votre tête. »

Il cherche à secouer « ce vieux pays tout bardé d'habitudes et de circonspection[1] ». Se présentant, n'en déplaise

1. 25 mars 1959.

au Parti communiste, comme « le seul révolutionnaire », il le fait avec son ironie coutumière : « Il est tout à fait naturel que l'on ressente la nostalgie de ce qu'était l'Empire, comme on peut regretter la douceur des lampes à huile, la splendeur de la marine à voile, le charme du temps des équipages[1]. »

Le 15 mai 1962, il dégaine son « volapük intégré » pour se gausser de l'idée d'une supranationalité européenne. « Dante, Goethe, Chateaubriand appartiennent à toute l'Europe dans la mesure même où ils étaient respectivement et éminemment Italien, Allemand et Français. Ils n'auraient pas beaucoup servi l'Europe s'ils avaient été apatrides et s'ils avaient pensé et écrit en quelque espéranto ou volapük intégré... Il n'y a que les États qui soient légitimes, capables de réaliser. Il n'y a pas d'autre Europe possible que celle des États en dehors des mythes, des fictions, des parades... On trouve agréable de rêver à la lampe merveilleuse qu'il suffisait à Aladin de frotter pour voler au-dessus du réel. Mais il n'y a pas de formule magique qui permette de construire l'Europe unie. Quand nous aurons fait le travail, nous pourrons nous bercer aux contes des *Mille et Une Nuits.* »

Le « révolutionnaire » poursuit son œuvre : l'élection du président de la République au suffrage universel, par un référendum annoncé le 20 septembre 1962. Plébiscite, césarisme, boulangisme, hurle la classe politique, avant de s'en accommoder fort bien, François Mitterrand le premier. Pour de Gaulle, au contraire, « cette investiture directe donnera au président les moyens et l'obligation d'assurer le destin du pays », à commencer par les trois

1. Discours du 14 juin 1960.

affaires urgentes : Algérie, équilibre économique et réforme de l'État.

L'Algérie, justement. Son fameux « Je vous ai compris », lancé le 4 juin 1958, du balcon du Gouvernement général à Alger, a prêté à toutes les exégèses, tant il était ambigu, surtout accompagné d'un « vive l'Algérie française ». Quatre ans plus tard, la France quitte l'Algérie indépendante. Mensonge ? « Il ne faut jamais mentir, mais il n'est pas interdit de se montrer astucieux ! » De Gaulle est souvent dans le non-dit : « Ah ! Peyrefitte, méfiez-vous de la vérité ! Moi, je feins de feindre pour mieux dissimuler. » L'arme de la ruse et du secret. « La ruse doit être employée pour faire croire que l'on est où l'on n'est pas, que l'on veut ce qu'on ne veut pas. La surprise, il faut l'organiser, non seulement grâce au secret mais aussi par la dissimulation des préparatifs. »

Ce que de Gaulle ne dit pas, ne peut pas encore dire à ce moment, c'est ce qu'il confie à Alain Peyrefitte : « Les musulmans, vous les avez regardés avec leurs turbans et leurs djellabas ? Vous voyez bien que ce ne sont pas des Français. Ceux qui prônent l'intégration ont une cervelle de colibri, même s'ils sont très savants. Essayez d'intégrer de l'huile et du vinaigre. Agitez la bouteille. Au bout d'un moment, ils se sépareront de nouveau. Les Arabes sont des Arabes, les Français sont des Français… Si nous faisions l'intégration, si tous les Arabes et Berbères d'Algérie étaient considérés comme Français… mon village ne s'appellerait plus Colombey-les-Deux-Églises, mais Colombey-les-Deux-Mosquées » ! En tournée des popotes, en décembre 1958, Philippe Ragueneau, chargé de presse, lui demande où il en est de son « Algérie française » qu'espèrent les pieds-noirs : « Il y a ici dix millions de Berbères et d'Arabes qui se multiplient comme des lapins. Alors, l'Algérie française, et dans trente ans la France algérienne. Entre-temps, l'Algérie aura sucé comme du petit-lait nos forces, nos ressources, nos économies et nos énergies pour tenter de se hausser, bien légitimement, jusqu'à notre propre niveau de vie. Ont-ils pensé à cela ? Non, ils ne voient pas plus loin que le sommet de ce djebel. » Dans un douar, les habitants sortent en haillons, pieds nus. Un sergent-chef lance : « Et tous français, mon général ! — Ah, tous français ? Alors, commencez donc par les habiller. » S'il avait dit tout cela dès 1958, « il n'y aurait plus eu de de Gaulle immédiatement[1] ».

Pragmatique. Le 29 avril 1959, à Pierre Laffont, directeur de *L'Écho d'Oran* : « L'Algérie de papa est morte. Si on ne le comprend pas, on mourra avec elle. » Un député pro-Algérie française l'interpelle : « Au nom de mes amis, je vous supplie de changer de politique. — Au nom de ma politique, changez d'amis. »

Puis c'est le putsch d'Alger du 21 avril 1961. Le lendemain, au Conseil des ministres extraordinaire, il prend la mesure de l'événement au regard de l'Histoire : « Ce qui est grave dans cette affaire, messieurs, c'est qu'elle n'est pas sérieuse. » Et les formules historiques et assassines, le 23, dans une allocution radiotélévisée, dans sa tenue de général : « Ce pouvoir a une apparence : un quarteron de généraux en retraite. Il a une réalité : un groupe d'officiers, partisans, ambitieux et fanatiques. » Il a fait son compte avec son humour féroce : « Dix-neuf étoiles et pas de tête ! » Fin du putsch en juin. Le

1. À André Passeron, du *Monde*, le 6 mai 1966.

président du Sénat, Gaston Monnerville, se hasarde au crime de lèse-majesté : « Si de Gaulle disparaît, je suis là. — Il m'agace, ce Monnerville. Il pourrait au moins attendre le faire-part ! » Le référendum du 8 avril 1962 sur les accords d'Évian est approuvé à plus de 90 %.

« Comment vous portez-vous ? »

« Je ne vais pas mal, mais rassurez-vous, un jour, je ne manquerai pas de mourir ! » C'est l'une des plus fameuses répliques du Général à la question du journaliste de *L'Aurore* Dominique Pado, le 4 février 1965. En toile de fond, la prochaine élection présidentielle, à la fin de l'année. Nul ne sait si de Gaulle sera candidat à sa propre succession, sachant, comme il dit, qu'après lui « ce ne serait pas le vide qui menacerait, mais plutôt le trop-plein ! » Peu après, au nom de l'indépendance nationale, il annonce le retrait de la France du dispositif militaire intégré de l'Otan. Une image lui suffit : « Si grand que soit le verre que l'on nous tend du dehors, nous préférons boire dans le nôtre, tout en trinquant aux alentours[1]. » Le 9 septembre 1965, pour sa douzième conférence de presse, les chrysanthèmes accèdent à la célébrité politique : « Qui a jamais cru que le général de Gaulle, étant appelé à la barre, devrait se contenter d'inaugurer les chrysanthèmes ? » Éclats de rire. Preuve à l'appui, alors que l'échéance présidentielle approche, il fait le bilan de son septennat. Numéro impressionnant. L'avalanche de chiffres, dégurgités de mémoire, est

1. Allocution radiotélévisée du 27 avril 1965.

ponctuée d'éclats de rire, car elle est aussi désopilante. « Si l'on veut dire que le président de la République se tenait isolé de tous et que, pour agir, il n'écoutait que lui-même, alors on méconnaît l'évidence. Au cours du septennat, le chef de l'État a réuni trois cent deux fois le Conseil des ministres, quatre cent vingt fois les conseils interministériels, a reçu six cent cinq fois le Premier ministre (*rires*), soixante-dix-huit fois les présidents des assemblées, deux mille fois tel ou tel membre du gouvernement, cent fois les rapporteurs et présidents de commissions et présidents de groupes, mille cinq cents fois les principaux fonctionnaires et experts, syndicalistes. Pour les Affaires étrangères, six cents heures de conversations avec des chefs d'État ; mille entretiens avec des ministres et ambassadeurs ont largement contribué à l'information du chef de l'État (*rires*). Il est vrai que c'est avant tout avec le peuple lui-même que le président de la République, qui en est le mandataire et le guide, doit se tenir en contact direct… Il montre à tous les Français qu'ils sont citoyens d'un seul et même pays : trente allocutions, douze conférences de presse, trente-six discours solennels, des voyages, deux cents apparitions à Paris, dans quatre-vingt-quatorze départements, il a vu quinze millions de Français (*rires*), tous les membres du Parlement, des corps constitués, maires de deux mille cinq cents communes, hôtels de ville, quatre cents conseillers municipaux, cent mille notables, été six cents fois sur les estrades, serré d'innombrables mains (*rires*)… Avant trois mois, le peuple Français dira s'il veut revenir aux pratiques du passé ou s'il veut que le régime nouveau assure demain la conduite de la vie nationale. J'ai l'honneur de vous saluer. » Applaudissements.

« Moi ou le chaos »

Avec un tel bilan, comment ne pas solliciter pour la première fois le soutien direct des Français ? Le 4 novembre 1965, il annonce sa candidature et prévient : en cas d'échec, « personne ne peut douter que [la République nouvelle] s'écroulera aussitôt et que la France devra subir, cette fois sans recours possible, une confusion de l'État plus désastreuse encore que celle qu'elle connut autrefois ». Ce que Gaston Defferre résume d'une formule choc : « Moi ou le chaos. » *L'Express* titre : « De Gaulle à vie ? » Sûr de lui, il néglige la campagne radio-télé. Le 3 décembre, il est mis en ballottage avec 44,64 % des votes. Un bon score pour un premier tour, mais, pour le grand homme, une claque dont il tire une double leçon, sur le mode caustique. « La preuve est faite que nous sommes en démocratie. A-t-on jamais vu un dictateur mis en ballottage ? » Et, le 6 décembre : « Puisque les Français m'ont mis en ballottage avec une marque de dentifrice [Jean Lecanuet, surnommé « dents blanches »], un politicien intelligent mais douteux [François Mitterrand] et un hurluberlu [Marcel Barbu], il faut que je m'en aille. » Pour le deuxième tour, l'homme du Nord qu'il est va au charbon. D'abord une piqûre de rappel : « Le fait que les partisans de droite et les partisans de gauche déclarent que j'appartiens à l'autre côté prouve [...] que je ne suis pas d'un côté, je ne suis pas de l'autre, je suis pour la France. » Il reste au-dessus des partis, qu'il méprise. Ensuite, il ne dédaigne plus la télé. Les Français le découvrent plus familier et malicieux : « Vous m'avez fait mettre en pyjama », bougonne-t-il.

Entre les deux tours, il lance une autre de ses formules célèbres, de nouveau sur l'Europe des nations contre l'Europe supranationale : « Bien entendu, on peut sauter sur sa chaise comme un cabri en disant "l'Europe ! l'Europe ! l'Europe !". Mais cela n'aboutit à rien et cela ne signifie rien[1]. » Il enfonce le clou : « Le régime des partis, c'est la pagaille. » Les hommes ne sont pas en cause, avait-il déjà dit en juin 1958, mais les partis, eux, ne peuvent gérer les affaires. Il est réélu à 55 % des voix. « Notre pays a confirmé en ma personne la République nouvelle et approuvé la politique qui est la mienne. » Certes, mais pour le sauveur ce n'est pas un triomphe. Le mythe en a pris un coup, d'abord chez les jeunes. La statue est lézardée.

Pourtant, les Vingt Glorieuses profitent au pays en pleine reconstruction. Le pouvoir d'achat des Français a doublé. Alors, comment expliquer la baisse de la Bourse ? « La politique de la France ne se fait pas à la corbeille », répond, cinglant, le président[2]. Tout aussi cinglant quand un ministre l'interroge sur la poursuite des réformes, malgré les freins des patrons : « Le patronat, je m'en bats l'œil. » Trois ans plus tard, à sa sortie de l'Élysée, il confiera à Malraux : « Mon seul adversaire, celui de la France, n'a jamais cessé d'être l'Argent[3]. »

---

1. Entretien télévisé avec Michel Droit, le 15 décembre 1965.
2. Conférence de presse du 28 octobre 1966. Édith Cresson lui fera écho en 1991 : « La Bourse, j'en ai rien à cirer. »
3. Cité par André Malraux, *Les Chênes qu'on abat...*, Gallimard, 1971. François Hollande, dans son discours du Bourget, en 2012, appliquera cette formule à la Finance.

D'autres formules sont, coup sur coup, entrées dans l'Histoire, tout en faisant polémique. À Montréal, le 25 juillet 1967, il stupéfie le monde avec cette harangue : « Vive Montréal ! Vive le Québec ! Vive le Québec libre ! » en ajoutant : « Vive le Canada français et vive la France ! » Crise diplomatique assurée. Rebelote, avec Israël cette fois, le 27 novembre 1967, à la suite de l'attaque foudroyante des Israéliens et de l'humiliation arabe : « Les Juifs [...] étaient restés ce qu'ils avaient été de tout temps, c'est-à-dire un peuple d'élite, sûr de lui-même et dominateur. » Embarras de la majorité gaulliste, de Raymond Aron et de la gauche proarabe et solidaire d'Israël. De Gaulle s'en explique auprès de son aide de camp, Jean d'Escrienne : « Je n'ai outragé personne... Je n'ai pas dit "peuple dominateur" mais "peuple d'élite sûr de lui et dominateur". Pour qui sait écouter ou lire, c'est même plutôt un compliment. » Peu après, il ajoute : « Ah ! si seulement on pouvait en dire autant des Français. » Un ministre l'interroge sur une éventuelle réaction défavorable de l'opinion publique. « Est-ce que je me suis occupé de l'opinion publique le 18 juin 1940 ? »

La « chienlit » de Mai 68

« L'année 1968, je la salue avec sérénité », hasarde de Gaulle dans sa traditionnelle allocution radiotélévisée de fin d'année. Pour un visionnaire tel que lui, peut mieux faire, même si, avec le précieux concours de Georges Pompidou, il gagnera les législatives de juin, pour clore les « événements ». Rentré d'Afghanistan le 11 mai, le

Premier ministre a fait rouvrir la Sorbonne et évité tout sanglant dérapage[1]. « Six jours de savoir-faire ne rattraperont jamais six ans de laisser-faire », tranche un de Gaulle partisan de la plus grande fermeté. « En cas d'émeute, avait-il dit le 8 mai à Christian Fouchet, ramassez-en quelques centaines. Il faudra bien qu'ils finissent par se calmer... Et n'oubliez pas qu'un ministre de l'Intérieur doit savoir, s'il le faut, donner l'ordre de tirer. Vous faites les sommations et, si ça ne suffit pas, vous tirez dans les jambes[2]. » Cette fois, c'est le général sur le champ de bataille, bien que Pierre-Louis Blanc mette ces propos sur le compte de son humour provocateur. Il rentre cependant de Roumanie le 18 mai, avec le même état d'esprit guerrier. Les ministres sont venus l'accueillir au salon VIP d'Orly. « Alors, Malraux, ils vous ont pris l'Odéon ? » À Peyrefitte, ministre de l'Éducation : « Et vos étudiants ? Toujours la chienlit ? », suivi de l'avertissement : « La récréation est finie. Ces jeunes gens sont pleins de vitalité. Envoyez-les donc construire des routes. » Il récidive le lendemain matin, dans son bureau de l'Élysée, avec cette autre célèbre formule : « La réforme, oui, la chienlit, non. » Le 29 mai, le Conseil des ministres est reporté au dernier moment. De Gaulle est parti en secret chez le général Massu à Baden-Baden. Déprime ? Coup de bluff, son fameux « coup de l'Apocalypse » destiné à semer la confusion et la surprise ? « Oui, le 29 mai, j'ai

---

1. « La réouverture de la Sorbonne, ce n'était pas du de Gaulle, mais du Pétain », confiera le Général à Christian Fouchet le 21 février 1969.

2. Alain Peyrefitte, *C'était de Gaulle*, Éditions de Fallois/Fayard, 1994.

eu la tentation de me retirer. En même temps, j'ai pensé que, si je partais, la subversion menaçante allait déferler et emporter la République. Alors, une fois de plus, je me suis résolu[1]. » Le 30, il contre-attaque : « Dans les circonstances présentes, je ne me retirerai pas. Je dissous aujourd'hui l'Assemblée nationale. » Manifestation géante de soutien dans Paris, puis victoire écrasante aux élections. La facture de 68 et des accords de Grenelle avec les syndicats tombe. Au Conseil des ministres du 23 novembre, la plupart soutiennent une dévaluation du franc. De Gaulle tranche, de son air caustique : « Ainsi que la plupart d'entre vous me l'ont conseillé, le franc ne sera pas dévalué ! » Puis il conclut cette *annus horribilis* sur ce vœu radiotélévisé : « Portons donc en terre les diables qui nous ont tourmentés pendant l'année qui s'achève. »

Celle qui suit est encore plus *horribilis* pour lui, qui, contre l'avis quasi unanime, y compris celui de Pompidou, annonce en février un référendum sur la réforme régionale et celle du Sénat. Là encore, il joue « moi ou le chaos » : « De la réponse que fera le pays à ce que je lui demande va dépendre évidemment soit la continuation de mon mandat, soit aussitôt mon départ[2]. » VGE vote « non », qui l'emporte à 52 %. « Depuis quelque chose comme trente ans que j'ai affaire à l'Histoire, il m'est arrivé quelquefois de me demander si je ne devais pas la quitter. » C'est chose faite dès le lendemain, le 28 avril 1969. Retour plein d'amertume à Colombey-les-Deux-Églises pour rédiger ses *Mémoires* inachevés, puisqu'il

1. Entretien télévisé avec Michel Droit, le 7 juin 1968.
2. Entretien télévisé avec Michel Droit, le 10 avril 1969.

décédera l'année suivante. En nous léguant tout de même de savoureux colliers de perles dans tous les registres de l'humour.

Blagueur

Le fameux « Mort aux cons » existe en sept versions[1]. Début 1941, au QG de la France libre, 4 Carlton Gardens, le Général pousse la porte de Jean Pompei, chef de cabinet, au moment où il s'exclame : « Mort aux cons ! — Vaste programme », réplique de Gaulle. Révolution culturelle en Chine. Étienne Burin des Roziers, secrétaire général de la présidence, informe le Général que des affiches le traitent de « chien occidental » : « C'est bien la première fois que je me fais traiter de chien par des Pékinois ! » Son beau-frère Jacques Vendroux : « J'en ai assez qu'on me dise : "Ah, c'est vous, le beau-frère." — Eh bien, dites-leur que vous n'y êtes pour rien. » Lors de la visite d'une galerie, Yvonne émet un souhait : « Si nous avions ce tableau à la maison, ce serait moins triste. — Mais, ma chère, quand voulez-vous que j'aie le temps de peindre[2] ? »

Le général affecte de ne pas porter ses lunettes de myope, ce qui, outre le danger de rater des marches, lui crée de fréquents quiproquos. Il visite une école et salue son garde du corps : « Bonjour, monsieur l'instituteur. »

---

1. Selon Philippe Ragueneau, l'histoire authentique a été racontée par François Coulet, chef de cabinet du Général.
2. Cité par Jacques Chapus, délicieux confrère et grande voix de RTL (1922-2011).

Le lendemain, dans une autre école : « Ah ! vous êtes encore là, monsieur l'instituteur. » Bourde ou blague ? Bain de foule en province. Récemment opéré de la cataracte, de Gaulle a enlevé ses lunettes : « Bonjour, monsieur le curé. — Mon général, je suis un des gorilles. — Ah, bonjour, monsieur le gorille. »

Lors d'une réception à l'Élysée pour les personnalités des Arts et Lettres, le 5 novembre 1967, il se retrouve nez à nez avec aussi grand que lui, Jacques Tati. L'aide de camp fait les présentations : « *Mon oncle*. — Eh bien, je suis très content de votre neveu[1] ! » Brigitte Bardot, « une chose qui se promène toute nue » selon Yvonne de Gaulle, est présente, vêtue d'une veste kaki à col officier et boutons en métal : « Veine, voilà un soldat », confie le Général à Malraux. Vrai ou faux, il aurait ajouté : « Ah ! madame, comme j'aurais aimé vous avoir dans mon régiment. Nous eussions fait d'immenses choses ensemble ! »

Questions de taille. Début 1943, à Londres, de Gaulle entend parler d'un certain colonel Clouët des Pesruches, à la 6e DLM : « Je le connais. Il a le culot d'avoir deux centimètres de plus que moi ! » Le 9 juin 1951, le président du RPF est à Vannes. Jacques Bruneau, chargé de mission à la région : « Combien mesurez-vous, mon général ? — 1,94 mètre, pourquoi ? — J'ai la même taille que vous. — Et c'est pour ça que vous êtes gaulliste ? » Gérard de La Villèsbrunne, en avril 1961 à l'Élysée, apporte en courant un dossier, pousse la porte. Le Général se la prend dans la figure et fait appel à sa culture classique : « *Tu quoque, fili* » (cri de César à Brutus). Réception à

1. Olivier Clodong, *Bourdes de politiques*, Mazarine, 2016.

l'hôtel de ville de Dunkerque, le 26 novembre 1959. Un élu se plaint : « Mon général, l'eau minérale est plus chère que le lait. — Eh bien, buvez du lait. » Un maire du Jura : « Nous voudrions avoir le téléphone. — Vous en êtes déjà là ! Je prends note. Je vous téléphonerai. »

Au poste-frontière franco-suisse du Châble, le 9 octobre 1961, le général salue les douaniers : « Messieurs, je n'ai rien à déclarer. Une fois n'est pas coutume. » Des milliers d'enfants l'accueillent à Auxerre en agitant des drapeaux. « Avec le chômage, que fera-t-on de tous ces gosses ? » lui demande un élu local. « Eh bien, on ira envahir la Chine ! » Christian Fouchet, ministre de l'Intérieur, se plaint, en 1968, pendant la grève à la Cinémathèque de l'ORTF : « On traite les CRS de SS, on leur crache dessus. Je crains leur réaction. Que faire ? — Vos CRS, ils ne peuvent pas cracher, eux ? »

Le Général déteste perdre son temps. Il doit poser une première pierre pour une école de Madagascar, en octobre 1953. Elle a disparu. « Bonneval, trouvez-moi une pierre. » Un caillou dans l'allée fait l'affaire. Même histoire à La Réunion le 9 juillet 1959 pour un monument à la mémoire des Réunionnais de la France Libre morts au combat. Un ancien combattant arrive, paniqué : « On a volé la première pierre. » Tout le monde cherche. Le temps passe. De Gaulle s'énerve : « Guichard, prenez un pavé n'importe où et qu'on en finisse ! » Visite en Iran, du 16 au 20 octobre 1963. À Persépolis, en pleine fournaise, le conservateur en chef débite ses cinquante feuillets sur les sept mille ans de la cité. « En 233 avant Jésus-Christ, Alexandre brûle Persépolis… » De Gaulle ne tient plus : « Bon, allons voir ce qu'il en reste. » Au programme de sa tournée de près d'un mois en Amérique du Sud, du 20 septembre au 16 octobre 1964, plus de dix pays. La démonstration de gauchos à Buenos Aires s'éternise. De Gaulle impatient : « Allez, encore un cheval et on s'en va. » Visite à Kiev, le 29 juin 1966. Une exposition des exploits économiques ukrainiens présente un bas-relief sur les races du globe. L'interprète cite les Slaves, Germains, Africains, Chinois... De Gaulle lui coupe le sifflet : « Bon, puisque tout le monde est là, on peut s'en aller. »

« Sommes-nous dans les temps ? »

Son obsession de la ponctualité, à la seconde près, n'accepte aucune infraction. Un visiteur en retard n'est pas reçu et, s'il est en avance, « ce n'est pas l'heure ». Les audiences durent trente minutes exactement. Aucun dérangement n'est toléré. Encore moins par téléphone. Seul le Premier ministre peut appeler le président en passant par ses aides de camp. À Colombey, c'est Yvonne qui décroche.

François Flohic prend ses fonctions d'aide de camp le 8 janvier 1959, jour de la passation de pouvoir avec René Coty. Il demande au régleur des pendules élyséennes que celles des aides de camp et du général sonnent en même temps. Chaque matin, il vérifie avec l'horloge parlante. La pendulette du Général est placée derrière lui. Comme il ne peut pas regarder sa montre devant les visiteurs, il a fait installer une pendulette dans son classeur. Pour s'habiller, il ne perd pas une seconde non plus. Rasoir, flacon d'eau de Cologne, tube de dentifrice sont prêts. Pour éviter tout froissement de la chemise, de la soie est placée dans les manches des costumes et des uniformes. Et pas d'imprévu qui bouleverse l'ordre. Le Général sans ses mules ? Inimaginable. En février 1959, elles ont été oubliées dans le train de Toulouse reparti à Paris. Récupérées en gare d'Austerlitz, elles sont aussitôt réexpédiées par avion dans la ville rose. À New York, le 26 avril 1960, c'est le stylo présidentiel qui a été oublié à l'Hôtel Astor lors d'une signature avec le maire. Le valet de chambre et un motard en Harley Davidson vont le récupérer. Ils sont de retour à temps à l'aéroport.

Contrairement à l'Élysée sous Mitterrand, avec de Gaulle, les attributions de chacun sont définies avec une précision militaire. Chaque mission fait l'objet de notes de service ou de fiches de sortie. Ainsi, indique Claude Dulong, le 8 février 1968, les documents prévoient la cérémonie à la mémoire des disparus de *La Minerve* : horaires, escorte, accueil, plans des cérémonies, fiches biographiques (cinquante-deux), textes des dédicaces sur les photos…

Aucun retard, donc. Roger Goetze, conseiller technique du Général à l'époque président du Conseil, arrive pour déjeuner à Matignon avec trois minutes de retard. L'aide de camp Gaston de Bonneval le rassure à sa manière : « Ne vous pressez pas, vous n'êtes plus en retard. Le Général est entré à 13 heures dans la salle à manger et, voyant que vous n'étiez pas là, il m'a demandé de retirer votre couvert ! » Konrad Adenauer, chancelier allemand, est invité à la Boisserie, le 14 septembre 1958, pour marquer le rapprochement historique franco-allemand[1]. Il

1. « S'il y a un Allemand auquel je serai obligé de faire l'accolade, autant que ce soit celui-là. » De Gaulle a été blessé trois

arrive en retard. Son chauffeur s'est trompé de Colombey et a semé l'escorte de gendarmes. Le Général donne l'ordre de changer leurs motos : ce seront des BMW à la place des Monet-Goyon et Terrot. Grosse colère, le 24 mai 1961 : le roi Baudouin et la reine Fabiola, dont la robe n'était pas prête à temps, sont arrivés en retard au dîner du Louvre. Colère encore, le 11 mai 1962, quand Hassan II se présente avec quarante-cinq minutes de retard au dîner dans la Galerie des Glaces, à Versailles. « Il me prend pour qui ? Il ne m'aura plus. Je ne l'inviterai plus jamais. »

Le blagueur adore piéger certains invités un peu trop prétentieux. Un diplomate croit briller en citant moult vers. Alors, le Général se lance : « Quand je devrai mourir... / Je voudrais que ce soit le soir. Le jour mourant / Dit à celui qui part un adieu moins pesant / Et lui fait un linceul de voiles / Le soir ! avec la nuit, la paix viendrait des cieux / Et j'aurais, en mourant, dans le cœur et les yeux / Le calme apaisant des étoiles... » Ces vers sont d'un poète du XIXe siècle, fanfaronne le diplomate. « Farceur, répond de Gaulle. Le poète de dix-huit ans s'appelait Charles de Lugale ! » Anagramme de de Gaulle. Dans une autre version, il récite : « Un soir où je pourrais, écrasé sous l'effort, / Sentir passer avec le frisson de la Mort / Son baiser brûlant sur ma tête... » Même sketch avec son aide de camp, François Flohic, au retour de Baden-Baden, en mai 1968 : « Le Rhin, triste témoin d'éternelles alarmes / Roule un flot

fois au combat et fait prisonnier dans une forteresse allemande. Adenauer, catholique rhénan et pas prussien, a séjourné en camp de concentration.

toujours prêt à recueillir des larmes… » Flohic avoue ne pas connaître l'auteur de ces vers. « Ils sont de moi[1]. » Du recueil de nouvelles *Ouvert la nuit* de Paul Morand, qu'il connaît par cœur, il apprécie en particulier cette phrase : « D'un geste, elle s'enveloppa de quatre-vingt-dix-huit lapins blancs. »

La traditionnelle chasse au muguet est respectée en mai 1960, après une conférence qui a réuni à l'Élysée Khrouchtchev, Eisenhower, Adenauer et Macmillan. Le docteur Jean Florent revenu avec des escargots, a droit à un cours du Général « sur leur hermaphrodisme, le pigment bleu de leur sang, la façon dont ils pondent, dont ils construisent un trou et une galerie[2] » ! Il ne rate pas François Missoffe, rentré très bronzé de vacances lointaines malgré les recommandations présidentielles : « Vous n'êtes pas pâle, Missoffe ! » Raymond Marcellin lui annonce avoir adopté un enfant : « Eh bien, vous voilà fils père ! »

L'après-de Gaulle ? La question lui est posée en conférence de presse. Patience, les amis ! « Tout a toujours une fin. Chacun se termine… Après de Gaulle, ce peut-être ce soir ou dans six mois ou dans un an. Si je voulais faire rire quelques-uns, ou en faire grogner quelques autres, je dirais que cela peut aussi bien durer encore dix ou quinze ans. » Rires assurés là encore. « Si je reviens au pouvoir, faites-moi confiance pour n'en plus partir que les pieds devant », avait-il assuré le 28 février 1949 à Pompidou.

1. Cité par Maxime Tandonnet, *Histoire des présidents de la République*, Perrin, coll. « Tempus », 2017.
2. Michel Tauriac, *op. cit.*

« Belle pièce, mon général ! »

Militaire, il en a gardé d'abord le vocabulaire dont il n'use qu'avec d'autres militaires ou avec son aide de camp : « jean-foutre », « couillons », « trouillards », « merdier », « rata », « troufion », « canasson ». Quelques expressions quand quelqu'un ne lui plaît pas : « C'est un embusqué », « c'est un Boche » ou « il a jeté sa flamme ».

L'esprit corps de garde ne l'a jamais quitté, parfois au grand dam d'Yvonne. Au Théâtre-Français, Pompidou et lui sont côte à côte à l'urinoir pendant l'entracte : « Belle pièce, mon Général. — Regardez devant vous, Pompidou. » Dans une autre version : « Regardez devant vous, Malraux. » Il déjeune le 21 septembre 1947, à Sennecey-le-Grand (Saône-et-Loire), avec le comité départemental du RPF, en présence d'anciens de la France Combattante et de la Résistance. Le baron Thénard : « C'est merveilleux, mon général, cette équipe d'hommes gonflés à bloc avec vous dans cette grande aventure et qui avaient… qui avaient… — Ah ! pour en avoir, ils en avaient ! » À un Conseil des ministres en 1945, René Pleven suggère qu'un banquier alsacien spolié soit décoré. « Monsieur le ministre des Finances suggère-t-il que nous donnions le ruban rouge à tous les maquereaux de France quand, bientôt, nous fermerons les bordels ? »

Au moment des accords d'Évian, en 1962, Christian Fouchet est nommé haut-commissaire en Algérie. Un ministre conteste cette nomination. De Gaulle le recadre : « Fouchet, bien que civil, n'est tout de même à ranger ni parmi les froides queues ni parmi les couilles molles. »

Un ministre raconte que le président malgache Philibert Tsiranana fréquente le cabaret parisien La Boule blanche, et ajoute : « On devrait plutôt l'appeler "Les Boules noires". » De Gaulle renifle de contentement. Pas Yvonne, qu'il ne déteste pas chambrer à l'occasion. Le maire de Corte fait visiter la maison natale de Napoléon : « C'est ici que Napoléon a été conçu. — Passionnant, monsieur le maire, mais dites-moi, comment les choses se sont-elles précisément passées ? » Yvonne se pince le nez, à défaut de se boucher les oreilles, car, si elle aime sourire, elle déteste tout ce qui lui paraît vulgaire. Par exemple quand le prince Sihanouk racontait ses exploits de jeunesse, avec une truculence ponctuée de ses fameux rires en cascade. Encore qu'il soit arrivé à Yvonne de glisser sur ce terrain de la gaudriole. À son corps défendant, si l'on peut dire. La reine Élisabeth II lui demande : « Madame, comment imaginez-vous votre retraite ? — À pénis », répond Yvonne, qui voulait dire « *happiness* ». On imagine sa honte rétrospective à ce royal lapsus !

Malicieux

René Mayer, ministre des Travaux publics du Gouvernement provisoire, lui demande le 12 mai 1945 : « Mon général, quel est votre point de vue sur cette question ? — Le plus élevé, cher ami, c'est le moins encombré. » Il visite la Bibliothèque nationale, qui a exposé un brouillon de sa main, très raturé, à côté d'un manuscrit de Corneille, sans ratures. Le Général : « Tiens, Corneille ne se relisait pas ! » Dans le Pas-de-Calais, en septembre 1959, il tombe sur l'abbé Baheux : « C'est moi qui vous ai marié en 1921. — Rassurez-vous, monsieur l'abbé, je ne vous en veux pas. » Lors du même voyage, il retrouve Jules Cousin, compagnon de chambrée au 33e régiment d'infanterie à Arras, près d'un demi-siècle plus tôt. Jules Cousin l'avait surnommé « la Grande Asperge ». De Gaulle glisse à l'oreille de son beau-frère : « Le brave Jules a pu constater que la grande asperge est devenue une grosse légume ! » Une variante fait dire à Jules Cousin : « Ce vieux de Gaulle ! Qu'est-ce que tu deviens depuis cinquante ans ? »

Le Général suit à la télévision les compétitions sportives. Il tombe un jour, au Conseil constitutionnel qu'il installe, sur Roland Nungesser, secrétaire d'État : « Bravo, Nungesser ! — Merci, mais bravo pour quoi, en fait ? — Pour hier soir, voyons, aux "Jeux sans frontières". Votre Nogent-sur-Marne les a tous battus. » Le chef de l'État ne regardait pas seulement Guy Lux. En mars 1969, un mois avant le référendum du 27 avril qui provoque son départ, il demande à Michel Droit de venir à l'Élysée, samedi 15 heures. Le rendez-vous est reporté à 18 heures. À l'heure dite, de Gaulle le reçoit : « Je suis bien content que notre entretien ait été reporté. J'ai pu suivre le tournoi des Cinq Nations ! » Le 6 février 1964, le patineur Alain Calmat, interne de médecine, tombe deux fois aux Jeux olympiques d'Innsbruck. De Gaulle, qui examinait la liste pour la Légion d'honneur, retient sa signature et dit à Henri Coury, son chargé de mission sports : « Votre Calmat, il tombe tout le temps. » Coury plaide que Calmat est aussi étudiant en médecine. De Gaulle signe[1]. Au 10 000 mètres en coupe d'Europe des nations, en 1965, le Russe Nikolay Dutov a laissé sur place Michel Jazy aux 6 kilomètres. Le lendemain,

1. Michel Tauriac, *op. cit.*

11 novembre, de Gaulle : « Monsieur Jazy, je suis extrêmement honoré de vous rencontrer. J'ai beaucoup entendu parler de vous, mais dites-moi, hier, "votre" Russe, il courait très vite. »

À Malraux, à propos de ses innombrables voyages, accueilli par des foules immenses : « Au fond, mon seul rival à l'échelle planétaire, c'est Tintin ». À Colombey, Malraux montre le chat : « Regardez, mon général, ses oreilles bougent… Il nous écoute. » De Gaulle sourit : « Pensez-vous ! Je le connais… Il fait semblant. »

Au hasard des rencontres au bord de la route. Billère, à trois kilomètres de Pau : « Vas-y, Charlot ! » crie un spectateur du Tour de France. « Aux États-Unis, on dirait : "Vas-y, Charly !" » À Auxerre : « Janin, maire de Coulangeron. J'ai soixante-dix-huit ans, vingt-trois années de mairie, jamais malade. — Il faudra me donner la recette. » À Saint-Étienne-en-Coglès : « Bonjour, conscrit ! — Comment ça, "conscrit" ? — Dame… 1870. » De Gaulle sourit : « D'accord, honneur aux anciens[1]. » Sur le paquebot qui le mène à Tahiti en 1956, il voit qu'Olivier Guichard, chargé de mission du RPF, ne prend pas de potage. « Comment peut-on reconstruire un pays avec des gens qui refusent le potage ? » Dans une autre version, la scène se passe en Bourgogne, en janvier 1950.

VGE se souvient d'un Conseil des ministres (sans intérêt, dit-il, car sans discussion). Pisani arrive en retard et s'excuse : « Ce matin, j'avais une forte fièvre. » De Gaulle, narquois : « La fièvre de Malte, sans doute… » – Pisani est d'origine maltaise. Au même Pisani, en janvier 1966 :

1. Jean Paul Ollivier, *Le Tour de France du Général*, Julliard, 1989.

« Alors, monsieur le ministre, comment va la vie ? — Pas très bien, la récolte n'a pas été bonne. — Vous savez, en agriculture, mauvaise récolte, mauvaise année ; bonne récolte, mauvaise année quand même ! » Peu après, Pisani prend le ministère de l'Équipement. Son projet de loi d'orientation se heurte au Premier ministre Pompidou. De Gaulle le sermonne : « Ne bousculez pas les pots de fleurs. C'est terrible, Pisani, d'avoir un Premier ministre conservateur. »

L'esprit potache, voire populaire et gouailleur, permet de détendre l'ambiance. En juillet 1968, Robert Boulin remplace Edgar Faure à l'Agriculture. En Conseil restreint, il ne cesse de parler de la vache allaitante. De Gaulle s'en amuse : « Monsieur le ministre, reparlez-moi encore de votre vache allaitante. » Un ministre raconte à une voisine de table ses vacances en bateau sur la mer Rouge. Il en rajoute : « Je me suis éloigné du bateau. J'ai été attaqué par des requins. Alors, j'ai nagé, j'ai nagé... » De Gaulle, ironique : « Et vous voilà ! » Aux vœux de l'Élysée, en janvier 1960, un ambassadeur, obséquieux : « Savez-vous, monsieur le président, que ma femme est très gaulliste ? — Eh bien, la mienne, monsieur l'ambassadeur, ça dépend des jours. » Il visite les ruines de Stalingrad, le 30 novembre 1944, en compagnie de Molotov, ministre soviétique des Affaires étrangères : « Quel grand peuple, quelle armée ! — Oui, notre grand peuple soviétique qui... — Je parlais des Allemands, arrivés jusqu'ici ! » Avec des paysans de Belfort, lors d'un été torride : « Et la sécheresse ? — Il a plu ici, mon général. — Je vous félicite. »

De la malice aussi dans nombre de ses truismes : « Je n'aime que ceux qui me résistent ; malheureusement, je ne les supporte pas. » « Le difficile n'est pas de sortir de l'X, mais de sortir de l'ordinaire. » « On ne résout pas les problèmes. On apprend à vivre avec eux. » Comme dans ces déclarations mémorables dont la banalité humoristique prend dans son verbe une dimension « infra-historique[1] ». Devant les maires du Loiret, en mai 1959 : « Je puis vous assurer que la Loire continuera à couler dans son lit. » En juillet 1960 : « Je salue Fécamp, port de mer et qui entend le rester. » Et encore : « Lyon n'a jamais été aussi lyonnaise ! » « L'Angleterre est une île, messieurs. Vous n'y pouvez rien, et moi non plus ! » Philippe Ragueneau lui fait remarquer : « On a parfois l'impression que vous prenez les gens pour des imbéciles. » Il répond : « Il faut parler aux gens le langage qu'ils comprennent. »

Il ne dédaigne pas l'humour noir. En décembre 1947, le médecin lui conseille fortement d'arrêter le tabac. « Je ne fumerai plus jusqu'à la prochaine guerre. Je veux dire que je recommencerai à fumer s'il y a la guerre ! Il faut bien garder un peu d'espoir. » L'ambassadeur Vinogradov met en garde de Gaulle, le 13 août 1961, de la part de Nikita Khrouchtchev : « Nous ne reviendrons jamais à l'ancien statut de Berlin. — Et nous, nous n'abandonnerons pas Berlin-Ouest. » Le Soviétique menace : « Khrouchtchev n'acceptera pas le survol de la RDA. — Alors, monsieur l'ambassadeur, nous mourrons ensemble. » Le couple Kennedy est reçu à l'Élysée le 31 mai 1961. Jackie demande au Général : « Vous qui avez connu tant de personnages, lequel avait le plus grand sens de l'humour ? — Staline, madame. » Un *joke*, sans doute. Elle continue : « Savez-vous, général, que

1. Selon le biographe Jean Lacouture.

ma famille est d'origine française ? — La mienne aussi, madame. » Quelques jours plus tard, un ministre lui demande : « Comment avez-vous trouvé Mme Kennedy ? — Très bien habillée. »

Quant au maréchal soviétique, il pratiquait plutôt l'humour noir. Rencontre le 6 février 1949 : « J'ai reçu votre Thorez. Il m'a paru un bon Français. Ne le mettez pas tout de suite en prison ! » Et Staline d'inonder le général de ses conseils : « Je vous remercie, monsieur le maréchal, mais vous savez bien que vous êtes inimitable ! »

Caustique

Son registre principal. Parfois un mot suffit. Lors de la réception à la Maison Blanche qui suit les obsèques de John Kennedy, le 24 novembre 1963, le soviétique Alexis Kossyguine fanfaronne. « Taratata », le coupe de Gaulle. Dans ses petits souliers, l'interprète traduit quand même.

Plusieurs versions pour cette ironique saillie : « Des chercheurs qui cherchent, on en trouve. Mais des chercheurs qui trouvent, on en cherche. » Prononcée en 1965 au cours d'une visite au CNRS ou en réponse au ministre Gaston Palewski, plaidant pour son budget de la recherche.

Avec lui, les militaires en ont souvent pris… pour leur grade ! « Il est vrai que, parfois, les militaires, s'exagérant l'impuissance relative de l'intelligence, négligent de s'en servir[1]. » Il débarque à Alger en 1958 : « Alors,

1. Dans *Le Soldat*, 1925.

Massu, toujours aussi con ? — Toujours gaulliste, mon général ! » « La guerre est une chose trop sérieuse pour être confiée aux militaires. » « La pire calamité après un général bête, c'est un général intelligent. » En 1943, il rencontre à Alger le général Georges Catroux. La chaleur est étouffante. Catroux accueille de Gaulle en short, mais arbore toutes ses décorations à la chemise. Le Général goûte peu ce laisser-aller : « Catroux, vous ne trouvez pas qu'il y en a un peu trop en haut et pas assez en bas ? ». À Toulouse, le 16 septembre 1944, il passe en revue les maquisards volontaires des Forces françaises de l'intérieur. Tous sont décorés, sauf un : « Alors, jeune homme, on ne sait pas coudre ? » À propos d'associations d'anciens combattants : « Être fait prisonnier, ce n'est pas de chance, c'est comme être fait cocu. De là à en faire des défilés… » « Mon général, c'est la guerre », lance Alain Peyrefitte à de Gaulle, en mai 1968 : « Non, Peyrefitte, la guerre, je la connais, ce n'est pas une bagarre d'écoliers et, ne le répétez pas, c'est surtout bien plus rigolo. » « C'est utile, la flotte. Quand ça va mal, les marins descendent à terre et rétablissent l'ordre. Quand ça va bien, les marins descendent à terre et engrossent les filles. »

Parfois, l'humour caustique prend une teinte un peu *british*. Lettre au Dr Lichtwitz, en 1963 : « Je suppose que vous êtes à la montagne, mais que vous en redescendrez. » Ou de Robert Schuman, célibataire : « Ou bien il ne peut pas, ou bien il a une petite amie que l'on ne connaît pas. » Lors de la présentation des vœux aux corps constitués, le 1er janvier 1969, un savant se plaint de la difficulté pour se rendre en voiture de son domicile à Saclay. « Convenez, cher maître, qu'une fois passé le Petit-Clamart [lieu de l'attentat contre de Gaulle, le 22 août 1962], ça roule tout seul ! »

Richard Nixon lui envoie un message : « Je n'oublierai jamais la sagesse de vos conseils. — C'est étrange. Il n'en a suivi aucun[1] ! » Edmond Michelet, un fidèle parfois en désaccord : « Entendu, mon général, je ferai ce que vous me demandez. Je renonce à comprendre. — C'est ça, Michelet, renoncez, renoncez. Cela nous fera gagner du temps à tous les deux... » L'abbé Fulbert Youlou, premier président du Congo, amateur de femmes, dîne à l'Élysée, le 4 mai 1959. Silence au moment du café. Soudain l'abbé : « Je m'avise, mon général, que je ne vous ai jamais entendu en confession. — Moi non plus, monsieur l'abbé ! »

Sarcastique

Les attentats de l'OAS, auxquels il a échappé de peu, n'ont suscité que sarcasmes. Après celui du 8 septembre 1961, près de Pont-sur-Seine, il descend, félicite son chauffeur, François Marroux, et constate : « Il sent mauvais, leur plastic. Ils auraient pu le parfumer à la lavande ! » Et encore : « Quel manque de savoir-vivre ! » Le lendemain, Chaban-Delmas le félicite de s'en être sorti : « Oui, il paraît qu'on n'aurait rien trouvé de moi, même pas le képi. Il est vrai que j'étais en civil ! Et puis, Chaban, réfléchissez. C'était une belle sortie ! [...] Ça vaut tout de même mieux que de mourir d'une attaque aux cabinets ! » Un an plus tard, le 22 août 1962, attentat

1. Sur le Vietnam, entre autres.

du Petit-Clamart. La voiture présidentielle essuie plus de cent cinquante balles de mitraillette. « Cette fois, c'était tangent. Ces gens-là tirent comme des cochons. » En fait, heureusement que son gendre, Alain de Boissieu, l'a sauvé en lui criant : « Père, baissez-vous ! » Yvonne est inquiète. « J'espère que les poulets n'ont rien. » Elle voulait parler des volailles achetées le matin même en prévision du déjeuner du lendemain avec le couple Pompidou ! Au repas, justement, Alain de Boissieu fait mine d'être tombé sur une balle dans un blanc de poulet. « Je vous en prie, Alain, n'en rajoutez pas », plaisante le général. La sécurité est renforcée. Lors d'un déplacement à Orléans, Roger Frey, ministre de l'Intérieur, place des CRS sur le parcours en demandant qu'ils se cachent derrière les arbres. De Gaulle fait venir son ministre : « La prochaine fois, faites-les grimper aux arbres[1]. »

Recevant les patrons à la Libération : « Messieurs, je n'ai vu aucun d'entre vous à Londres. Après tout, vous n'êtes pas en prison… » Nikita Khrouchtchev débarque le 23 avril 1960, après un report de plusieurs mois : « Enfin, vous voilà. » En juin 1943, le général Giraud, coprésident avec de Gaulle du Comité français de la libération nationale à Alger, s'agace d'entendre la foule crier « vive de Gaulle ». Il suggère d'interdire ces manifestations. « En effet, ironise le général, nous pourrions prendre une ordonnance enjoignant aux populations de crier uniquement : “Vive le coprésident du Comité français de la libération nationale à tutelle partagée et à responsabilité limitée”. » Journée de chasse présidentielle à Rambouillet. Un invité ne boude pas son plaisir : « Ah !

1. Michel Tauriac, *Vivre avec de Gaulle*, *op. cit.*

mon général, la chasse, que d'émotions, c'est vraiment comme à la guerre. — Oui, à la différence près qu'à la guerre les lapins tirent ! » À la demande du Général, Malraux raconte les festivités d'indépendance du Congo-Brazzaville : « La foule criait, acclamait. J'étais dans une voiture découverte, avec une escorte motocycliste. Peut-être la foule les applaudissait-elle plutôt que moi-même ? » De Gaulle : « Qu'est-ce que ça aurait été si vous aviez été à motocyclette ! »

Le ministre des Finances, en janvier 1963, impute au froid les difficultés d'approvisionnement. De Gaulle : « Il faudrait tout de même prévoir qu'il puisse faire froid en hiver[1] ! » Jean Foyer, garde des Sceaux, dresse un tableau alarmant du milieu carcéral : « Mon général, les prisons sont surpeuplées, les détenus sont mal nourris, les loisirs sont insuffisants… » De Gaulle cloue le bec de son ministre : « Heureusement, ils peuvent s'évader. » À son retour de l'ambassade de Rome en 1962, Gaston Palewski, un des premiers compagnons du Général, grand séducteur, surnommé « l'ambrassadeur », est invité à une réception à l'Élysée. De Gaulle le trouve dans un divan entouré de trois belles femmes : « Alors, Palewski, on se croit toujours en gondole ? » Autre ambassadeur, lui aussi dans le collimateur du Général, Maurice Dejean est rappelé de Moscou en février 1964. Il est impliqué dans une affaire de mœurs, montée par le KGB pour le faire chanter. Il est convoqué à l'Élysée. De Gaulle, après une minute de silence : « Alors, Dejean, on couche[2] ? »

1. Alain Peyrefitte, *op. cit.*

2. Post de Yves Hamant, repris sur le blog de Michel Desmoulin (www.desmoulin.net).

Monaco est un État ? « Pour lui imposer un blocus, deux panneaux de sens interdit suffiraient ! »

Féroce

« Les Français sont des veaux. » C'est l'une des citations fétiches du Général, prononcée dès juin 1940 devant son fils Philippe alors qu'ils déjeunaient à l'hôtel Connaught après son intervention à la BBC contre l'armistice. Il avait ajouté : « Ils sont bons pour le massacre. Ils n'ont que ce qu'ils méritent. Ils sont comme ça depuis les Gaulois. C'est la trouille qui commande les Français. » « On ne peut rassembler les Français que sous le coup de la peur. Comment souder, à froid, un pays qui compte deux cent soixante-cinq sortes de fromages ? »

Il n'est dupe de rien : « Aujourd'hui, tout type qui, pendant la guerre, a lu un jour aux cabinets un tract trouvé par hasard affirme qu'il a été résistant ! »

Les veaux sont de retour en Mai 68 : « Que voulez-vous que je fasse de cette France qui s'aplatit, de cette vachardise [la France rétive contre ceux qui veulent la faire avancer]. Que voulez-vous que je fasse au milieu des veaux ? »

À un visiteur reçu en mai 1958 : « Ils ne pensent qu'à bouffer et à augmenter leur niveau de vie. Le bifteck-pommes frites, c'est bon. La 4 CV, c'est utile. Les vacances, c'est chouette. Mais tout cela ne constitue pas une ambition nationale. » Chef du Gouvernement provisoire depuis le 21 octobre 1945, il commente à sa façon le rationnement du pain, les cartes d'alimentation pour la plupart des produits : « En 1944, les Français étaient malheureux, maintenant ils sont mécontents. C'est un progrès. » Pierre-Louis Blanc déjeune à la Boisserie, le 1er avril 1968 : « Nous sommes les rois des associations en tout genre, des corporations de ceci, des amicales de cela, des coteries paysannes ou littéraires, des comités Truc ou Machin. Tout cela affiche la prétention de rassembler et en réalité concourt à la division. La division est une spécialité bien de chez nous. Parce que l'intérêt général est occulté, quand il n'est pas ignoré, par la somme des petits intérêts particuliers… S'entendre un jour appeler monsieur le président, pour un grand nombre, c'est magique. Mais on trouve aussi des présidents d'honneur et, pour faire patienter les derniers arrivés, des vice-présidents ». De Gaulle pouffe de rire ou manifeste plutôt un gloussement de satisfaction, bouche fermée, ajoute le fidèle collaborateur.

« Ils sont versatiles. Le Français est un cheval qui, au lieu de sauter l'obstacle, essaie chaque fois de passer à côté. S'il ne trouve pas un jockey pour le forcer à aller droit sur la haie, hop, il l'évite. » Outre leur apathie, c'est la jalousie des Français qui exaspère le Général : « L'envie est notre vice national. C'est le pire des péchés capitaux. C'est pire que l'orgueil. L'orgueil a une certaine noblesse. L'envie est le sentiment des vaincus et des haineux. C'est la colère du perdant… Ils estiment toujours que le succès d'autrui se fait à leur détriment, d'où leur sentiment de rendre coupables ceux qui réussissent à leur place. » « Les Français font la révolution par incapacité, pour détruire l'élite qu'ils se sentent incapables de remplacer, qu'ils désespèrent de jamais pouvoir égaler. Alors, ils souillent les tapis, arrachent les rideaux, cassent les carreaux. C'est la bêtise de l'animal fou, cette espèce d'immaturité qui fait qu'on veut toujours détruire ce que l'on ne peut pas produire soi-même ou se procurer. » « Tout Français exige de bénéficier d'un ou de plusieurs privilèges. C'est sa manière d'affirmer sa passion pour l'égalité. » Et encore : « A-t-on jamais vu un peuple qui se sente si peu lié par la responsabilité partagée et l'intérêt commun ? » Propos d'une cruelle actualité.

Après l'échec du référendum de 1969, il s'en va, mais n'avait-il pas pressenti l'amertume finale ? Lors de son retour en 1958, il avait ironisé sur l'état de grâce : « Les commencements sont toujours délicieux. Je crois me rappeler que Victor Hugo a écrit quelque chose de piquant là-dessus, au sujet du supplice du pal : "Le supplice du pal / Qui commence si bien / Et qui finit si mal." »

Sans illusion donc : « Chacun va maintenant faire chauffer sa petite soupe, dans sa petite marmite, sur son petit feu et dans son petit coin en s'imaginant vivre des jours tranquilles. Eh bien ! soit, mais que cela se fasse en dehors de moi. »

« Pourquoi avoir donné le droit de vote aux femmes ? lui demande un général. — Je me suis demandé si je n'avais pas fait une erreur. Mais j'ai fait pire quand j'ai donné droit de vote aux militaires ! » La classe politique trouve rarement grâce à ses yeux. « Nous avons un gouvernement de fantoches. Je dis de politichiens, oui, de politichiens… des polis petits chiens », relève Louis Vallon. Sa liste noire dressée par Jean-Raymond Tournoux : « Ces tristes joueurs d'une sombre comédie, ces danseurs d'un ballet d'ombres chinoises, ces neurasthéniques à vie, ces trotte-menu de la décadence, ces chevrotants de l'abandon, ces fuyards professionnels, ces aigrefins, ces débrouillards de la déchéance, ce chloroforme de l'euthanasie nationale, ces cloportes de marécages, ces coureurs de maroquins, ces voraces qui se mangent la laine sur le dos. » Et encore, dans le dernier de ses carnets 1947-1958 : « Politiciens de l'impuissance / radiodiffuseurs du sommeil / stylographes de la décadence / farfadets de la décadence… les baladins de la politique. La politique de la guitare. »

Les partis de la IVe République : « Je ne peux pas dire que je les déteste. On peut détester Hitler, Staline. On ne peut pas détester le néant. » « Il ne faut pas attendre des professionnels du dénigrement, de la nostalgie et de l'aigreur qu'ils renoncent à suer le fiel, cracher la bile et lâcher du vinaigre. » Après le référendum du 28 avril 1962 sur l'élection du président au suffrage universel : « Les soi-disant chefs des soi-disant partis auraient préféré continuer à jouer leur petite belote habituelle. Moi, je les ai obligés à jouer au poker. Et là, je suis le plus fort. » Même Michel Debré, Premier ministre, n'est pas épargné : « Il faudrait mettre le carré blanc. Il risque de faire peur aux enfants. » En décembre 1948 : « Ce pauvre Debré est toujours devant le Mur des Lamentations. » Même régime féroce pour Pierre Mendès France : « J'ai connu Mendès comme aviateur. Très courageux d'ailleurs, mais enfin, sa spécialité, c'est le rase-mottes ». À Maurice Couve de Murville, ministre des Affaires étrangères : « Ayez l'obligeance de cesser d'enfoncer des portes ouvertes en nous faisant croire que ce sont des arcs de triomphe. » Diagnostic du maréchal Pétain, passé à la postérité : « La vieillesse est un naufrage. Pour que rien ne nous fût épargné, la vieillesse du maréchal Pétain allait s'identifier avec le naufrage de la France[1]. » Wilfrid

1. *Mémoires de guerre*, tome 1.

Baumgartner refuse de succéder à Pinay, ministre des Finances : « Mon action à la Banque de France est loin d'être achevée. » Trop arrogant. Le couperet tombe : « Mais, monsieur Baumgartner, vous n'êtes plus gouverneur de la Banque de France[1]. »

Un haut fonctionnaire en autopromotion : « Je suis du bois dont on fait les ministres. — Eh bien, quand j'aurai besoin d'un ministre en bois, je penserai à vous. »

Mépris féroce aussi pour les médias qui, à ses yeux, sont tous d'opposition ! Le 9 septembre 1968, conférence de presse à l'Élysée : « Grâce à la mise en condition de l'opinion publique – n'est-ce pas, messieurs les journalistes ! – par la grande majorité des organes de presse et de radio pour lesquels ne comptent que les faits scandaleux, violents, destructeurs… » À Alain Peyrefitte, ministre de l'Information : « Je me détends beaucoup à regarder votre télévision. Surtout vos informations. C'est comme les films comiques. C'est tellement bête que c'en est drôle. » À Hubert Beuve-Méry, fondateur du *Monde* : « Moi qui ne suis pas ce qu'il est convenu d'appeler un rigolard, savez-vous ce que je fais quand j'ai envie de rire ? Eh bien, je lis *Le Monde.* » « Recevoir un grand nombre de journalistes est un plaisir. Un petit nombre, un ennui. Un seul : un supplice. » La censure est imposée dans les métiers d'État. Les atteintes à la soi-disant liberté de la presse se poursuivront sous Pompidou et Chirac. Ils n'auront de cesse d'éradiquer tous les gêneurs, comme à Europe 1, pendant la guerre d'Algérie et Mai 68.

Les progressistes ? « Ce sont ceux qui courent après le lièvre des courses de lévriers : ils n'arrivent jamais

1. Alain Peyrefitte, *op. cit.*

nulle part. Aussi sont-ils d'éternels insatisfaits et des utopistes, et, s'ils sont parfois très intelligents, il leur manque un ingrédient indispensable pour s'occuper des choses publiques : le sens des réalités. » « À gauche, on croit que la frégate appareille pour l'équipage, alors que c'est l'inverse. » « Il faut tirer le bas vers le haut, alors que la gauche tire le haut vers le bas par égalitarisme. » « Méfie-toi des démagogues, ils te mèneront toujours vers l'impasse. Suis les grands, ils te conduiront au sommet. » « La droite ignore la nécessité de la générosité et la gauche refuse la nécessité de la puissance. »

Autodérision

Mieux vaut ne pas prendre toutes les déclarations de de Gaulle au pied de la lettre. Il excellait, selon Pompidou, dans « l'art de mentir pour savoir le vrai, de tester pour voir les réactions, de dissimuler certaines arrière-pensées ». Ce que confirme son fils : « Il aimait souvent nous provoquer ; par exemple, il lâchait tout à coup une réflexion ou une question qui était à l'opposé de ce qu'il pensait vraiment afin de jauger notre réaction… Il a mis de cette façon à l'épreuve nombre de ses ministres ou de personnalités. » Ainsi peut-on lire ce constat faussement négatif, mais à l'évidente autodérision : « J'ai tout raté… Ma vie n'a été qu'une cascade d'échecs… Mes laïus, ça ne sert qu'à faire des ronds dans l'eau, ils n'auront jamais servi à rien : autant labourer la mer… De toute façon, il ne restera rien de tout ça… Autant en emporte le vent. »

L'autodérision était en effet l'un de ses points forts. « J'ai toujours été le grand Charles, avec des bras trop longs et des pieds énormes », confie-t-il, en riant tout de même, à l'épouse de Gérard de La Villèsbrunne.

« Au début je n'étais pas très gaulliste, mais petit à petit, en me regardant faire, je le suis devenu. » Réélu président de la République le 19 décembre 1965, il parle d'un « soi-disant » deuxième septennat, car il ne s'attend pas, « au point où j'en suis », à tenir sept ans de plus. Il évoque son âge et juge « naturel et humain que beaucoup de gens disent : le général de Gaulle, c'est très bien. Il a fait ce qu'il devait, ce qu'il a pu, bravo, on tire son chapeau, mais il est trop vieux[1] ». Robert Murphy, conseiller du président Roosevelt, lui suggère en janvier 1943 de venir à Alger, où il ne fera qu'une bouchée du général Giraud, commandant en chef en Afrique française du Nord, qui n'a, selon lui, aucune ambition politique : « Les ambitions politiques, ça vient vite. Regardez, moi ! » répond de Gaulle.

Interrogé en conférence de presse sur son silence dans l'affaire Ben Barka : « C'est l'effet de mon inexpérience. » Un aveu trop modeste qui déclenche les rires des journalistes et des ministres présents. Sa Constitution répartit les pouvoirs entre le président et le Premier ministre, mais le Général a sa petite idée sur la suite : « Ce machin à deux têtes ne marchera jamais. » C'est lui le patron – ce qui n'a pas empêché Pompidou de lui tenir tête à l'occasion. Adepte du vouvoiement, il a tutoyé la mort, à la guerre ou lors des attentats. De quoi rassurer Yvonne, qui, à Moscou en juin 1966, le met en garde : « C'est

1. Alain Peyrefitte, *op. cit.*

un pays où l'on peut vous coller du poison qui ne ferait effet que dans cinq ans. — À l'âge que nous avons atteint, ma chère Yvonne, on peut courir des risques. » Il meurt quatre ans après. « Et dire que je mourrai peut-être dans mon lit, vous imaginez cela, Sainteny[1] ? » À André Malraux, le 11 décembre 1969 : « Il faut mourir assassiné ou foudroyé. » Ce sera donc foudroyé en faisant... une réussite. Toujours la même, selon Yvonne ! En décembre 1969 : « Après ma mort, on dressera une grande croix de Lorraine sur la plus haute colline, derrière la maison. Et comme il n'y a personne par-là, personne ne la verra. Elle incitera les lapins à la résistance[2]. »

---

1. Visite d'un cimetière militaire avec le ministre des Anciens Combattants.
2. Décembre 1969, après son départ de l'Élysée.

Georges Pompidou

« Ah ! la nature humaine ! »

En vacances à Cajarc, à l'été 1971, le président Georges Pompidou se défoule en écrivant *Girondas,* courte nouvelle dans laquelle, en digne normalien, il donne libre cours à son autodérision et à son regard caustique sur la France soixante-huitarde[1].

« Tout commença le 25 février à 15 h 55 dans la classe de seconde B du lycée de Romorantin. M. Plumesec, professeur de français, s'efforçait d'intéresser ses trente-deux élèves aux problèmes sentimentaux et moraux des personnages de *Phèdre* de Racine. Dans un intervalle de silence, la voix de l'élève Girondas se fit entendre, claire et nette : "Ils nous emmerdent ! Ils n'ont qu'à coucher tous ensemble et nous foutre la paix." M. Plumesec, professeur de la vieille école, à peu d'années de la retraite, était connu du Tout-Romorantin pour son urbanité et sa dignité. Il se dressa, fixa Girondas d'un regard glacé et articula fermement : "Girondas. Vous serez consigné

1. Voir le site de l'Institut Georges-Pompidou : www.georges-pompidou.org

dimanche." Une vague de stupeur déferla sur la classe. De mémoire d'homme, Plumesec n'avait jamais dispensé de punition. Au surplus, on n'avait pas le souvenir qu'une consigne eût été distribuée au lycée de Romorantin depuis mai 1968. Il faut ajouter que le jeune Girondas avait été désigné par ses camarades, par onze voix sur treize votants et deux mille deux cent quarante-trois inscrits, comme leur représentant au conseil d'administration du lycée. Le port de la barbe, des chemises de cow-boy et des blue-jeans particulièrement usagés l'avait de toute évidence destiné à cette fonction. Au surplus, peu d'élèves possédaient autant d'expérience pédagogique puisqu'il avait redoublé trois classes et se trouvait à dix-neuf ans et demi en seconde avec l'espoir peut-être d'avoir son bachot au moment de sa majorité légale… »

L'affaire suscite une mobilisation, d'abord locale ! De retour chez lui, Girondas appelle un camarade pour réunir le comité d'action des lycéens. Sa mère a entendu le coup de téléphone : « J'espère que tu ne vas pas te laisser faire. Je vais dire à ton père de réunir les parents d'élèves. Il se croit au Moyen Âge, ton Plumesec ! Ça ne m'étonne pas d'ailleurs, après ce que j'ai lu dans *L'Express* la semaine dernière. Il n'y a plus de liberté ! Et dire que ton père a voté pour Pompidou ! Il avait pourtant l'air capable, ce type-là. Eh bien, c'est un tyran ! Je l'ai lu ! Je parie qu'il a donné des instructions aux profs pour sévir dans les lycées. – Ferme-la, maman, ferme-la, tu n'y entraves que couic. Le Pompidou, il y peut rien, c'est un minus. On est en pleine crise de civilisation postindustrielle. Y'a des salauds qui prétendent commander aux autres, et puis y'a nous qu'on veut pas obéir et même qu'on va prendre le pouvoir grâce à l'union avec la classe ouvrière... »

Le « coup de Plumesec » déborde Romorantin. La presse s'en empare. La première chaîne organise un débat animé : « Les infortunés partisans de l'ordre et de la discipline traités comme il convenait de fascistes et de vieilles noix, on admira beaucoup l'intervention finale et impromptue d'un jeune chanoine qui n'hésita pas à assimiler Plumesec à Torquemada. Les téléspectateurs qui dans leur grande majorité avaient cru comprendre que Torquemada était un général franquiste furent particulièrement indignés de cette intrusion de l'armée espagnole dans la gestion du lycée de Romorantin... »

Partis et syndicats se mobilisent. Une manifestation est organisée : « De nombreuses banderoles portaient des slogans révélateurs : "Le con signé, c'est Plumesec" ; "Le fascisme ne passera pas" ; "Girondas avec nous" ; "Guichard, démission". Sept mille personnes, d'après la préfecture de police, deux cent mille d'après *L'Humanité*, se portèrent jusqu'à la rue de Grenelle, devant le ministère de l'Éducation nationale, aux cris de "Liberté pour tous", "Plumesec en prison". Une violente averse permit toutefois la dispersion sans incident des manifestants. Mais le soir même, à La Coupole, réunis autour d'assiettes de fruits de mer et de bouteilles de chablis, un groupe d'intellectuels, de cinéastes et de journalistes de l'ORTF appelait le pays à secouer le joug de la dictature. La CGT et la CFDT tenaient une réunion commune et décidaient une semaine d'action, marquée par des arrêts de travail, des pétitions et une demande de revalorisation des salaires de 50 %. Le Parti communiste invitait les travailleurs à s'unir contre l'oppression réactionnaire et pour le triomphe de la liberté socialiste. De leur côté, les syndicats de l'Éducation nationale, tout en rappelant "le respect dû aux maîtres de l'enseignement public dont la haute conscience et le dévouement sans borne sont l'honneur de la République et les plus sûrs garants de la démocratie", réclamaient la réunion immédiate d'une commission d'enquête et l'institution de quinze jours de congés supplémentaires, faute de quoi une grève illimitée serait décrétée dans tous les établissements d'enseignement[1]... »

Pour l'issue de l'affaire, Georges Pompidou s'en remet aux « futurologues ». Un gouvernement marxiste devait prendre le pouvoir, anticipaient les uns. Selon d'autres, après des émeutes au Quartier latin, « une vive réaction se produirait dans l'opinion, entraînant des élections anticipées et l'arrivée à l'Assemblée nationale d'une majorité "d'ordre" ». D'autres enfin, « se targuant imprudemment de bon sens, affirment que le week-end prolongé mettra fin à l'agitation nationale. Le ministre de l'Éducation nationale accordera trois jours de congés supplémentaires pour la Pentecôte et acceptera d'examiner la situation catégorielle des surveillants et agents des lycées. La direction de la Régie Renault diminuera la durée du travail hebdomadaire d'un quart d'heure. Le ministre de l'Intérieur obtiendra un recrutement supplémentaire de huit cents CRS et la revalorisation de l'indemnité d'habillement des agents en tenue... À Romorantin, les cours reprendront et le jeune Girondas, s'étant engagé à dire à M. Plumesec : "Excusez-moi, monsieur", la consigne

1. Georges Pompidou, *L'Affaire Girondas*, Paris, René jeanne, 1984.

sera levée. M. Plumesec demandera néanmoins sa mise en retraite anticipée[1]. »

Avec son *Girondas,* sous l'apparence d'une blague de potache, Georges Pompidou prouve à quel point son humour, inné, avait résisté aux épreuves du pouvoir, quitte à se faire plus noir et sarcastique avec la maladie qui l'emportera trois ans plus tard.

« Mon arrière-grand-père avait déclaré, quand j'avais trois ans : "Ce petit gouvernera la France !" Je me demande si ce n'était pas un sort qu'il me jetait[2]. » Avec un zeste d'ironie. Georges Pompidou est bien devenu président, mais lui qui n'était pas favorable au quinquennat se l'est appliqué à son corps défendant, si l'on peut dire : la maladie l'a emporté pile au bout de cinq ans ! Pourtant, à en croire de Gaulle, son nom ne le prédestinait pas à la plus haute fonction : « Pompidou, avait-il dit à son jeune collaborateur en 1944, votre nom a l'air de se moquer du monde, ça ne fait pas sérieux. Si vous voulez arriver un jour à quelque chose, il vous faudra en changer » ! Le Général, selon son fils Philippe, l'appelait parfois « Pom' pidou ». Cela sonnait bien, « comme une galéjade ». Plus tard, vu son brillant parcours, il avait révisé son jugement : « Pompidou ? Un Premier ministre qui a un nom de coureur cycliste[3]. » L'intéressé, lui, en haut de l'affiche, ne prenait pas pour autant la grosse tête. Question en conférence de presse, le 27 septembre 1973 : est-ce qu'après le gaullisme le temps du pompidolisme est venu ? Le président se met,

1. *Ibid.*
2. Lettre à Robert Pujol, janvier 1963.
3. Alain Frerejean, *C'était Georges Pompidou*, Fayard, 2011.

comme souvent, en mode autodérision : « Je regrette que mon nom se prête mal aux adjectifs ! » Il en profite pour étriller au passage quelques barons qui, depuis des années, lui dénient toute légitimité gaulliste, malgré sa collaboration de vingt ans avec le Général : « Un : je n'ai de leçon de gaullisme à recevoir de personne. Deux : quelle que soit la grandeur du personnage, l'horloge mondiale ne s'est pas arrêtée en avril 1969. J'essaie d'agir de mon mieux et je ne m'abrite pas derrière le nom du Général. Trois : je citerai le cardinal de Retz : "Les grands noms sont toujours de grandes raisons aux petits génies." » À bon entendeur…

Malicieux

Pour cerner la subtile ironie de Georges Pompidou, imbibé de culture classique, à la fois ouvert à une certaine modernité et, curieusement, plus conservateur sur certains sujets que le général de Gaulle, sa jeunesse vaut le détour. Ses origines d'abord : « Pauvre je suis de ma jeunesse, d'humble et petite extrace », revendique ce descendant de paysans, dont le père, instituteur socialiste du Cantal, répond au modèle de la méritocratie républicaine chère à la IIIe République. Il ne manque pas non plus d'une certaine dose d'humour froid. « Un jour, raconte Alain Pompidou, mon père, quatorze ans, fume une cigarette sur le pont du Tarn. » Son père le surprend et lui lance : « Alors, les crapauds fument[1] ? »

1. Alain, né le 5 avril 1942 et adopté en juillet de la même année. Entretien avec l'auteur.

La « clope » ne va pas quitter l'Auvergnat, resté simple[1] malgré le titre de « marquis de Montboudif » ironiquement décerné par *Le Canard enchaîné.* « Dans ses yeux prudents, ombragés de sourcils broussailleux, note Kissinger, transparaissait le scepticisme d'un enfant d'Auvergne, cette rude région de France où les paysans ont survécu à une histoire orageuse en se gardant de faire trop confiance à la générosité des voisins. » Son regard vif et malicieux, son sourire ironique s'accommoderont jusqu'à l'âge adulte, l'éternelle clope au bec, des menus plaisirs d'une vie simple : pêche à l'écrevisse dans les ruisseaux du Cantal, cartes, échecs, ping-pong, billard, les copains, les bons plats : bœuf gros sel, gigot aux flageolets, cassoulet, petit salé aux lentilles. À la fin de sa vie, malade et bouffi de cortisone, il garde son appétit. Pas question qu'on oublie de repasser le plat : « Eh bien, et moi ? »

Brillant dilettante dans sa jeunesse, il n'en avale pas moins un livre par jour. Adulte, il partage sa passion pour les arts modernes avec son épouse Claude, sa « Biche » adorée[2]. Il éprouve une réelle répulsion pour les hypocrites jeux politiciens. Ajoutons-y la perspective d'une riche carrière dans la banque, et l'on comprend que rien

1. À l'image de sa modeste pierre tombale dans le cimetière d'Orvilliers.

2. Selon Alain Pompidou, référence à *La Biche au bois,* conte de fées du XVIIe siècle de Marie-Christine d'Aulnoy et à une biche aux abois menacée par les chasseurs. Lors du premier reportage sur le couple Pompidou à l'Élysée, Georges propose d'allumer la cigarette de Claude et l'interpelle : « Dis, biche… » D'aucuns ont cru entendre « Bibiche », et ce sobriquet s'est propagé dans les rédactions.

ne le prédestinait à un rôle historique dans le redressement de la France de l'après-guerre. La rencontre avec le général de Gaulle en a décidé autrement.

Élève précoce, pour ne pas dire surdoué, le premier de la classe a le tempérament farceur : il lui arrive, dit-on, de laisser traîner des compositions volontairement pleines de fautes pour piéger les copieurs ! Plus tard, au bac, il rédigera deux compositions de philo, sur des sujets différents : l'une à son nom, l'autre pour une agréable jeune fille !

Humour et autodérision affleurent à chaque ligne de ses innombrables lettres au fidèle ami Robert Pujol. Ainsi le 8 août 1928 (à dix-sept ans) : « Je cours, pêche, chasse et avec fureur. Je deviendrai un athlète si je continue. Mais le grec et le latin passent un peu au bleu. D'où courroux paternel. » Le 16 octobre 1929, à Louis-le-Grand (dix-huit ans) : « Je t'écris en histoire pendant que Roubaud dégoise un cours dont je n'ai nul besoin, le trouvant identique dans son bouquin. Je travaille consciencieusement, moins que beaucoup, mais tu sais que je fais vite… Je mange, je dors, je bûche. »

La drague de jeunesse aussi. Le 10 décembre : « B. B. est extrêmement libre et amusante, pleine de pudeur et de dignité. Or j'aime à la folie la pudeur. Je disais un jour qu'il y a des femmes qui se donnent avec pudeur tandis qu'il y en a d'autres qui sont sages sans pudeur… Son frère est enthousiaste et ne cesse de faire mon panégyrique, ce dont je ne saurais lui en vouloir… Ce qui me fait marrer, c'est que tout cela peut, d'un moment à l'autre, me claquer dans les doigts. Ce serait vraiment rigolo et je ne sais pas trop ce que je ferais, mais le mieux serait assurément de me tuer. Être arrivé si près du but et échouer, non ! » Il accumule les mauvais résultats. Il faut dire qu'il bâcle ses compositions. Il remet une copie d'histoire au bout de deux heures « pour sortir voir B. B., ce qui a mis le prof dans une sainte fureur ». Sans doute pour tromper ses moments de déprime, il enchaîne les courriers au copain Pujol. Il planche même pour lui. Par exemple, un « laïus » sur le socialisme, bien argumenté, mêlant Jaurès et roublardises de normalien : « Tu parlerais de la verrerie ouvrière d'Albi et comme personne ne la connaît, tu pourrais en dire ce que tu voudrais, parler de son rendement formidable... »

Au sortir de la pièce *Amphitryon 38*, il déclare sa passion à l'actrice Valentine Tessier, « image même de la beauté, de l'intelligence, de la poésie ». Il lui demande une photo dédicacée. Le mois suivant, elle l'invite dans sa loge et lui offre un « précieux autographe ». Ce qui ne l'empêche pas de juger que « l'amour est aussi idiot que le reste ». Sauf l'art, qui le satisfait. En pleine « crise de misogynie », il s'en remettrait plutôt à une femme mariée : « Je pourrais me laisser guider, me laisser faire, ne plus vouloir. Une femme mariée doit avoir des raffinements épatants. En fait, je deviens vicieux et de plus en plus décadent. » Passant de l'exaltation la plus haute au dégoût le plus profond, il gémit de son bilan scolaire et sentimental : « Trois fois zéro » ! Plutôt que Jaurès, il penche vers « le pessimisme, le scepticisme, l'autoritarisme de Clemenceau... Si j'avais le pouvoir, je ferais le dictateur... Il y a des moments où je me sens affreusement révolutionnaire. Quand je vais sur les Champs-Élysées, j'ai envie de sortir le revolver. Il est vrai que je n'en ai pas. »

Le flemmard, brillant et fêtard ne se voit pas mieux que « licencié moyen, normalien moyen, sous-secrétaire d'État moyen, ministre moyen… Et si j'ai la guigne, je finirai prof licencié dans un petit lycée et, à quarante ans, je serai conseiller municipal et officier d'académie. Ô pitié, pitié ! » La tête de classe de sa khâgne, reconquise au fil des mois, ne lui fait pas mieux supporter la réalité qui lui « répugne et l'ennuie ». Alors il se laisse aller : « Je passe ma vie dans les bars, parmi des femmes admirables d'ailleurs, d'élégance et de charme, dans la fumée des cigarettes. Je fume et je bois des cocktails, jusqu'à ce que je me sente pris d'une torpeur enivrante. Résultat : 1° je suis à sec, 2° je suis abruti. »

Pompidou, naturellement farceur, était bien dans la tradition de la vénérable école qui compte dans ses grands anciens Colomb, créateur du sapeur Camember, du savant Cosinus et de la famille Fenouillard ! Apprécié de ses camarades pour ses talents d'imitateur, il montait aussi avec eux des canulars. Par exemple, la création d'une association pour commémorer le vrai passage des Alpes par Hannibal. Ils avaient réussi à mystifier leur prof d'histoire ! Farceur donc, et séducteur à l'occasion de leçons particulières aux jeunes filles de bonne famille fières de se confier à un normalien qui, de surcroît, suit Sciences Po avec Julien Gracq, entre autres. Missionné pour représenter l'École à un dîner de la *Revue des deux mondes*, il fait signer un autographe à Paul Claudel et Paul Valéry, pendant que son camarade Pouget se remplit les poches de cigares. Peu après, il ramasse une médaille par terre et la remet à son propriétaire : Pétain en personne ! « Merci, dit le vieux maréchal, mais c'est de la camelote ! » Dernière année de Normale : Pompidou doit remettre en mains propres au président Albert Lebrun une invitation au bal de l'École. Sa première entrée à l'Élysée. Une sorte de repérage, un signe du destin peut-être. Il multiplie les expériences amoureuses : « Les femmes tenaient beaucoup de place dans ma vie et je reste convaincu qu'un visage de jeune fille et qu'un jeune corps souple et doux sont parmi ce qu'il y a de plus émouvant au monde, avec la poésie[1]. » Grand amateur de théâtre (Louis Jouvet, Charles Dullin, rencontre avec les Pitoëff grâce au normalien Robert Brasillach, fusillé le 6 février 1945), il avale les livres. Proust, Valéry, Gide, Baudelaire, Giraudoux, Courteline (« Je me marre comme un veau »). Poe, Balzac, Stendhal, Flaubert, Tolstoï, Bourget, Georges Duhamel. La vie « d'un certain Bouddha ». À la terrasse du Palais du Café, boulevard Saint-Michel, les discussions sur la philosophie, l'art, la littérature et la politique sont vives sur fond de pacifisme et de montée de l'hitlérisme. « Mon passage à Munich en 1933, au moment d'une énorme manifestation hitlérienne, m'atterra. »

Premier à l'agrégation de lettres en 1934, diplômé de Sciences Po, il enseigne à Marseille, puis, après avoir subi le feu allemand devant la ligne Maginot, au lycée Henri IV. Chargé de mission, puis chef de cabinet du général de Gaulle en 1948, il rejoint la banque Rothschild en 1953. Le couple Pompidou fréquente le Tout-Paris. C'est pourtant Georges Pompidou que le général de Gaulle, élu président en 1958, fait monter dans sa décapotable pour descendre les Champs-Élysées le 8 janvier 1959. L'homme de Montboudif n'en poursuit pas moins sa

1. Georges Pompidou, *Pour rétablir une vérité*, Flammarion, 1982.

carrière chez Rothschild, à la direction, pour « vivre un peu ». Savoureux euphémisme, non dénué d'humour, à en juger par le tourbillon qui emporte ce couple dans le vent. La liste de leurs relations amicales donne le tournis : Juliette Gréco, Sacha Distel, Guy Béart, Françoise Sagan et sa sœur, Bernard et Annabel Buffet, Jacques Chazot, Jean d'Ormesson, mais aussi les habitués des boîtes à la mode et des premières théâtrales où se presse le bottin mondain des Rothschild. « À Saint-Tropez, à l'humour impitoyable, note Alain, on rit de tout et de rien avec une insouciance sans concession. » Georges fait apprécier son sens de la repartie. « Il se distrait au club de L'Épi Plage dans la journée, joue à la pétanque à Ramatuelle et prolonge, de temps à autre, la soirée au club de l'Esquinade. « Nous, on n'est pas grand-chose, dit-il, pince-sans-rire, mais on fait danser princesses et grandes actrices ! » Il trouve tout de même le temps et l'esprit de publier son *Anthologie de la poésie française* et de négocier en secret avec le FLN, à la demande du Général. Pour se rendre incognito en Suisse, muni d'un faux passeport, il « porte une moustache postiche et un chapeau à large bord destiné à dissimuler son profil aisément reconnaissable[1] ». La négociation officielle se tient dans la foulée à Évian, le 7 avril, et se conclut par la signature des fameux accords le 19 mars 1962.

1. Alain Pompidou, *in* Georges Pompidou, *Lettres, Notes et Portraits 1928-1974*, Robert Laffont, 2012.

Sancho Pança à Matignon

Enfin « débarrassé » de l'Algérie, de Gaulle veut en faire autant de Michel Debré, son Premier ministre, permanent « Mur des Lamentations » qui met ses nerfs à rude épreuve. Exit « l'amer Michel » du *Canard enchaîné*. Le 14 avril 1962, Pompidou entre à Matignon, avec son humour : « Je ne voulais pas devenir Premier ministre, mais nous vivons sous une dictature et chacun doit faire ce qui est ordonné ! » Anticipant peut-être la future privation de liberté de son épouse, il lui a offert une Porsche 356. Il confie à Georges Suffert : « Le Général m'a coincé. Je ne m'attendais pas à être nommé Premier ministre. Je vous jure que je n'ai rien fait pour me placer, comme on dit. Les journalistes ont la maladie de croire que tout le monde calcule. En réalité, les événements s'enchevêtrent. Nous sommes tous les spectateurs plus ou moins ahuris de notre propre histoire[1]. » De Gaulle le confirme à Jacques Foccart : « Dieu sait que Pompidou n'avait pas d'ambition au départ. » Il ne lui a pas laissé le choix : « Vous n'avez pas le droit de refuser. »

Il a trouvé en Pompidou la perle rare : « Bien que son intelligence et sa culture le mettent à la hauteur de toutes les idées, il est porté par nature à considérer surtout le côté pratique des choses. » Une sorte de couteau suisse capable de gérer tous les dossiers avec son auvergnate placidité. De plus, il ne risque pas d'empiéter sur la prééminence présidentielle. « Bien sûr, confie le Général, à nous voir tous les deux, on ne va pas manquer de dire que c'est don Quichotte et Sancho Pança. Nul doute

1. Georges Suffert, *Mémoires d'un ours*, Éditions de Fallois, 1995.

que les caricaturistes vont nous croquer, moi sur mon destrier, la lance en avant, lui freinant derrière, assis sur son âne. » *Le Canard enchaîné* titre : « Pompidou, de l'écurie Rothschild, gagne le grand prix Matignon. » La classe politique s'étrangle, à l'instar d'Edgar Faure : « Il n'est même pas conseiller municipal. » Au lourd handicap sur la ligne de départ s'ajoute, le 26 avril 1962, sa médiocre première prestation devant l'Assemblée nationale, qui, comme la presse, ne veut voir dans ce banquier inconnu qu'un simple exécuteur du président. « Il se fera », concède, un rien bougon, le Général. Il ne croyait pas si bien dire, car Pompidou, au fil du temps, va surprendre tout ce petit monde et faire preuve d'une capacité de résistance, y compris à son patron.

Il peut aussi donner de redoutables coups de griffe. François Mauriac le voit en Raminagrobis. « Pompidou, écrit-il dans son *Nouveau Bloc-notes,* n'appartient pas à la faune des mares stagnantes. C'est un universitaire… Il n'est entré que d'hier dans la carrière sans se presser, en allumant son cigare. Il n'était pas de la partie, il ne faisait pas peur, ce banquier. Le type même de l'amateur : on ne se méfiait pas. On avait tort. Il a le coup de patte à la fois mesuré et efficace. Il pourrait casser les reins s'il voulait. Il ne veut pas. Il a beaucoup plus de culture que la plupart, et pas seulement l'usage du monde, mais celui de l'université, des grandes affaires, du plaisir, des loisirs ». Et toujours le goût de la modernité. Il remplace le portrait XVIIIe siècle qui décore son bureau par un immense Soulages qui surprend mais propage « le style Pompidou ». Claude et Alain choisissent deux œuvres de Max Ernst et Nicolas de Staël.

Claude redoute le fameux « enfer de Matignon » mais trouve une compensation dans un nouveau havre de paix : à Cajarc (Lot), où ils dénichent une vieille ferme dans le Causse, en plein Quercy. Georges n'avait-il pas écrit à Pujol en décembre 1960 : « J'envisage l'achat d'une petite ferme où l'on élève des poulets avec du grain et des vaches avec du foin, où l'on mangerait des œufs qui n'auraient pas goût de poisson, des poulets qui n'auraient pas d'hormones, du beurre et du lait naturels et ce sera bientôt un luxe fabuleux que de vivre comme un petit propriétaire de 1850 » ? L'intello n'a pas oublié ses racines. Il est écolo bien avant l'heure. C'est Claude qui a déniché le paradis. Coup de cœur. Elle annonce à Georges : « J'ai acheté deux maisons et les terres… Pas de route, des chemins de terre, bordés de murs en pierre sèche, une vue fabuleuse sur le Causse et sur la vallée du Lot. Tout ce que nous aimons. » Alain aura une des fermes. Dans l'autre, Georges élèvera ses moutons et ses poules. Chambres d'amis dans la grange. Le pigeonnier devient salon de musique avec grande table pour dîner à quinze. La citerne finit en piscine avec terrasse et une annexe dans les soues à cochons. Le four à pain est ressuscité. Une bâtisse proche accueille le couple de gardiens, réfugiés espagnols, heureux de s'occuper des moutons. Une autre bicoque sert d'abri pour les chevaux offerts par le roi du Maroc. Une grange est aménagée pour les gendarmes chargés de la sécurité du Premier ministre.

À Matignon, Claude se fait donc une raison, sans tenir sa langue pour autant. Son franc-parler gêne parfois, mais amuse aussi son amoureux de mari qui, de toute façon, se voit plutôt en Premier ministre de transition. Il se donne quelques mois pour ce job, « mélange de fierté et de goût de l'action, mais aussi d'accablement. Gouverner, c'est contraindre... Ce qui m'a demandé le plus d'efforts, c'est de m'armer de patience, d'obstination, d'indifférence aux attaques[1] ».

Son équipe rapprochée comprend notamment Pierre Juillet, avocat austère et solitaire, pour qui le monde politique n'a pas plus de secrets que l'élevage de moutons, Jacques Chirac, Olivier Guichard, Édouard Balladur, Simonne Servais pour la presse. Quand il reçoit un collaborateur dans son bureau quasi vide, sauf un paquet de cigarettes, un cendrier, un briquet et un seul dossier[2], il s'assied dans un fauteuil près d'une fenêtre, bras croisés, immobile. Jacques Chirac témoigne : « D'un naturel concentré, peu porté aux effusions, rebelle aux confidences, le contraire de l'esbrouffe, Georges Pompidou n'entretenait pas avec ses collaborateurs des liens de grande proximité. Quels que soient les sentiments d'affection ou d'admiration que je nourrissais à son égard, je me savais tenu à ne pas trop les exprimer. La pudeur était de règle. Je n'ai pas eu de moment d'intimité particulière, car ce n'était pas son genre. Il savait surtout se montrer chaleureux. Il avait du cœur[3]. »

Pas plus d'intimité avec les journalistes qu'il reçoit à déjeuner par petites dizaines pour des échanges qui se veulent courtois, mais francs de part et d'autre. Une fois président, d'ailleurs, il n'hésitera pas à écrire directement aux journalistes, grandes plumes ou non, pour relever des erreurs factuelles ou de malveillantes incompréhensions. Là encore, il n'a pas perdu le goût des farces. Il s'amuse des grimaces

1. Georges Pompidou, *Le Nœud gordien*, Plon, 1974.
2. Alain Frerejean, *op. cit.*
3. Entretien avec l'auteur, *La Montagne*, 16 juin 2000.

que font ses invités de la presse devant une assiette de tripes ! Mieux encore, un dimanche, Claude et Georges, décidés à se passer de l'escorte habituelle des motards, quittent Matignon pour la propriété des Lazareff à Louveciennes en 2 CV et non dans leur Porsche. Au moment de partir, les gendarmes postés à un carrefour le font trop attendre. Pompidou démarre. Coup de sifflet. Engueulade. Le chauffard se gare et sort ses papiers. Les gendarmes se confondent en excuses : « Désolé, monsieur le Premier ministre… » Pompidou, tout sourire, exige une contravention !

Très vite, son bon sens de paysan auvergnat, « sa modestie et le sens aigu des réalités », selon Alain Peyrefitte, en imposent à ses interlocuteurs. « J'avance prudemment », admet-il. S'il est entré à Matignon à reculons, il entend bien en exercer tout le pouvoir. L'Auvergnat ne se laisse pas tondre la laine sur le dos. « Je n'admets pas les pressions. Je n'y cède jamais », assènera-t-il un jour (16 novembre 1965) à René Capitant. Même de Gaulle en fait l'expérience. Sensibilisé par la grève de la faim de Louis Lecoin, militant pacifiste, le Premier ministre lui impose, en passant par Messmer, insoupçonnable militaire, la reconnaissance d'un statut des objecteurs de conscience (finalement promulgué le 22 décembre 1963). Les cendres de la guerre d'Algérie sont encore chaudes. L'encre des accords d'Évian n'est pas sèche. L'un des généraux putschistes, Edmond Jouhaud, doit être exécuté. Pompidou met sa démission dans la balance et arrache sa grâce au Général. Il lui écrit le 26 mai : « Croyez bien que je ne m'illusionne pas et que je me rends compte que les conditions dans lesquelles je me suis opposé à vous sur l'article 16 puis sur l'affaire Jouhaud m'ont fait perdre votre confiance. Ainsi disparaît la dernière raison que j'avais de rester à ce poste que je n'ai pas désiré. » Le rusé a son franc-parler.

Il n'est à Matignon que depuis peu de mois et déjà il rêve de retrouver sa liberté : « La tâche est accablante », confie-t-il à de Gaulle qui ne s'en laisse pas conter : « Vous verrez, à l'usage, vous prendrez goût au pouvoir. » Alors, il s'accroche. Mieux même, il monte au créneau pour défendre devant les députés le projet de référendum sur l'élection au suffrage universel du président de la République, annoncé par de Gaulle le 20 septembre 1962. « Comment accuser le général de Gaulle de forfaiture ? Vous lui devez tout, messieurs. La république rétablie en 44, sauvée en 58, sauvée en 60, lors des barricades, sauvée en 61 lors du putsch d'Alger… » Il n'en est pas moins renversé le 5 octobre. Il veut faire profil bas. Hors de question pour le Général : « Je vous garde. En politique, il faut sans cesse garder la tête haute et le verbe haut. » Le référendum est approuvé le 28 octobre à 62 %. Le mois suivant, le raz de marée gaulliste aux législatives offre au Premier ministre une majorité écrasante. Cela ne rend pas la vie plus facile pour autant : « Chaque jour qui passe je me sens davantage prisonnier et privé de retour en arrière. Si cela continue, où finirai-je ? » écrit-il en janvier 1963 à Robert Pujol, alors que les mineurs entament une longue grève, suivis des cheminots et d'EDF. Première dissonance avec de Gaulle, qui signe un ordre de réquisition. Une faute selon Pompidou qui, au contraire, joue le conciliateur et lâche du lest, soucieux « que les plus modestes ne se sentent pas, comme disait Dostoïevski, des humiliés et des offensés ». Le normalien n'a pas oublié ses lectures. Il reçoit d'ailleurs chaque mois ses anciens condisciples, rares moments de vraie camaraderie et de libres échanges teintés de leur humour si particulier. Il aime aussi « casser la croûte » avec sa bande de copains, Guy Béart à la guitare, ou inviter amis et collaborateurs privilégiés à de discrètes séances de cinéma dans une petite salle. Avec Claude, il trouve le temps de quelques bons restos, expositions et galeries d'art. Pour se ressourcer, le couple s'échappe à Cajarc, où il a fini de retaper sa maison de campagne.

Remis d'une première attaque le 21 novembre 1963, il retrouve son mordant pour ferrailler à l'Assemblée, devant laquelle il a pris de l'assurance. Ainsi, en avril 1964, profitant de l'empêchement du Général opéré de la prostate, François Mitterrand attaque ce régime qualifié « d'autorité et d'irresponsabilité ». Le Premier ministre riposte. Il traite « monsieur Mitterrand » de « personnage du passé, d'ombre, de type d'homme de la IVe République que les Français ne veulent pas revoir... Je vous le dis, l'avenir n'est pas à vous, l'avenir n'est pas aux fantômes ». Cette fois, Georges Pompidou en impose.

Fin du septennat. De Gaulle sera-t-il candidat ? Et sinon, Pompidou prendrait-il la succession ? Dans ses causeries au coin du feu, cigarette à la main, il fait montre de sa décontraction et de sa finesse, pour « botter en touche ». En fait, c'est à la télévision qu'il apprend comme tout le monde que, malgré son âge, le Général repart pour un tour. Pas un mot du Premier ministre et, pour ajouter à l'humiliation, le Général laisse entendre que, sans lui, « la République nouvelle s'écroulera aussitôt » ! Gaston Defferre résume : « Moi ou le chaos. » La formule fera date. Une fêlure de plus pour Pompidou qui avale les couleuvres sans laisser rien paraître. Il ne s'agit pas d'insulter l'avenir. Le madré Auvergnat fait mine de ne pas y penser, malgré l'incitation du président : « Préparez-vous. »

Vexé de se retrouver en ballottage au premier tour, celui-ci songe à s'en aller une fois encore. Pompidou et d'autres l'en dissuadent. Il est réélu le 19 décembre 1965. Le Premier ministre rempile à Matignon et, sans barguigner, se débarrasse de VGE, « victime d'une balle perdue » selon sa formule. « Je ne ferai plus jamais confiance à Pompidou », enrage-t-il, d'autant plus furibard qu'il l'avait assuré de son soutien en cas de candidature.

Le jouisseur de Montboudif ne coule pas pour autant des jours aussi paisibles qu'il le souhaiterait. De Gaulle lui a imposé Michel Debré, Edgar Faure et Edgard Pisani, branchés directement sur l'Élysée. VGE, avec ses Républicains, se rappelle régulièrement à son bon souvenir et lui oppose un soutien critique. Les gaullistes ne sont pas en reste, ce qui lui fait dire à François Mauriac, le 28 janvier 1966, sur le mode sarcastique : « Je n'ai pas les dents bien rangées. C'est vrai : j'en ai souffert quand j'avais vingt ans et mon sourire s'en ressent. Heureux M. Lecanuet (surnommé « Dents blanches ») ! Mais dans cette période j'ai rarement eu envie de sourire et le silence que je me suis imposé à la demande expresse du Général est pour moi une torture. » Avec ce dernier, qui le juge trop arrangeant, trop négociateur, trop conservateur (« Pompidou, c'est fini », confie-t-il à Jacques Foccart), les rapports se compliquent. « Un désaccord fondamental » s'est insinué entre eux, se souvient Pierre-Louis Blanc[1]. À propos du projet gaullien de référendum sur la participation et sur la formation professionnelle. Et

1. Entretien avec l'auteur.

surtout en mai 1968. Là encore, Pompidou joue la ruse et l'apaisement, non le bras de fer. Le Général avait ordonné que les gendarmes soient placés en première ligne pour tirer, le cas échéant, sur les manifestants. Le Premier ministre et le préfet Maurice Grimaud, qu'une même passion pour la poésie rapproche, suppriment ce risque en mettant les policiers devant les gendarmes ! Il rouvre la Sorbonne, pour couper l'herbe sous le pied des manifestants, et lâche du lest à la CGT, cependant débordée par sa base. C'est la fameuse « chienlit ». L'aller-retour surprise, le 29 mai, chez le général Massu à Baden-Baden, stupéfie et choque Pompidou, qui en fait le reproche au Général. Lequel rétorque : « Au moins vous saurez maintenant, tout comme moi en juin 1940, ce que c'est que d'être seul avec la France sur les bras. » Justement, Pompidou a bien géré la France et il en recueille les lauriers avec l'écrasante victoire aux législatives de juin après la dissolution arrachée à de Gaulle. Cette « révolution » lui inspire au passage quelques sarcasmes. La gauche ? « Il y a des moments où l'on croit rêver. Il y a trois semaines, j'ai vu M. Waldeck Rochet défiler à la tête d'une foule derrière le drapeau rouge et tendre le poing en hurlant pour réclamer le pouvoir. J'ai vu, j'ai entendu M. Mitterrand parler comme s'il était le maître du pays… Ces jours-ci, j'ai retrouvé les mêmes et je ne les reconnais pas. Ils sont devenus de véritables agneaux, de purs démocrates, embrassant le drapeau tricolore, ne voulant arriver au pouvoir que par les voies les plus légales… » Les manifestants ? Au Salon de l'auto, l'année suivante, il marque un arrêt au stand Triumph : « J'en ai vu beaucoup l'an dernier, ils allaient faire les barricades en Triumph ! »

L'humour n'efface pas l'usure. Il confie son épuisement à Philippe de Gaulle, le fils : « Ça fait trente ans que je suis au service de votre père et six ans que je suis à Matignon. Je n'en peux plus. Je veux reprendre ma liberté, je veux pouvoir aller aux premières, assister à des concerts, dîner en ville. J'en ai assez, je m'arrête, qu'on se débrouille sans moi. »

Le président en prend acte, ne cherche pas à le retenir, même quand le Premier ministre se dit prêt à continuer tout de même : « Je l'ai vu, il est au bout du rouleau… Il y a eu les événements de Mai 68. On n'a pas toujours été d'accord. Il y a aussi l'usure du temps… Je crois qu'en plus, il a une maladie des os, une maladie très lente[1]. » Le 10 juillet, de Gaulle, un brin ironique, « croit devoir accéder à votre demande de n'être pas de nouveau nommé Premier ministre ». Quelques mots de regrets et de remerciements pour son action « exceptionnellement efficace » et ce petit mot compensatoire : « Je souhaite que vous vous teniez prêt à accomplir toute mission ou à assumer tout mandat qui pourrait vous être un jour confiés par la nation. » Un encouragement qui pèse peu contre la douloureuse séparation, le sentiment que son grand homme s'est joué de lui. Au profit de qui ? De « l'ectoplasme frisottant », comme il qualifie Maurice Couve de Murville ! Au déjeuner d'adieux à Matignon, André Malraux y va de son toast : « Monsieur le député du Cantal, je bois à votre destin. »

---

1. Il souffre de la maladie de Waldenström, sorte de leucémie, traitée à la cortisone. En fait, Georges Pompidou, selon son fils Alain, est mort de septicémie, consécutive à une crise hémorroïdaire.

La page est tournée. Vacances à Carnac pendant que les chars russes écrasent le printemps de Prague. À la rentrée, le visage déjà un peu bouffi, le président d'honneur du groupe UDR promène à l'Assemblée son regard ironique sur la troupe des godillots. Il s'installe dans de nouveaux locaux, profite de son temps libre, se fait même applaudir un soir à l'Opéra. Il écrit des notes sur son action et ses réflexions sur le pouvoir. Ce sera *Le Nœud gordien*, publié après sa mort.

En conférence de presse, le 9 septembre 1968, de Gaulle l'a placé « en réserve de la République ». Il le lui confirme le 4 octobre, lors d'un dîner intime à l'Élysée. « Il faut vous préparer et il faut qu'on le voie. » Comme par hasard éclate la sinistre « affaire Markovic », une manipulation pour impliquer Claude, jugée libertine par certains gaullistes, dans des « partouzes[1] » et, par contrecoup, abattre le potentiel président. Pendant des mois, s'indigne Pompidou, « police et justice cherchent moins les auteurs du crime que les témoignages et documents qui pouvaient nous compromettre ma femme et moi ». « Rien tout au long de ma vie ne m'a plus importé que ma femme, dit-il. Nous puisions l'un et l'autre une grande liberté d'allure extérieure, par pudeur d'étaler nos sentiments. Mais le fond était indestructible. C'est dire à quel point m'importe que son image ne puisse être ternie. » Grâce à son ironie et à sa distance sur les hommes et les événements, Pompidou s'est pourtant, avec le temps, fait le cuir : « Vis-à-vis de la calomnie et

1. Le nom de Pompidou est cité par Me Jacques Isorni, ancien avocat de Pétain et défenseur de François Marcantoni, suspecté du meurtre de Stefan Markovitch, proche d'Alain Delon.

des calomniateurs, je dispose d'une réserve inépuisable de mépris. » C'est du moins ce qu'il affirmera un peu plus tard, le 27 septembre 1971, à propos d'une autre affaire, le scandale de la Garantie foncière. Il cite Beaumarchais : « La calomnie ! Monsieur, vous ne savez guère ce que vous dédaignez ; j'ai vu les plus honnêtes gens près d'en être accablés ; croyez qu'il n'y a pas de plate méchanceté, pas d'horreurs, pas de conte absurde qu'on ne fasse adopter aux oisifs d'une grande ville, en s'y prenant bien... Et nous avons ici des gens d'une adresse... » Ces gens, il en connaît quelques-uns, dont il conservera les noms dans un petit carnet noir. Un de ces carnets Hermès sur lesquels il notait une idée, un vers... Et, sur deux pages, une liste de journalistes et de politiques soupçonnés, sans révéler le ou les auteurs de la machination[1].

Le choc est d'autant plus rude que les soutiens sont peu nombreux. À commencer par celui, tardif et du bout des lèvres, du Général qui semble avoir sa petite idée. Il confie à son fils, l'amiral : « À trop vouloir dîner en ville dans le Tout-Paris, comme aiment le faire les Pompidou, et à y fréquenter trop de monde et de demi-monde, il ne faut pas s'étonner d'y rencontrer tout et n'importe qui. » « Méfiez-vous de vos relations », avait depuis longtemps prévenu de Gaulle, selon l'un de ses derniers collaborateurs[2]. L'ex-Premier ministre s'en plaint directement au général dans une longue lettre : « Il n'y a pas eu la moindre réaction d'homme d'honneur », ni à l'Élysée, ni

1. Alain Pompidou a déposé en 2012 ce carnet et plus de 1 600 documents aux Archives nationales. Ils ne pourront pas être consultés avant 2037. Entretien avec l'auteur.

2. Pierre-Louis Blanc, *De Gaulle au soir de sa vie*, Fayard, 1990.

à Matignon, ni du ministre de la Justice, René Capitant. Joël Le Theule, secrétaire d'État à l'Information, est dans le collimateur. Jacques Chirac lui téléphone : « Il y a des pédés qui vont le payer. » « Pompidou, la presse est basse, moi je n'ai jamais cru à tout cela. Vous verrez, la calomnie ne résiste pas à l'épreuve des faits », l'assure quand même de Gaulle.

La dédicace de la photo en juin 1954 semble un lointain souvenir : « À Georges Pompidou, mon collaborateur depuis dix ans, mon compagnon, mon ami pour toujours. » Il y a désormais de plus en plus de friture sur la ligne. En balade à Rome, le 17 janvier 1969, Pompidou est interpellé, au cours d'un cocktail, sur une éventuelle candidature : « Si de Gaulle venait un jour à se retirer, je me porterais candidat à sa succession. Ce n'est, je crois, un mystère pour personne que je serai candidat à une élection à la présidence de la République quand il y en aura une. Mais je ne suis pas du tout pressé. » Rien de nouveau en réalité, mais une dépêche AFP fait sauter les conditionnels et annonce que Pompidou est d'ores et déjà candidat à l'Élysée. Cette « déclaration de Rome » embrase le monde politique et agace de Gaulle, à qui le gendre Alain de Boissieu fait écouter l'enregistrement réel. Pas de quoi fouetter un chat, mais il n'en recadre pas moins celui qui passe pour impatient : « J'ai le devoir et l'intention de remplir mon mandat jusqu'à son terme. » Rebelote le 13 février, à Genève cette fois : « Je ne crois pas avoir ce qu'on appelle un avenir politique. J'ai un passé politique. J'aurai peut-être, si Dieu le veut, un destin national. » Là encore, rien de nouveau, sinon une manière subtile de laisser planer un petit vent de succession et de s'installer en recours, en héritier tranquille.

En digne normalien, il se paye même le petit plaisir d'une amusante lapalissade : « Pour succéder au général de Gaulle, il faut que deux conditions soient réunies : qu'il ait quitté la présidence, et être élu. »

De Gaulle a fort bien compris « cette gaffe ridicule et grave » de Rome, puis de Genève. Il ressort son arme favorite du référendum, malgré le bide du précédent sur la participation. Il pose deux questions compliquées sur les Régions et la réforme du Sénat. Pompidou le met en garde mais participe tout de même à la campagne, sans forcer. L'occasion, au passage, de se faire acclamer par les jeunes gaullistes. Le « non » l'emporte par 52 %, le 27 avril. À minuit, de Gaulle, qui s'y attendait, démissionne, comme il en avait laissé planer la menace. La première condition de Pompidou est remplie. « Je suis candidat. Je ne me réclame d'aucun parti. Je ne suis pas le successeur. On ne succède pas au général de Gaulle. » Le 2 mai, il écrit à François Mauriac : « Le Général m'a donné son accord, dans le plus grand secret (seul vous le savez en dehors de ma femme et de moi), et exprimé ses souhaits, mais je me sens écrasé de responsabilités futures. Heureusement, ma nature est d'accepter les réalités et d'essayer de me mettre à leur niveau, quoi qu'il m'en coûte. Réussirai-je ? L'avenir le dira quoi qu'en dise *L'Aurore*. »

Reste la seconde condition : se faire élire. Contre Alain Poher, « contraction de pauvre hère », ironise Alain Peyrefitte. N'empêche qu'il a pour lui les forces centristes. Pompidou est élu président de la République à cinquante-quatre ans, le 15 juin 1969, par 58,2 % des voix, contre 41,8 % à Alain Poher. Il salue, à trois reprises, d'un geste amical, presque complice, et le visage joyeux sans excès, la foule massée devant ses bureaux de La Tour-Maubourg et qui crie « Pom Pom ! » sur l'air des lampions. Retourné quai de Béthune, c'est lui-même qui sert le champagne aux amis, dont Guy Béart, comme pour signifier que, président, il entend rester simple. Pas question de « singer de Gaulle ».

Lucidité sarcastique

« Maintenant, je suis tout seul », dit-il aux fidèles Anne-Marie Dupuy et Madeleine Négrel, qui le trouvent assis à son bureau au premier jour de l'installation. « Je veux être le président le plus près des hommes, le plus semblable à tous les Français, avait-il répondu à Jacqueline Baudrier quelques jours avant l'élection. Dans l'Antiquité, il y avait la cérémonie pour l'empereur qui revenait d'un triomphe. Le Héros montait au Capitole sur un char et près de lui se tenait un esclave chargé de lui répéter à l'oreille : “Rappelle-toi que tu n'es qu'un homme.” Je ne suis aujourd'hui qu'un Français parmi les Français, capable de les comprendre. » Président normal ? À sa manière, alors, différente de celle revendiquée plus tard par François Hollande. En tout cas, pas banal. Le 22 septembre, lors de sa deuxième conférence de presse, il est interrogé sur le suicide de Gabrielle Russier, jeune professeure amoureuse d'un lycéen. Le président fait appel au poète Éluard pour dire sa compassion : « Comprenne qui voudra / Moi mon remords ce fut / La malheureuse qui resta / Sur le pavé… / Celle qui ressemble aux morts / Qui sont morts pour être aimés… » Sa réponse fera date. L'homme d'État est resté un passionné de poésie.

Il n'a pas besoin de l'esclave de l'Antiquité. « Ah ! la nature humaine ! » lâche-t-il parfois pour signifier qu'il est sans illusion sur les hommes. Claude Imbert relève que « son enfance à pêcher la truite ou à lire les poètes » n'est pas pour rien dans sa « méfiance narquoise des mirobolants » et son « réalisme impavide du sens commun[1] ». Il incarne ce « message de la sagesse antique, cette idée d'apparence banale, mais très profonde, que l'hubris, la démesure, est le principal agent du Mal sur terre ». Contre ce mal, il a l'arme de la dérision et de la lucidité sarcastique. « Mon effort est de rester lucide et j'espère y parvenir. » Sous-entendu : malgré la maladie. Sa lucidité transparaît dans les quelques portraits rédigés « au courant de la plume », « ne sachant si les circonstances me permettront d'aller au bout de mes Mémoires ». Portraits « sincères et sévères ». Des bijoux de vacherie, car, dit-il, « quand on occupe la première place, on est surtout sensible aux lacunes et aux faiblesses des hommes ».

Même quand il s'agit du Général. « De Gaulle avait-il du cœur ? À coup sûr, beaucoup d'égards et d'affection pour Madame de Gaulle, vis-à-vis de ses enfants et petits-enfants beaucoup d'affection aussi et même de faiblesse… Un intérêt naturel pour les problèmes des entourages quels qu'ils soient, voisins de Colombey ou membres de son cabinet. » Mais Pompidou ne masque pas le passif du Général. « Sur les hommes, une extraordinaire sévérité, un mépris peut-être encore plus affiché que réel… Sans aucun doute la conviction que les hommes ne sont mus

1. Cité par Franz-Olivier Giesbert, *Derniers carnets*, Flammarion, 2012.

que par l'intérêt et qu'il faut se garder de s'attacher à eux dès qu'ils ne vous sont pas indissolublement liés. La conviction aussi que la loi de l'homme d'État est la dureté. "Soyez dur, Pompidou", me fut dit à maintes reprises. »

Alors, pourquoi de Gaulle se montre-t-il indulgent dans ses Mémoires ? « Réaction d'orgueil », car il ne peut admettre s'être trompé, diagnostique Pompidou, qui, sans concession, note « cette impression d'homme dénué de sensibilité qu'il a donnée à beaucoup ». C'est l'heure du règlement de comptes : « Sa conduite à l'égard de ma femme lors de l'affaire Markovic va, hélas, dans le sens de cette interprétation que je corrigerai en disant qu'avec l'âge l'égocentrisme était devenu si fort qu'il étouffait toute manifestation sentimentale. » De Gaulle s'est trompé parfois, il a été trompé, il a fait des fautes, il a « manqué le but chaque fois qu'il a eu affaire à l'hostilité des médiocres » (en avril 1969), mais cet « homme exceptionnel » a réussi dans les grandes circonstances. « Il croyait à la postérité. Il voulait nourrir le mythe qu'il lui laisserait. » « Grand homme, au suprême degré, un des plus grands de l'histoire de France et de l'Histoire tout court… il m'a révélé à moi-même. Il m'a donné ce que je n'avais pas, le goût de l'action. Il m'a appris à élever systématiquement le débat et, surtout, à ne pas céder à la facilité… Je lui dois tout. »

Lorsque de Gaulle meurt, le 9 novembre 1970, une sourde lutte oppose les trois détenteurs d'un exemplaire de son testament rédigé en 1952. C'est à qui le rendra public en premier. L'Élysée veille au grain et parvient à le publier presque en même temps que la famille et le secrétariat particulier du Général. « L'opération destinée à faire apparaître aux yeux de l'opinion Georges Pompidou comme l'héritier du Général avait réussi[1]. »

Poher, Chaban-Delmas, VGE

Sur Alain Poher, intérimaire à l'Élysée à la mort de de Gaulle, sa charge se fait plus que sarcastique. Assassine. « Je ne sais ce qu'il adviendra de ce personnage, écrit Pompidou, mais j'ai rarement rencontré quelqu'un de plus dissimulé, de plus tortueux, de plus assoiffé d'honneurs et prêt à tout pour les obtenir. Son hypocrisie, durant l'intérim de 1969, était odieuse... Quand on l'attaque de face, il s'aplatit, on ne le voit ni ne l'entend plus... Il ne suffit pas d'un échec à l'élection présidentielle pour être promu arbitre national... Quel interprète il aurait fait dans le rôle de Tartuffe ! »

Portrait au vitriol également de Jacques Chaban-Delmas. Aucune intimité avec lui, malgré leur longue fréquentation, mais plutôt l'opposition de leurs tempéraments. « Il se veut jeune, séduisant et sportif. Il refuse de vieillir, se livre pour cela à son sport favori, le tennis, et assure la relève en se mettant au golf. Il aime les femmes, toujours passionné, seul changeant l'objet de sa passion. Il travaille peu, ne lit pas de papiers, en écrit moins encore, préférant discuter avec ses collaborateurs. Politiquement, il meurt de peur d'être classé à droite, il veut néanmoins plaire à tout le monde et être aimé. Assez naïvement, il s'étonne de ses succès. » Un jour,

1. Pierre-Louis Blanc, *De Gaulle au soir de sa vie*, Fayard, 1990.

il dit de lui-même à un préfet : « Ah ! quel loustic, ce Chaban, quel loustic ! »

Si Pompidou ne conteste pas les mérites de Chaban dans la Résistance, ni les risques pris, il les met au crédit d'une « aventure personnelle et non nationale ». Souci de soi-même et de son « image de marque », recherche constante du compromis conduisent Pompidou à s'interroger sur la capacité de Chaban à être un jour président, à affronter au besoin l'impopularité. « Il fait la star, il n'est pas sérieux. Fardez-lui les joues et la frimousse et vous aurez Rudolph Valentino. Il en a les cheveux. Mais où est le cerveau ? » Et puis, « il y avait suffisamment d'ombres pour que je saisisse l'occasion de me séparer de lui », écrit le président. Chaban candidat ? Ses concurrents ne manqueraient pas de le traîner dans la boue, « à commencer par M. Giscard d'Estaing ».

Au début, les deux hommes ont semblé s'accorder, mais le discours-programme du Premier ministre, le 16 septembre 1969, sur la « nouvelle société, la liberté, la générosité », agace Pompidou. « En fait, se souvient Marie-France Garaud, cela vient de Pompidou. Pendant la campagne de 1969, il demande des idées à Olivier Guichard. Sur une double feuille, celui-ci écrit une liste de slogans, dont celui de “Nouvelle Société”, inspirée de la campagne de Kennedy. Un soir, Pompidou passe dans le bureau. Whisky, cigarette. Il refuse cette “Nouvelle Société” qui sous-entend que le général de Gaulle représente l'ancienne. Il ne veut pas qu'on l'oppose à lui. Et puis ça fait un peu société Rothschild, d'où il venait. Chaban reprend l'idée à son compte et prépare son discours d'investiture. Pompidou lui demande : “Et il y aura quoi dans votre discours ? — Ce qu'on veut, monsieur le président[1] !" » Le discours est réécrit au dernier moment par un conseiller, Yves Cannac. Le président n'en a pris connaissance que la veille au soir. Il ne goûte pas la logorrhée : « Que de mots ! Que de mots… De grâce, ne prenons pas la parole pour l'action… "Société bloquée", "nouvelle société", "changement", c'est un langage bon pour les intellectuels parisiens qui ne savent pas reconnaître une vache d'un taureau. Qu'on s'en gargarise à Saint-Germain-des-Prés, mais qu'on ne prétende pas gouverner la France avec ces amusettes. » Et puis, ce discours « de président de la République » tient du crime de lèse-majesté. Malgré ces premiers accrocs, les deux hommes tiennent bon et réforment à tout-va pendant trois ans. Au fil des mois, Pompidou, plus autoritaire que sa bonhomie ne le laisse transparaître, prend la main sur les dossiers. Il ne transige pas sur « la primauté du chef de l'État, qui lui vient de son mandat national et qu'il est de son devoir de maintenir, à la fois arbitre et premier responsable national ». Au service de la modernisation de la France, à marche forcée : « Le bonheur du peuple tient dans la prospérité et la prospérité, c'est le travail. » Mais avec pragmatisme, car, dit-il en pensant à de Gaulle, « l'économie ne se dirige pas comme à la parade ». Il revendique en tout cas « un objectif qui doit dominer tous les autres : faire de la France une grande nation industrielle, […] le reste sera donné de surcroît. »

Il incarne les Trente Glorieuses, ces années de forte croissance, de faible chômage et de planification (VIe Plan) qui voient la France accumuler les performances : énergie

---

1. Entretien de l'auteur avec Marie-France Garaud, in *Chirac, quelle histoire !*, L'Archipel, 2019.

nucléaire, Concorde, Ariane, Airbus, TGV, entre autres grands projets. Règne de l'automobile, des autoroutes, des voies express, des périphériques, des tunnels. Paris et l'Île-de-France suivent le mouvement. Place à une agriculture mécanisée et intensive, dopée aux engrais et pesticides, et à l'industrie agroalimentaire. Pompidou et Chaban n'oublient pas les avancées sociales : mensualisation des salaires, transformation du Smig en Smic, quatrième semaine de congés payés, minimum vieillesse, dialogue social... Le président dresse lui-même son bilan, avec une légère pointe d'humour : « Les peuples heureux n'ayant pas d'histoire, je souhaiterais que les historiens n'aient pas trop de choses à dire sur mon mandat. Pas de guerre, pas de révolution. Je voudrais, par contre, qu'on lise dans les manuels d'histoire que la France a connu une période d'expansion, de modernisation, d'élévation du niveau de vie, que, grâce au progrès économique et social, elle a connu la paix extérieure. » Ce qu'Emmanuel Macron résume, le 23 juin 2019, dans son hommage à Georges Pompidou : « Une définition française de la modernité qui pensait à la fois Vieille France et Nouvelle France. » Le progrès, donc, jusqu'au choc pétrolier consécutif à la guerre du Kippour, en octobre 1973. Entre-temps, il a réglé son compte à Chaban, remplacé par Pierre Messmer le 5 juillet 1972.

« On m'accuse de manquer de grand dessein, de manquer d'ambition. Eh bien si ! J'ai une ambition. » Il veut faire de la France le premier pays d'Europe[1]. « Chère vieille France. La bonne cuisine ! Les Folies Bergère ! Le gai Paris ! La haute couture et de bonnes exportations, du

1. À Léo Hamon, cité par Alain Frerejean, *op. cit.*

cognac, du champagne, du bordeaux et du bourgogne ! C'est terminé ! La France a largement entamé une révolution industrielle… Nos industriels, au lieu de dormir dans leurs bureaux, n'hésitent pas à prendre l'avion… Nos ambassadeurs ont renoncé à l'exercice des tasses de thé et des petits gâteaux et commencent à se dire que des crédits, des traités commerciaux, des prêts financiers sont des problèmes qui ne les déshonorent pas ! »

Ce que l'on sait moins de Pompidou c'est son côté « sous les pavés, la plage » de Mai 68. Ou plutôt, sous l'obsession industrielle, sa fidélité à la terre. Dès 1970, à Chicago, il se fait le pionnier d'une « morale de l'environnement » et, l'année suivante, il crée le premier ministère de l'Environnement, confié à Robert Poujade[1]. Il prend même personnellement la défense des arbres et, dans une lettre cinglante du 20 juillet 1970, il donne l'ordre à son Premier ministre d'annuler immédiatement une circulaire du ministère de l'Équipement prise contre sa volonté. « Alors que j'ai eu l'occasion d'exprimer en Conseil des ministres ma volonté de sauvegarder "partout" les arbres, cette circulaire marque la plus profonde indifférence à l'égard des opinions du président de la République… La France n'est pas faite pour permettre aux Français de circuler en voiture. Quelle que soit l'importance des problèmes de circulation et de sécurité routière, cela ne doit pas conduire à défigurer notre pays. Il est fâcheux d'autre part que le gouvernement ait accepté des règles trop lâches en matière d'alcoolémie, sources d'accidents

1. Dans son livre *Avec de Gaulle et Pompidou* (L'Archipel, 2011), Robert Poujade souligne la « maîtrise de la modernité » recherchée par Georges Pompidou.

graves et constantes, et ce n'est pas en se vengeant sur les arbres que l'on palliera cette défaillance... Le sauvetage du paysage français doit être une de nos préoccupations constantes et primordiales. »

Tous deux Auvergnats, Pompidou et Valéry Giscard d'Estaing n'ont rien de commun. Le premier, de Haute-Auvergne, est petit-fils de paysan de Montboudif, assez équilibré pour rester simple et assez bon vivant pour trouver son bonheur dans ces petits riens qui font le sel de l'existence : une journée à la campagne en tenue décontractée, un bon film, la musique, la poésie... Assez lucide pour ne pas mélanger les divers cercles qui composent sa vie privée et professionnelle : la priorité d'abord, son couple avec Claude, et sa famille rapprochée, notamment leur fils Alain. Puis les copains, Béart, Sagan, entre autres, avec lesquels Claude et lui aiment boire un verre. Les artistes nombreux, qui aident le couple à changer son regard sur le monde. Les normaliens, les hommes d'affaires qu'il retrouve à la chasse, une de ses passions. Et puis, à côté de ces cercles, il y a l'Élysée, d'où le président orchestre les réformes et tout ce qui peut améliorer concrètement la vie des Français, en particulier les publics les plus fragiles à ses yeux, personnes âgées, mères célibataires, handicapés, enfants abandonnés...

VGE, grand bourgeois aux allures d'aristocrate poussées jusqu'à la caricature monarchique, ne cache pas que son exceptionnelle intelligence mérite un destin national. Il n'a eu de cesse, tout jeune ministre des Finances, de jouer la carte du Général, quitte à indisposer un Pompidou de plus en plus méfiant, mais conscient qu'il lui faudrait compter avec lui dans le rapport de force politique.

VGE, un « cactus », laisse-t-il entendre à l'Assemblée, le 20 avril 1967. « Je ne crains pas les alliés incommodes dès lors qu'ils sont fidèles et sûrs. Car, pour ce qui est de l'incommodité, j'ai appris que dans la vie gouvernementale, comme dit Jacques Dutronc, il y a des cactus. » Le soir même, VGE réplique en citant la pièce *Fleur de cactus.* L'insolent « scie la branche sur laquelle il désirait monter », note Pompidou, qui ajoutera : « Il prend le bâton et s'engage sur la longue route. » Ce qu'on appelle une traversée du désert. Avant de revenir dans le jeu du président Pompidou, qui « mouche » parfois l'arrogant, en Conseil des ministres. Un jour, VGE assène un chiffre : « Cela nous fait donc 13,6 %. — Non, 13,72 % », rectifie le président. Il n'y a pas de petits plaisirs.

Autodérision

Vis-à-vis de lui-même, Pompidou a le sens aigu de l'autodérision. « Oui, je suis autoritaire. La preuve, c'est qu'à la maison, c'est moi qui découpe le gigot[1]. » En 1972, pris d'un malaise, il quitte le traditionnel arbre de Noël de l'Élysée sur cette note d'humour pathétique : « Si le travail c'est la santé, ça signifie que je n'en fais pas lourd » !

De l'autodérision à la réalité la plus prosaïque : « Vous me montrez en habit officiel, mais si à ce moment j'ai un souci de famille ou un soulier qui me fait mal, cela me rappelle que je suis un homme. Inversement, quand

1. Alain Pompidou, entretien avec l'auteur.

je suis à la campagne et que je prends le soleil dans une chaise longue, je ne peux pas ne pas me rappeler que je suis chef de l'État, que j'ai des responsabilités que je ne peux déléguer à personne et qui pèsent sur moi en permanence. »

Il n'est à l'Élysée que depuis peu de temps et, le 14 décembre 1969, il confie son mal-être à Pujol : « On est plutôt accablés. La vie de chef d'État est vraiment une vie de prisonnier et une contrainte permanente. Claude en souffre moins que moi en principe, plus que moi dans la pratique, du fait que je suis très occupé, trop occupé pour penser à tout ce dont je me prive. Je ne sors plus au théâtre ni au cinéma, je ne lis pratiquement pas, je ne vais jamais au restaurant, ne vois pratiquement plus mes amis ou dans une ambiance glacée… »

« Heureux ? J'y ai renoncé », écrit-il le 6 janvier 1970. « Habiter l'Élysée, c'est devenir quelqu'un d'autre… Quand je suis arrivé, il y avait quelqu'un qui m'ouvrait la porte, quelqu'un qui montait avec moi, qui pressait le bouton [...]. Je me sentais comme une espèce d'infirme ou un paquet qu'on transporte. J'essaie de rester un homme [...]. Le plus difficile c'est la distance entre vous et les autres. Pour eux, on n'est pas n'importe qui. J'en souffre. J'essaye de me mettre au niveau de chacun. Je déteste la solitude. Comprendre la vie du pays, se mettre à la place des gens. »

Un an plus tard, le 3 février 1971, il profite d'une visite en Mauritanie pour écrire à Pujol : « Ma fonction me saisit entièrement et m'enlève toute chance de bonheur, mais aussi tout désir. Notre seul refuge est la famille. Le soir quand je quitte mon bureau pour faire cent mètres de couloir et me trouver dans l'appartement que nous avons arrangé bien sûr mais qui n'en est pas moins l'Élysée, je me sens prisonnier… Notre salut, c'est le mercredi soir. Là, nous allons en douce dîner quai de Béthune avec Alain et Sophie. Et le samedi, Orvilliers où nous les retrouvons ainsi que les Castex et de temps à autre les Domerg. J'oublie les tantes Houssaye, vieilles et littéralement insupportables… Je suis en marge du bonheur. Je gouverne la France. C'est un fait auquel je ne peux rien, qui d'ailleurs me passionne et me fait oublier le reste. Même le fait que je n'achète plus mes cigarettes ou que je n'ai envie de rien parce que je suis gavé de tout. Mon principal plaisir est de pouvoir faire plaisir. » En fait, la torture de Pompidou tient à la quête contradictoire de l'équilibre entre le prestige de la fonction et la simplicité du Français moyen : « Que personne ne se trompe de République. Il ne faut pas tomber de la grandeur dans le pot-au-feu. »

Avec Claude à ses côtés, le risque est mince. Leur passion de l'art contemporain les éloigne de l'ordinaire franchouillard. « L'art est l'épée de l'archange, il faut qu'elle nous transperce. » La rénovation des appartements de l'Élysée est confiée à des jeunes créateurs design, Pierre Paulin et Yaacov Agam. Aux murs du salon, des toiles de Kupka et Delaunay. L'épée de l'archange lui inspire l'idée d'un centre de création moderne et pluridisciplinaire. Achevé en 1977, le centre Beaubourg, qualifié de « Notre-Dame de la Tuyauterie » par les détracteurs de sa façade de tubulures, porte à juste titre le nom de Pompidou, dont il représente l'héritage posthume original.

Malgré sa charge écrasante, le « prisonnier » de l'Élysée, après l'avoir été à Matignon, reste blagueur à l'occasion.

Dialogue avec des enfants reçus au Palais : « On me dit que vous êtes sages ? — Oui. — Aucun diable parmi vous ? — Non. — Dommage ! » Un jour, il fait le standardiste : « Non, madame, ce n'est pas l'hôtel Printania. Je n'ai pas l'annuaire. Ah, madame, si je vous disais qui je suis, vous ne me croiriez jamais. »

Taquin aussi. Lors d'une chasse présidentielle à Rambouillet, le 28 octobre 1972, Michel Poniatowski arrive en retard : « Désolé, monsieur le président, j'ai été pris dans le trafic. » Pompidou : « Ah, dans quel trafic ? » Bernard Pons arrive peu après : « Veuillez m'excuser, monsieur le président, j'ai été pris dans un embouteillage. — Ah, voilà le mot juste ! »

Ironique, comme toujours, y compris pour anticiper des futures cohabitations : « Notre système, précisément parce qu'il est bâtard, est peut-être plus souple qu'un système logique. Les “corniauds” sont souvent plus intelligents que les chiens de race[1]. »

Il fait appel à tout son courage pour remplir les devoirs de sa charge en multipliant les voyages à l'étranger pour maintenir la place de la France dans le monde. Dans la continuité gaullienne : défense nucléaire, refus des blocs, indépendance envers les États-Unis de Nixon auquel il réserve sa première visite, et qui se met en quatre pour laver l'affront de manifestions agressives contre la vente de Mirage à la Libye. Ce qui lui vaut, en octobre 1970, à Moscou cet accueil savoureux de Brejnev : « Au moins, chez nous, vous êtes à l'abri de manifestations déplacées comme celles que vous avez subies à Chicago. » Le chef du Kremlin joue de l'humour pour donner

1. *Le Nœud gordien, op. cit.*

une autre image de lui après l'écrasement du printemps de Prague deux ans plus tôt. Au dîner à l'ambassade, il bourre ses poches de pain. « Il me rappelle Paris », explique-t-il à Claude. Il repart avec une baguette à la main ! Le dialogue avec l'URSS n'en reste pas moins méfiant. Il poursuit la politique arabe et africaine du Général, mais, sur l'Europe, il met sa propre touche : levée du veto à l'entrée de la Grande-Bretagne dans le Marché commun. Edward Heath signe le 24 janvier 1972. Pompidou ne se fait pas d'illusion. Non pas qu'il se méfie du Premier ministre, dont le parcours au mérite lui plaît : fils de charpentier et d'une domestique, aussi doué à la voile qu'au piano, il a de l'humour à revendre. Tous deux ont eu quelques occasions de rire. Par exemple, un week-end de travail aux Chequers, le Français arrive au *breakfast* en tenue de sport, l'Anglais en costume bleu marine. Ils se retrouvent en fin de matinée. Cette fois, Pompidou a mis un costume bleu, et Heath une tenue de sport ! « L'Angleterre, ça ne va pas du tout, plaisante Pompidou, on nous a servi du thé en sachet ! » Plus sérieusement, il pressent que « ce sont les Anglais qui nous donneront le plus de fil à retordre ». Il pousse l'élargissement de l'Europe avec le référendum du printemps 1972 dont il prend le résultat pour un échec personnel.

Les voyages, qu'il considère comme une corvée, n'échappent pas à son regard ironique. En février 1971, le programme de sa première tournée africaine est lourd : cinq pays en dix jours. Il redoute le pire : boissons glacées, crudités, amibiase, choléra (le médecin lui a interdit de se faire vacciner), insolations… sans oublier le lait de chamelle des accueils traditionnels, comme à

Nouakchott. Au Sénégal, il retrouve son camarade de khâgne, Léopold Senghor : « Il me paraît se prendre au sérieux un peu plus que moi. Peut-être pense-t-il le contraire. En tout cas, il est très protocolaire et j'aurai la satisfaction en quarante-huit heures de mettre smoking, jaquette et habit ! » En Côte d'Ivoire, il refuse d'ouvrir le bal, par crainte des photographes : « Mme Houphouët est jolie femme, cela fera jaser. Et puis, ma femme serait dans les bras d'un grand Noir ! En Russie, j'ai fait attention. Je me suis gelé les oreilles, mais je n'ai pas mis le bonnet en vison que les Russes m'avaient donné. J'ai préservé une certaine image de moi, ce n'est pas pour la sacrifier à Houphouët[1]. » Deux autres tournées en Afrique suivent en 1972 et 1973. Il s'abrite derrière son conseiller Jacques Foccart. « Je vous donnerais bien tout ce dont le Togo a besoin, mais l'ennui c'est que Foccart trouve que je vous donne beaucoup trop », dit-il un jour au président Eyadema. Foccart a entendu : « Monsieur le président, vous exagérez, c'est de l'humour un peu noir ! » Au Niger, on lui offre un sabre. Il le brandit : « À mon retour, ils n'ont qu'à bien se tenir ! » Au Tchad, c'est l'heure de *La Marseillaise*. Hors de question : « Je chante faux. » Foccart a son idée : « Dites seulement : "Nous allons chanter *La Marseillaise*." Ça partira tout seul. » En effet. L'Islande en juin 1973, la Chine en septembre, pour honorer une promesse du Général. Longues conversations avec Zhou Enlai et Mao qui disserte sur Robespierre, Napoléon (est-il mort d'un cancer ou d'un ulcère ? demande le Grand Timonier) et de Gaulle. Les crises alternent avec les moments de rémission. Pompidou

1. Alain Frerejean, *op. cit.*

souffre de se sentir ausculté en permanence : « Chaque fois qu'on me serre la main, j'ai l'impression qu'on me prend le pouls », confie-t-il à Kissinger. Mitterrand, malade, dira la même chose des poignées de main de Balladur. Il trouve encore la force de pointes d'ironie sur son « cancer hebdomadaire ». Y compris devant des journalistes en janvier 1974 : « Nixon a Watergate, et moi je vais mourir. » Il leur montre une de ses jambes toute gonflée et poursuit, bravache : « Vous verrez, dans quelques mois, cela ira mieux. Cela en embêtera plus d'un. »

Dernier Conseil des ministres le 27 mars 1974. Ultime recommandation : « Ne vous abandonnez pas aux compromis, à la médiocrité. Prenez de la hauteur. » Puis, après un long silence, cet aveu en forme de défi sarcastique : « Vous ne parlez que de ça. Je souffre comme un damné. Je vous signale que j'ai l'intention de survivre. Si je mourais, cela ferait plaisir à trop de gens dont certains sont ici autour de cette table. J'ai le ferme espoir d'embêter tout le monde. »

Le 2 avril, Georges Pompidou meurt dans de terribles souffrances. « Monarque aux racines de terre profonde », témoigne Mitterrand, impressionné par le courage de ce président qui « savait rire, sentir, donner, imaginer ». « J'appartiens, avait écrit Georges Pompidou avec son sens aigu de l'ironie, à quelque chose dont je ne sais s'il faut l'appeler la France ou l'Histoire ou quoi… Je me demande bien ce que diront les manuels d'histoire vers l'an 2000, en admettant qu'il y ait encore des manuels et des professeurs[1] ! »

1. Lettre à Robert Pujol, 22 janvier 1972.

Valéry Giscard d'Estaing

Le chasseur chassé

« Attention, il y a un homme tout nu sur la place ! Un satyre ! » crie Valéry Giscard d'Estaing de la fenêtre de sa chambre d'hôtel, à Figeac. L'homme, torse nu en réalité, n'est autre que Christian Bonnet, futur ministre de l'Intérieur du futur président, tout content de sa blague. Alors jeune député auvergnat de trente ans, VGE a proposé à son camarade de chambre, Jean de Lipkowski, de sortir Bonnet de son lit, de le flanquer dehors et de fermer la porte de l'hôtel ! Le malheureux a beau hurler « laissez-moi rentrer ! », Giscard, hilare, le fait lanterner un petit moment ! Nous sommes au printemps 1956, et ces jeunes députés, accompagnés de quelques autres, eux aussi tout frais élus, sont venus dans le Lot tenir un mini-congrès, en marge de leur groupe centre droit des Indépendants et paysans d'Antoine Pinay. Ils veulent secouer le cocotier d'une IVe République impuissante.

« Avec Giscard, se souvient Lipkowski, nous nous sommes vite retrouvés dans ce qu'il avait appelé "une communauté de dégoût" contre le ridicule de ce régime. Il avait pas mal d'humour à cette époque. En 1956, du moins avec nous, il était gai, plaisant et bon vivant. Même s'il était assez radin[1]. »

Michel Poniatowski

À peu près à la même époque, Michel Poniatowski, de très noble extraction, parachutiste pendant la guerre, énarque après avoir avalé trois années de droit en une, rencontre le jeune Valéry, membre du cabinet d'Edgar Faure avant d'être en charge lui-même des Finances, au côté d'Antoine Pinay. Il a épousé Anne-Aymone de Brantes, cousine de Poniatowski par les Montesquiou et les Mosselman ! « Ce qui plaisait d'abord chez Valéry, écrit Poniatowski, était sa gaieté, l'éclat de son regard, sa façon directe de parler, de plaisanter, puis il arrivait qu'un voile flottât soudain entre lui et vous ; il était simplement ailleurs et pensait à autre chose. Il pouvait être rapide et caustique, passant de la vivacité à l'immobilité, du jeu au calcul. Son intelligence aux multiples facettes séduisait les hommes comme les femmes[2]. »

« Ponia », comme on l'appellera, va lier son destin à celui de Giscard, qu'il fera bénéficier de son esprit très vif, fin et manœuvrier. Déluré aussi. Dans ses *Mémoires*, le grand et rond Ponia rend ainsi hommage à la bouillabaisse et à son compagnon aphrodisiaque, l'aïoli : « Ton souffle embaume / Oui ! je t'épouserai mon homme / Que notre noce se consomme /Et que bien vite on aille

1. Jean-Pierre Corcelette et Frédéric Abadie, *Valéry Giscard d'Estaing*, Jacob Duvernet, 1997.
2. Michel Poniatowski, *Mémoires*, Plon/Le Rocher, 1997.

au lit /Nous rendrons grâce ensemble au divin aïoli[1] » ! Il raconte son bref séjour au collège jésuite de Vannes, à dix-sept ans, en 1939 : « Le dimanche nous allions à la cathédrale. Le service religieux attirait tous les alcooliques de la ville. Je m'installais près de la sortie où je pouvais espérer assister à quelques belles attaques de *délirium tremens.* La ferveur des assistants n'en paraissait pas gênée pour autant et l'on déposait l'halluciné suant et tremblant sur le parvis, sans autre embarras. J'en ai ainsi compté trois en une seule messe. » VGE partage alors l'humour de Ponia, y compris pendant ses années au ministère des Finances, avant de le mettre sous l'éteignoir élyséen. Valéry le malicieux. Il appelle Lionel Stoléru et lui annonce qu'il le nomme secrétaire d'État au Travail. « Je vous remercie de cet honneur, monsieur le président, mais je dois réfléchir. » « C'est ça, Stoléru, réfléchissez, je reste en ligne ! » On croirait entendre de Gaulle. André Fanton, secrétaire d'État à la Défense, se souvient d'une réunion avant un débat sur le budget : « Il nous a toisés de haut, et, comme s'il parlait à des demeurés, a lâché cette phrase : "Dans un monde où le total des désirs est supérieur au total des ressources, la satisfaction n'existe pas" » ! C'est le Valéry pince-sans-rire.

Et efficace. En dix-huit mois, il remet les finances à flot après le retour du Général en 1958. Il ne faut pas longtemps au « sauveur suprême » pour percer les hommes. « Giscard, note-t-il, ne pense qu'à l'Élysée. Il y arrivera. Pas trop tôt, je l'espère pour lui. Il a ce qu'il faut pour cela. C'est inscrit sur son grand front ! » Le Général n'en porte pas moins, comme à son habitude,

1. *Ibid.*

un jugement acéré : « Il dépasse tout le monde de cent coudées, mais il le fait trop voir. Il faut toujours donner aux autres l'illusion qu'ils sont aussi intelligents que vous. » Avec VGE, cela ne risque pas. Originaire d'une région dont « la spécialité est de fournir à la France des fromages, des pneumatiques et des hommes d'État », il croit très tôt en son destin. Conforté par sa mère, à l'influence essentielle, puis par ses quelque six cents entretiens avec le Général. « Il est arrivé à de Gaulle de me dire : "Pour des hommes comme vous et moi." Ou encore : "Allons, dans quelques années, vous serez aux affaires." » Comment ne pas se voir à l'Élysée, malgré les couleuvres que lui font avaler le même Général, puis le président Pompidou, et le Premier ministre Michel Debré ?

L'humour vengeur

Congédié « comme un domestique » en janvier 1966, « victime d'une balle perdue », il rend les coups. Son « oui, mais » du 10 janvier 1967, auquel de Gaulle réplique « qu'on ne gouverne pas avec des "mais" », devient le 17 août un non à « l'exercice solitaire du pouvoir ». Il fait allusion aux propos du Général lors de la guerre des Six Jours (du 5 au 10 juin 1967) puis à son « vive le Québec libre ! » du 24 juillet. Georges Pompidou aura droit également aux flèches empoisonnées du chasseur. « Cet homme-là, cet Auvergnat sera néfaste. Il entraînera le Général dans sa chute, comme Laval a entraîné le maréchal. » Encore plus sarcastique, il se moque, devant Jean de Lipkowski, de ses origines paysannes : « Son grand-père couchait avec les animaux, n'est-ce pas ? » Moyennant quoi, la politique étant ce qu'elle est, il mise sur Pompidou le 15 juin 1969, après la chute du Général à laquelle il a contribué.

Son ironie ne mord pas que les politiques. Il ironise sur un riche fils à papa : « En somme, ses moyens ne lui permettent pas de travailler. » À propos d'un écrivain médiocre, mais à gros tirages : « Ses ouvrages sont déjà traduits en neuf langues, sauf en français ! » En décembre 2019, il épingle Donald Trump, devant deux cents lycéens de Saint-Jean-de-Passy : « Le président américain dit n'importe quoi, cela ne dérange pas la démocratie européenne. »

Ses conférences de presse prêtent moins à rire que celles de de Gaulle, mais il peut se montrer drôle : « J'aimerais que l'on baisse les lumières, car je ne vous vois pas. Je voudrais m'assurer de l'intérêt chez les uns et m'assurer que les paupières ne se ferment pas chez les autres » ! Serge July, de *Libération*, lui demande comment réduire le trop-plein de candidats qui risque d'étouffer la Ve République. « Le poison n'est plus à la mode », répond-il. Un matin de 1985, il entend une radio annoncer qu'il est candidat au poste de Premier ministre de François Mitterrand : « Si je n'avais pas utilisé un rasoir de sécurité, je me serais fait une telle estafilade à la gorge que le problème eût été réglé ! »

Giscard blagueur ? Oui, à l'occasion du Tour de France. Dans Greg LeMond, « il y a *lemon,* qui veut dire "citron". Il gagne tout le temps, car il est… pressé ! » Lors de la campagne de 1974, un Brestois le traite de « démago ». Riposte là encore du pince-sans-rire : « Je ne vous raterai pas si vous ne payez pas votre tiers provisionnel avant le

15 mai » ! Un Marseillais l'interpelle : « Alors, *tu* nous les donnes, tes précisions ? — Tiens, répond-il, voilà les précisions que *tu* souhaites. » Assis dans un fauteuil à l'émission « On n'est pas couché », il remarque, narquois : « Joli fauteuil, mais il n'est pas doré ! » Sous-entendu : je ne suis pas celui qu'on croit ! Les rencontres avec les chefs d'État étrangers ? « C'est juste une lutte contre la montre ! La seule mesure d'importance de la rencontre, c'est sa durée. Moins de quarante-cinq minutes, c'est un échec. Une heure quinze, un triomphe. Les moins importants remontent leur manche pour regarder la montre et n'ont qu'une idée fixe : rester encore un peu. Alors ils manœuvrent. Même au moment de partir, ils traînent un peu pour faire durer[1] ! »

Il ne déteste pas raconter des histoires, comme celle de cette baignade en Afrique : « Il faisait une chaleur insensée. Je fais cinquante mètres dans l'eau, soudain j'aperçois des yeux de crocodile. J'essaye de m'éloigner en nageant discrètement. Je rejoins mon hôte. “Vous saviez qu'il y avait des crocos ? — Bien sûr, mon assistant a été dévoré la semaine dernière !” »

Souvenirs de chasse aussi. Au Gabon, avec le célèbre avocat René Fleuriot qui vient de tuer un buffle. « Mais il n'était pas assez gros », s'insurge le guide de chasse Maurice Patry, un ancien de la 2e DB. « Mais si, répond le célèbre avocat, dans les jumelles, il était énorme ! » Au Cameroun, avec Claude Bébéar, alors patron d'Axa. Lors du pistage, ils entrent dans un village. Au centre, une grande case, habitée par un Blanc à l'accent marseillais. Ils discutent, évoquent leurs études : « Nous sommes tous

1. « L'Oreille en coin », 15 juin 1986.

deux anciens de Polytechnique. » L'autre ne se laisse pas impressionner : « Moi, j'ai fait Centrale. Oui, dix ans de centrale. » L'ancien repris de justice de la French Connection éclate de rire !

VGE s'amuse à jouer les provocateurs : « Qui d'entre vous est franc-maçon ? » demande-t-il devant Charles Debbasch[1]. Nomination en Conseil des ministres d'un ambassadeur aux Maldives : « Qui sait où se trouvent les Maldives ? » Mais le brillant cerveau giscardien a aussi ses ratés. « Tout le monde doit être bilingue dans une langue et en parler une autre », conseille-t-il judicieusement le 5 avril 1990. Et cet autre superbe conseil : « Une érection… ça se prépare[2] ! » Un modèle de lapsus révélateur !

La haine Giscard-Chirac

La cible préférée de sa froideur sarcastique est bien sûr Jacques Chirac, depuis ses débuts de secrétaire d'État auprès de VGE. Contraint de marcher trois pas en arrière de son ministre, de patienter avant que la lumière rouge de son bureau rue de Rivoli passe au vert, d'attendre parfois plusieurs jours pour être reçu, sans profiter du thé et des biscuits réservés au seul palais ministériel, Jacques Chirac est rarement mis dans la confidence. Plus tard, passé à Matignon, il n'est pas mieux traité, malgré les

1. Cité par Maxime Tandonnet, *Histoire des présidents de la République*, Perrin, 2013.
2. Christophe Deloire et Christophe Dubois, *Sexus politicus*, Albin Michel, 2006.

protestations réciproques d'amitié et de fidélité : la composition de son gouvernement lui échappe en partie, des décisions se prennent dans son dos, des dîners protocolaires se déroulent sans lui. Il est humilié en Conseil des ministres. VGE et Jean-Pierre Fourcade discutent de la taxation des plus-values. Jacques Chirac exprime son désaccord. VGE le tacle : « Nous parlons de problèmes techniques. Peut-être pourriez-vous nous laisser terminer cet échange de vues ? » Giscard, à la naïveté narcissique, juge Chirac d'un niveau très inférieur au sien, donc inoffensif. « C'est un enfant, Chirac, il n'a pas d'envergure. Il me sera toujours fidèle. » Poniatowski le met en garde : « Ce type n'est pas loyal, il veut ta peau. » L'Ex ne peut pas imaginer que son « chien couchant », comme il l'appelle, lui fera un enfant dans le dos et prendra le contrôle de l'UDR. « Il n'en a ni les capacités ni l'envergure. Il sera à ma botte. » Un mot cruel circule dans Paris : « Giscard s'occupe de ce qui l'amuse, Chirac de l'UDR et Ponia de tout le reste. » Jusqu'au fameux week-end estival de Brégançon, en 1976. Le « Premier ministrillon » se rebelle, et prépare sa revanche tout en assurant VGE « qu'il n'entendra plus parler de lui ». Cinq ans plus tard, en 1981, le chasseur Giscard rejoint les autres trophées du vrai tueur. Aveu tardif du perdant : « Je me suis trompé sur lui. Je n'avais pas vu que c'était quelqu'un d'extraordinairement menteur. Il ment à tout le monde et il ne peut pas s'empêcher de le faire. » Les deux protagonistes se retrouvent au Conseil constitutionnel. « L'ambiance est parfaite, ironise Giscard. On se dit très franchement bonjour et au revoir[1] ! » Dans

1. « On n'est pas couché », 18 décembre 2010.

l'intervalle, quelques passes d'armes égayent les séances, arbitrées par Jean-Louis Debré : « Moi qui ai été président de la République », dit l'un. « Moi qui ai été deux fois président », renchérit l'autre ! Quand Chirac parle, Giscard écrit son courrier. Quand c'est lui qui prend la parole, l'autre fouille dans son cartable ! Leur ultime rencontre a lieu le 30 septembre 2019, à Saint-Louis des Invalides. Devant le cercueil de Jacques Chirac, VGE lâche sa dernière pique : « Chirac était toujours en retard. Bah, ça continue ! »

La taxe hilarante

Grand argentier ne fait pas de vous un amuseur public. Surtout quand il s'agit d'imposer de nouvelles taxes. Comme disait Clemenceau, « la France est un pays extrêmement fertile : on y plante des fonctionnaires et il y pousse des impôts ». La magie de la bureaucratie courtelinesque française fait pourtant que certaines taxes apparaissent à la longue plus drôles que d'autres. Ainsi celle de 1971 sur les escalopes de volaille assimilées aux escalopes de veau, étendue ensuite aux « escalopes de lapins domestiques ». Des années plus tard, elle fait encore exploser de rire son auteur, Giscard en personne, assez pince-sans-rire pour proposer un jour à une intervieweuse : « Si vous voulez vous faire servir une escalope… au taux réduit, bien sûr » !

L'histoire ne dit pas si cette taxe hilarante avait été approuvée lors d'un de ces conseils des ministres endormis sous l'effet des exposés de leur collègue des affaires étrangères, Maurice Couve de Murville, surnommé « le

Gardénal[1] » ! Celui qui, « dans un vif accès d'hilarité, pouvait pincer ses lèvres en un quart de sourire », selon Poniatowski, qui l'avait connu ambassadeur à Washington. Seul de Gaulle faisait l'effort de résister au sommeil, tout en conseillant parfois à Couve : « Monsieur le ministre, sans être tonitruant, pourriez-vous parler un peu plus fort ? » À ses côtés, les ministres d'État André Malraux et Louis Jacquinot « étaient plongés tous deux dans un sommeil profond, perturbé de tics nerveux pour l'un, et proche de la béatitude pour l'autre », note un témoin amusé, Giscard, qui profite de ces moments « de méditation individuelle ou de somnolence » pour faire circuler quelque contrepèterie de son cru ou rédiger, par exemple, « les Sept Commandements du ministre des Finances »[2] : « Inflationniste point ne seras / de cœur ni de consentement / Frontières ouvertes garderas / sans les fermer aucunement / Ton budget tu n'augmenteras / jamais plus de cinq pour cent / Tes impôts tu élèveras / si ton déficit est trop grand / Le crédit tu encadreras / et restreindras durablement / Tes voisins tu consulteras / pour équilibrer tes paiements / Et tes parents honoreras / s'il t'en reste encore le temps. »

Les Finances ne prêtent pas, si l'on peut dire, à de semblables bouffées poétiques. Giscard s'excuse d'ailleurs parfois auprès des téléspectateurs, de son même ton pince-sans rire : « Il doit y avoir des émissions plus intéressantes que d'entendre un secrétaire d'État aux Finances vous parler des impôts ! » Un brin d'autodérision dont on peut dire, par euphémisme, qu'il ne fait pas

1. Barbiturique aux propriétés sédatives et hypnotiques.
2. Georges Valance, *VGE, une vie*, Flammarion, 2011.

un usage excessif ! Comme de la modestie, puisqu'il faut rendre à Giscard ce qui appartient à Giscard : « La TVA, devenue un impôt mondial, a été inventée en France et mise en œuvre (*un temps de silence*)… par moi-même ! (*Il se tourne vers son voisin de tribune.*) J'attendais que vous le disiez[1] ! »

Prix de l'humour politique

Plus tard, dans la même veine d'apparente autosatisfaction, non dénuée d'une drôlerie au second degré, il présente son projet de Constitution européenne : « C'est un texte facilement lisible, limpide et assez joliment écrit : je le dis d'autant plus aisément que c'est moi qui l'ai écrit. » On n'est jamais si bien servi que par soi-même. Son autopromotion lui vaut en tout cas le prix spécial du jury de l'humour politique qui récompense aussi son trait sceptique et ironique sur le choix du référendum : « C'est une bonne idée d'avoir choisi le référendum, à condition que la réponse soit oui. » Bien vu. Ce sera Non, à 54,68 % le 29 mai 2005.

Il est nommé une nouvelle fois au prix de l'humour politique lors de sa réception à l'Académie française pour ce constat amusé : « À mon âge, l'immortalité est devenue une valeur refuge[2]. » Un autre prix de l'humour avait récompensé en 1995 son adresse à Benazir Bhutto, Première ministre du Pakistan : « Votre peuple a eu

1. Conférence à la Business School de Strasbourg, le 19 février 2015.
2. 15 décembre 2004.

l'intelligence de vous élire deux fois. » Un sous-entendu, mélange d'autodérision et d'amertume, pour signifier que le peuple français n'a pas fait preuve de la même intelligence en 1981 !

Le KO de 1981

Une date qui n'est jamais vraiment passée, comme si le mois de mai lui avait toujours posé un problème. Le chansonnier Maurice Horgues dresse la liste en jouant sur les mots et leur sonorité : le « oui mais » à de Gaulle, le 10 janvier 1967. Le 8 mai qu'il veut supprimer. Et, pour finir, le funeste mai 1981[1] ! Un moment d'autant plus dur à vivre que le souvenir heureux de son entrée, à pied, à l'Élysée en 1974 s'est estompé sous les huées de son départ, également à pied, sept ans plus tard. Il paye l'affaire des diamants en 1979 à laquelle il n'oppose pendant plus d'un mois que son silence. « J'ai eu le tort, concède-t-il, de traiter cette affaire par le mépris. » Le RPR s'en donne à cœur joie et couvre ses affiches électorales d'autocollants : des diamants à la place des yeux de celui qui, en arrivant à l'Élysée, voulait justement regarder « la France au fond des yeux » ! Pour ne pas arranger ses affaires, le débat d'entre-deux-tours tourne à l'avantage du socialiste. En 1974, la réplique de Giscard « Vous n'avez pas, monsieur Mitterrand, le monopole du cœur » avait fait florès et rapporté à son auteur des centaines de milliers de voix. Retour de bâton en 1981. « Vous êtes l'homme du passé », attaque le président. « Et

1. « L'Oreille en coin », 15 juin 1986.

vous, l'homme du passif », assène Mitterrand, qui promet à la France de « changer la vie ». Le rêve l'emporte sur les chiffres. VGE, qui a perdu des voix dans cet échange, ne fait pas non plus carton plein au RPR dont le chef, Jacques Chirac, a décidé sa perte, pour dégager son propre avenir. Consigne a été donnée de ne pas voter pour l'Ex. L'information lui est donnée par un collaborateur. Maniaque de la précision, le président veut vérifier par lui-même. Camouflant avec un mouchoir sa voix reconnaissable, il téléphone à une permanence du RPR et demande pour qui voter. La réponse est nette : pour Mitterrand. Il accuse le coup : « J'ai gardé cette cicatrice. » L'appel ambigu de Jacques Chirac entre les deux tours confirme cet assassinat politique : « Chacun devra voter selon sa conscience. À titre personnel, je ne peux que voter pour Valéry Giscard d'Estaing. » On a connu soutien plus chaleureux !

KO debout, confie sa fille Valérie-Anne, il lui faudra des années de recul pour retrouver un peu d'ironie. Il se présente alors en « spécialiste des sorties théâtrales », à propos de son désormais célèbre « au revoir » du 19 mai 1981 : « Et dans ces temps difficiles, où le mal rôde et frappe dans le monde, je souhaite que la Providence veille sur la France, pour son bonheur, pour son bien et pour sa grandeur. Au revoir ! » Suit un silence de huit secondes qui semble éternel. Puis, dos tourné, il laisse sa chaise vide et entame sa longue marche vers la porte distante de dix mètres. « C'était trop », dira-t-il de ce sketch à la « dramatisation ambiguë ». Comique malgré lui. Lors d'une table ronde avec son biographe Éric Roussel, trente-sept ans plus tard, il livre son explication, non dénuée de drôlerie : « Ce n'était pas une mise en scène, mais une erreur de calcul. Je ne savais pas que la porte était si loin ! »

Le comble pour un polytechnicien dont le cerveau mouline pourtant comme un ordinateur. Le grand-père de Michel Poniatowski l'avait prévenu : « Mon ami Carrel disait que l'intelligence est presque inutile à celui qui ne possède qu'elle. » Ponia, lui, analyse avec finesse la complexité de son ami : « Cette définition concernant Valéry était en partie vraie. Quand il faisait appel à son intelligence, elle le dominait complètement, mais quand il recourait à sa sensibilité, celle-ci pouvait l'emporter entièrement. » VGE reconnaît d'ailleurs en lui « une part de sensibilité féminine, proche de celle de ma mère ».

« L'innocent paradis »

Aveu rare dans la bouche d'un chef d'État, qui dévoile sa vraie nature quand d'autres présidents se réfugient dans le secret, la ruse ou le mensonge. Une hypersensibilité « qui le fragilise et qu'il essaie de masquer », note sa fidèle collaboratrice Margueritte Villetelle[1]. Elle lui échappe à l'occasion. Par exemple, ce 30 novembre 2015, quand il récite à Frédéric Mitterrand le poème « Moesta et errabunda » de Baudelaire. À la dernière strophe, les yeux se brouillent, les larmes affleurent : « L'innocent paradis, plein de plaisirs furtifs, / Est-il déjà plus loin que l'Inde et que la Chine ? / Peut-on le rappeler avec des cris plaintifs / Et l'animer encore d'une voix argentine, / L'innocent paradis plein de plaisirs furtifs ? »

1. Georges Valance, *op. cit.*

Valéry a poussé loin l'analyse. L'innocent paradis qui l'émeut tant n'est autre, écrit-il, que sa « préférence confucéenne pour le passé, l'idée que celui-ci baigne dans une lumière dorée et qu'il a existé un temps où tout était sage, doux, harmonieux, un temps dont il ne faut pas chercher à s'éloigner, mais vers lequel, au contraire, on doit tenter de revenir[1] ». Poursuivant sa psychanalyse, au-delà des frontières de l'humour, il décèle en lui « une horreur instinctive, viscérale, du changement de l'environnement vivant ». Ce changement peut être nécessaire, mais il « n'est jamais une préférence ». Il a compris pourquoi. « Tout ce que je vois changer autour de moi depuis l'enfance, les visages, les silhouettes, les objets qui ne servent plus, les peintures qui s'écaillent, les chemins de terre qu'on goudronne, tout ce qui perd de sa fraîcheur, de son intégrité, je le regrette comme un signe de ce qui est révolu, de ce qu'on ne retrouvera jamais, je le sens comme la présence d'un germe de mort qui taraude de l'intérieur tout ce que j'ai l'instinct d'aimer. »

Lesté d'un tel poids intérieur, il cache ainsi sa sensibilité à fleur de peau sous la mince carapace d'une froide, orgueilleuse et apparente distance. « Le jour de votre élection, que vous êtes-vous dit ? interroge Mireille Dumas. — Rien. Je l'espérais, j'étais content, mais je ne voulais pas réagir publiquement, je ne voulais pas que cela apparaisse comme un événement personnel. Je pensais à la fonction que j'allais exercer. Il n'y a pas eu de fête. C'est ma nature, ma façon de sentir. Dans une grande crise, un danger, un moment de bonheur,

1. Valéry Giscard d'Estaing, *Le Pouvoir et la Vie*, Compagnie 12, 1988.

un succès, je reste calme. Mais je ne suis pas non plus un animal politique, car il m'arrive de trop souffrir. Je suis capable de pleurer. Cela s'est vu[1]. » Il avoue, peut-être avec une certaine délectation inconsciente : « Ma sensiblerie me fait jaillir les larmes des yeux pour un détail, un anniversaire, un objet cassé et, bien sûr, la perte d'un animal[2]. » On n'ose imaginer les torrents de larmes déversés lors de ses semaines de chasse aux quatre coins du monde !

De ses nombreuses lectures historiques, il a noté ce cri du cœur de Louise, la plus jeune fille de Louis XV, qui l'avait écrit sur un mur du carmel de Saint-Denis où elle s'était enfermée : « Souffrir passe, avoir souffert ne passe pas. » Au point de ruminer pendant des années, peut-être même jusqu'à son dernier souffle, le désamour des Français et surtout des Françaises.

Devant ses collaborateurs, il en appelle à Lincoln : « Cela me fait trop mal pour rire et je suis trop grand pour pleurer[3]. » *Le Nouvel Observateur* cite en 1984 sa confidence à quelques fidèles : « Aucun roi de France n'aurait été réélu au bout de sept ans. » Mettons-la sur le compte de la galéjade, mais cet aveu télévisé traduit mieux la profondeur de la blessure : « On ne guérit pas les plaies en les léchant avec une langue de bois[4]. » Surtout quand il s'agit d'une dépression. « Votre épouse, qui a toujours été présente avec charme et discrétion dans vos succès et qui vous soutient dans

1. « Vie privée, vie publique », 25 décembre 2010.
2. *Le Pouvoir et la Vie*, *op. cit.*
3. Georges Valance, *op. cit.*
4. « Face à la 3 », 7 novembre 1984.

l'adversité, évoque un jour devant vous les enfants frappés par l'autisme. Soudain, vous vous apercevez que vous ressentez tous les symptômes de cette maladie de l'âme[1]. »

Il commence donc par faire le vide. « Partir, dit-il, c'est le réflexe naturel de ceux qui quittent une haute fonction. Ils ne veulent plus en entendre parler. Tout ce que vous entendez vous blesse. » Il s'isole, ne voit plus personne, branche son cerveau sur les feuilletons télé. Il fait retraite auprès des moines orthodoxes du mont Athos. Il parcourt pendant sept semaines l'Ouest canadien à cheval en compagnie d'Anne-Aymone et des enfants.

Mais ce qu'il appelle « la morsure d'une inguérissable nostalgie » ne disparaît pas. Encore moins en ayant recours, contrairement à ce qu'il dit, à la langue de bois, comme ce jour où il affirme avoir « jeté la rancune à la rivière ». Ce qui lui vaut cette réplique sarcastique de Jacques Chirac : « Ce jour-là, la rivière devait être à sec, tant cette rancune est demeurée chez lui tenace et comme inépuisable. » Et de souligner « l'art inimitable de VGE de paraître oublier ses griefs pour mieux les distiller[2] ». Une subtilité qui s'apparente à une forme d'humour. D'ailleurs, quatorze ans plus tard encore, il continue de mener son enquête ! Étonnante obstination. Sachant François Mitterrand au seuil de la mort, il veut profiter de ce moment ultime pour entendre de sa bouche confirmation de son fameux dîner secret avec

1. Jean-Marie Rouart, réponse au discours de réception de Valéry Giscard d'Estaing à l'Académie française, 16 décembre 2004.
2. Jacques Chirac, *Mémoires*, t. 1, *Chaque pas doit être un but*, Nil, 2009.

Jacques Chirac décidé à faire bénéficier le socialiste des voix RPR en 1981. Il est reçu le 15 décembre 1995 : « Mitterrand m'a dit que ce sont ces voix qui l'ont fait gagner. »

L'aveu de Mitterrand sur son lit de mort n'a pu que raviver la plaie de VGE. Il concocte même, en 2006, soit vingt-cinq ans après sa défaite, le scénario fou ou plein d'humour, au choix, de sa réélection ! « J'ai finalement renoncé à le mettre dans la dernière version de mes Mémoires. Mais mon idée, c'est qu'il n'est pas sûr que le réel soit unique. L'imaginaire existe aussi et il a la même probabilité que le réel ! » En clair, à ses yeux, il ne pouvait pas avoir perdu, car il avait répondu aux attentes de la société.

En 1974, en effet, il est bien dans l'air du temps. Pour faire oublier la longue séquence d'un Pompidou malade, et pour apporter l'air frais que la France, encore sous le coup de Mai 68, réclame confusément. Au même moment, le film *Les Valseuses*, mal reçu par la critique, cartonne en salle et devient film culte, symbole de libération des mœurs ! Deux jeunes marginaux, Gérard Depardieu et Patrick Dewaere, entraînent une shampouineuse, Miou-Miou, dans une cavale à travers la France, avec scènes de nu et d'actes sexuels, et des répliques d'une audace machiste qui provoqueraient aujourd'hui le tollé de toutes les ligues du politiquement correct ! C'est aussi le temps où Thierry Le Luron tourne en dérision les politiques, à commencer par les candidats à la présidentielle.

VGE, pourtant d'éducation et de milieu social conservateurs, incarne ce désir de réformes radicales et audacieuses. Les unes symboliques : *Marseillaise* plus lente, défilé du 14 Juillet à la Bastille, ouverture de l'Élysée, visite à des détenus, petit déjeuner avec des éboueurs, dîners à la fortune du pot dans des familles de Français dits moyens (prévenus de son aversion pour les homards et les chats). Une initiative originale, inspirée de Louis XI – également passionné de chasse – et qui, à défaut d'avoir soulevé l'enthousiasme du peuple de France, a suscité l'intérêt du maître de la Chine, Deng Xiaoping ! Les autres réformes sont plus fondamentales, voire « révolutionnaires » : loi IVG, saisine du Conseil constitutionnel par les parlementaires, égalité hommes-femmes dans les emplois administratifs, retraite à soixante ans pour les métiers pénibles, loi Haby pour le collège unique, nouveau code de procédure civile, loi contre le tabagisme, imposition des plus-values, allocation pour parent isolé, éclatement de l'ORTF, création de la Cnil, loi Scrivener sur la consommation avec un droit de rétractation des prêts immobiliers, Journées du patrimoine. Sans oublier l'abaissement à dix-huit ans de la majorité civile. « Grâce à vous, plaisante Laurent Ruquier, j'ai pu voter en 1981. — Pour qui ? » lui lance un VGE caustique. Puis : « En 1995, j'ai failli vous donner l'occasion de voter pour moi. J'ai découvert près de la fin que j'aurais été en tête parmi les trois candidats. Mais c'était trop tard. Les billes étaient lancées. En tout cas, je suis ravi de penser que j'aurais eu votre suffrage[1] ! »

Il innove également avec un ministère de la Qualité de la vie. Son titulaire, André Jarrot, veut le saisir du problème des SDF, les personnes sans domicile fixe

1. « On n'est pas couché », 18 décembre 2010.

qui volent poules et lapins. « Intéressant, monsieur le ministre, mais je vous signale que les Gitans ont voté pour moi[1] ! » Le divorce par consentement mutuel donne lieu à une rude passe d'armes avec l'administration, crispée sur sa présentation incompréhensible du projet de loi, rédigé, selon VGE, dans une langue « telle qu'on la pratiquait au Parlement d'Auvergne au XVIIe siècle ! » Le président demande une rédaction plus simple. « Impossible », objecte le directeur des Affaires civiles qui « donne le sentiment de jouer le va-tout de sa carrière administrative avec la même dignité que les carmélites de Bernanos montant à l'échafaud », note le président sarcastique. Il insiste. Le directeur évoque comme une « impossibilité cosmique » la jurisprudence qui s'attache à chaque article. VGE décide alors de réécrire lui-même le projet dans un « langage moderne », avec son garde des Sceaux, Jean Lecanuet. Leur texte paraît au *Journal officiel* le 11 juillet 1975.

Paradoxalement, c'est l'opposition qui facilite la « décrispation » giscardienne. Elle se heurte à la majorité réticente qui vient de le porter à l'Élysée, notamment du RPR, qui ne goûte pas quelques féroces mises au point de « ce jeune qui sait tout », selon de Gaulle : « Les Français en avaient marre des quinze types qui avaient fait un hold-up sur l'État. » Une façon d'annoncer la fin de l'état RPR et du gaullisme, auquel le giscardisme doit succéder. Dans la même veine assassine, il accueille le 15 octobre 1974 François Ceyrac, président du patronat français : « Je salue en vous l'homme et non le représentant d'un patronat qui avait choisi les

1. Georges Valance, *op. cit.*

lobbies contre la modernité et la pourritude contre la rectitude ! »

Son « ère nouvelle de la politique française », qui zappe au passage ses prédécesseurs, en défrise plus d'un. Passe encore que le jeune président se présente le jour de son investiture en tenue de ville et non en jaquette, et qu'il s'abstienne de porter le grand collier de l'ordre de la Légion d'honneur. Réticent devant « les signes ostentatoires du pouvoir, mitres, crosses, harnachements de décoration », il a choisi « l'esthétique démocratique ». Mais, admet-il, elle n'est pas facile à gérer : « Quand elle est relâchée, elle sombre dans la démagogie et côtoie souvent le grotesque ; mais quand elle est emphatique, elle ressemble à une monarchie au rabais et éveille le soupçon de la vanité personnelle[1]. » Malheureusement pour lui, c'est justement cela qui lui collera à la peau. Son « immense envie de bien faire » surprend, « trouble le jeu et remet en cause trop de préjugés conventionnels ». Détenus, éboueurs, dîners dans les familles ? Autant de « trucs destinés à abuser les naïfs dans un pays où la naïveté est vécue comme une humiliation ». Bref, un « gadget » qui « colore mon action d'un mélange de ruse et de démagogie ». VGE excelle dans la lucidité autocritique, mais tardive.

Premier paradoxe, celui du « paravent réformiste » de cette France qui se distingue en Europe par sa démarche chaotique de société bloquée en secousses révolutionnaires : « Les Français applaudissent dans les discours toute allusion aux réformes. Mais ces applaudissements se transforment en rejet dès que la réforme atteint en

1. *Le Pouvoir et la Vie*, *op. cit.*

quoi que ce soit une de leurs habitudes ou l'un de leurs avantages personnels… Il faut réformer la fiscalité en profondeur, mais sans que la cotisation personnelle de chacun, directe ou indirecte, puisse augmenter. Il faut réformer notre législation sociale, s'attaquer aux abus, mais sans toucher aux droits acquis[1]. » De de Gaulle à Emmanuel Macron, tous les présidents se sont heurtés au « Mal Français » diagnostiqué par Alain Peyrefitte. Le même nom, note malicieusement Giscard, que la syphilis, ramenée des maisons closes de Naples par les soldats de Charles VIII !

Second paradoxe, savoureux celui-ci : le chantre du changement est le même homme qui a décelé au plus profond de lui « l'horreur viscérale du changement ». En forçant sa nature pour réaliser ses réformes, pour « performer », il apparaît parfois à contre-emploi, donc comique malgré lui ! Le « Kennedy français » donne en effet de sa personne, à l'image de son « fascinant modèle » américain dont il avait observé et admiré la maîtrise de la communication et la gestuelle corporelle, également étudiée dans certains livres. De sa rencontre avec John Kennedy en 1961, l'alors secrétaire d'État aux Finances a rapporté une photo dédicacée et une pochette d'allumettes de la Maison-Blanche précieusement conservée. Armé de ces viatiques, VGE fait donc entrer la « com » moderne dans la politique française : T-shirts, autocollants, slogans « Giscard à la barre », soutiens de Johnny, Aznavour, Alain Delon. Abolissant la frontière vie publique/vie privée, la « peopolisation » fait ses débuts avec la mise en scène de la famille. Sur les affiches, le portrait de sa

1. *Ibid.*

fille Jacintee, treize ans seulement, fait sensation. On n'avait jamais vu visage si éclatant de jeunesse, à des fins politiques, sur les murs de France. Photos de famille encore autour d'une grillade. Photos du candidat veste sur l'épaule et manches de chemise retroussées. Cool, quoi !

À l'instar des albums *Martine à cheval*, *Martine apprend à nager*, *Martine à la plage*, les Français ont droit à une série d'un genre nouveau, dont certains épisodes prêtent à sourire, quand ils ne sont pas carrément désopilants. Valéry à pied sur les Champs-Élysées. Valéry au volant de sa voiture comme au temps du ministère des Finances, quand son chauffeur montait à l'arrière ! Un sacré personnage, ce Gabriel Lavaire, qui lui donne envie de lire les *Contes de la bécasse* puis d'étudier Maupassant de A à Z. Le même loustic, lui aussi passionné de chasse et de braconnage, raconte à son patron ses aventures dans le Jura. Un jour, pendant un arrêt dans une station-service, il mime un rat trottinant sur ses pattes de derrière, et portant un œuf de faisan dans ses pattes de devant. « Les automobilistes éberlués en ont laissé l'essence s'égoutter librement des tuyaux des pompes » ! Vraie ou fausse, la scène est amusante.

À l'Élysée, Valéry s'amuse à déjouer la sécurité en ne prévenant pas de ses déplacements et en changeant souvent d'itinéraires. Il avait été choqué, sous la présidence Pompidou, d'entendre la CB de la DS présidentielle cracher le message codé mais aisément compréhensible « Papa soleil quitte le château » et de voir un policier à chaque feu, comme pour mieux baliser le trajet de Georges Pompidou et aggraver les risques d'attentat. Mais, à ce régime, un accident est vite arrivé. Et quand un président tamponne une camionnette, à l'heure du laitier, en revenant d'on ne sait où, mais que l'on imagine, évidemment la France se gausse, avec *Le Canard enchaîné* !

Avec lui, le corps fait son entrée en politique. Le corps de Valéry à ski dévale ainsi sur les écrans de la télévision, considérée comme le premier pouvoir en France, et non le quatrième. En bas de piste, le skieur manque d'ailleurs de manger la neige, ce qui étonne de la part de cet habitué de Courchevel et de Méribel. Il avait tout de même descendu courageusement en 1967, avec Maurice Herzog et le guide Lachenal, la face nord du mont Blanc, depuis le sommet. Il avait récidivé en 1975 avec les mêmes et son fils Louis, qui en a gardé un mauvais souvenir en raison de la taille de ses skis[1] (2,05 mètres !).

Valéry et B.B.

Méribel et ses soirées, y compris avec Brigitte Bardot. « Valéry, raconte-t-elle dans ses *Mémoires,* venait s'encanailler dans mon petit chalet de Méribel… Les compagnons et les occasions de rire ne manquaient pas. Le soir, avec Johnny Hallyday, Sylvie Vartan, Jean-Jacques Debout, Chantal Goya et François Gagnon, photographe à *Match*, nous jouions aux Ambassadeurs. Nous ne plaisantions pas. C'était très sérieux. Il s'agissait d'un jeu de mime, chronométré, conduisant chacun à prendre les positions les plus grotesques, à faire les gestes les plus obscènes ou les grimaces les plus ridicules, pour faire deviner personnages et films à ses coéquipiers. Un soir, VGE qui voulait s'intégrer à notre petite bande décida

1. Entretien avec l'auteur.

qu'il allait jouer… Au moment où son tour arriva, il lut la phrase qu'il devait mimer. Il se gratta la tête, jeta un regard perdu autour de lui et se précipita dans la cuisine, où Madame Renée était en train de passer la serpillière… Soudain, il ressort de la cuisine, à cheval sur un balai, la serpillière dégoulinant sur la tête, bondissant dans le salon et multipliant des grimaces de cauchemars, comme dans *Les Sorcières de Salem*[1] ! » Comment se sont-ils rencontrés ? Dans la neige ! B.B. raconte que l'Ex, la voyant « le cul dans la neige », menacée par un chien, qui était en fait le sien, Charly, s'est précipité à son secours. Il a eu droit aux crocs de Charly, puis au mercurochrome de la belle. Une autre fois, B.B. ne répond pas à une invitation : « Envoyons-lui une délégation, plaisante VGE, ministre des Finances (et des services fiscaux). Après tout, c'est notre meilleure cliente ! »

La série continue. Valéry en maillot de bain à la plage, Valéry pique une tête au fort de Brégançon, lieu de villégiature des présidents en fonction. Valéry joue au football avec des commerçants de Chamalières et ne craint pas de se montrer torse nu, avant ou après la douche. Valéry au tennis, un sport pratiqué depuis sa jeunesse. Une partie en double avec le préfet de Gironde, Gabriel Delaunay, dans les années 1960, l'avait même opposé à Hossegor à une paire célèbre, Mitterrand-Chaban-Delmas[2]. Valéry à l'accordéon avec Yvette Horner en 1973 lors du festival mondial. Il avait appris le piano à bretelle en Autriche au sortir de la guerre après avoir rempli son char de ces instruments découverts dans une fabrique allemande ravagée

1. Brigitte Bardot, *Initiales B. B.*, Grasset, 1995.
2. Yves Harté, Jean-Pierre Tuquoi, *Latche*, Seuil, 2021.

par les bombardements alliés. « Si tous les hommes politiques jouaient de l'accordéon, on s'entendrait mieux », confie-t-il, blagueur, à *L'Express.* Valéry accompagne au piano Claude François dans « Douce nuit » lors du Noël de l'Élysée en 1975. Valéry dans le *Chant du départ*, appris dans la 1re armée en 1944 et qu'il entonne au cours d'un meeting qui couvre ses fausses notes. Valéry parlant anglais *fluently*, mais aussi Valéry en Chine. Mesurant sa méconnaissance de l'empire du Milieu, il dévore en fin de septennat livres, grammaires, dictionnaires, romans, manuels de calligraphie. Il inaugure même en mandarin, pendant cinq minutes, un colloque du Medef à Pékin. C'est aussi en mandarin qu'il vend, en avril 2005, aux étudiants de l'université Tsinghua de Pékin le « oui » à la Constitution européenne. Une photo du *Figaro* présente son manuel de chinois, négligemment posé près de lui.

« Enlaidi »

Tous ces Valéry, jeunes, beaux, dynamiques, souffrent pourtant en silence. Dans un accès de féroce autodérision, il fait cet aveu surprenant, sauf sans doute pour la psychanalyse : son physique ne lui a jamais plu. Taille trop élevée, empêchant une démarche naturelle, ossature du bassin trop large, visage trop douceâtre « affaiblissant l'architecture des traits », perte précoce des cheveux dont il a conçu « une sorte de terreur ». Ce n'était qu'un début, car, dit-il, « c'est pendant que j'étais président de la République que j'ai commencé à enlaidir ».

Une belle Irlandaise de la famille, côté Anne-Aymone, tente de le rassurer. « Mais non, je change aussi, malgré mes efforts pour rester le même… Je suis l'objet, comme toute la nature, comme tous les animaux, d'une lente action de destruction qui ride, qui dégrade, qui entaille, qui ravine ce qui était jusque-là frais, jeune et neuf. » Pour en éviter tous les signes, il joue l'autruche. Aussi découvre-t-on un autre Valéry président, dramatiquement drôle à sa manière. Il ne se regarde jamais dans un miroir ni dans une vitrine de magasin. Il se persuade que les autres le voient toujours tel qu'il croit être. Il porte même ses anciens costumes pour continuer de vivre dans « l'illusion d'un corps que le passage du temps ignorerait[1] ».

C'est dire à quel point « Narcisse homme d'État », selon le mot de Raymond Barre, doit se faire violence pour incarner une autre version du « pouvoir personnel » reproché à de Gaulle : le « pouvoir personnalisé[2] ». Ce faisant, il ne cherche pas à se vendre comme un paquet de lessive, mais à « dépoussiérer la fonction présidentielle[3] ». Le Kennedy de l'Élysée a beau vouloir paraître plus humain, plus proche des gens, plus consensuel, plus modéré dans une France qui « doit être gouvernée au centre », ses efforts sont caricaturés et sa personne jugée distante et hautaine. Impossible quadrature du cercle du pouvoir. Certes, il sera le seul président à avoir gagné des législatives pendant son septennat (1978), malgré les chocs pétroliers de 1976, la crise économique et le million de chômeurs. Mais, entre lui et le pays, la relation n'est pas harmonieuse.

1. *Le Pouvoir et la Vie*, *op. cit.*
2. Jean-Marie Rouart, *op. cit.*
3. Patrice Duhamel, France Inter, 3 décembre 2020.

L'ami Arthur Conte l'a mis en garde. Dans une lettre de novembre 1974, il exprime son irritation devant la multiplicité des réformes en cours. Cette précipitation lui semble inspirée par un désir de plaire à tout prix, de céder à la mode, de répondre à cette frange de l'opinion, composée d'intellectuels et du monde parisien, changeante, capable d'engouements rapides et de désaffection. « Fais attention de ne pas gâcher tes chances et de ne pas apparaître un jour dans l'Histoire comme un autre Henri III. » Voilà VGE prévenu : le roi avait été assassiné par le moine Clément qui lui avait plongé une dague dans le ventre ! Bigre.

Tant d'efforts sur lui-même n'arrangent pas son système nerveux. Jeune, il n'était pas doté d'un bon caractère, mais il parvenait à contrôler ses sautes d'humeur. Dans la tension qu'impose la fonction présidentielle, son irritation s'est aggravée. Alors, écrit-il, il a cherché refuge dans le silence, les grands espaces, les amis sûrs, les animaux, l'Afrique, « un monde désénervé où la sensibilité peut respirer sans avoir à combattre ».

Don Juan

Amoureux de l'amour qu'il inspire, il trouve refuge et secours auprès de femmes. Sa réputation de séducteur est entrée dans l'Histoire, dès son élection, le 23 septembre 1974, à la suite d'un écho de Jean Boissonnat dans *La Lettre de l'Expansion*, révélant sa collision matinale avec un camion de laitier. Ses mystérieuses escapades nocturnes font jaser. D'abord en raison du secret sur les lieux qu'honore le président, alors qu'il doit être toujours joignable. Mais ce dernier prend soin de les préciser dans une enveloppe laissée au permanencier de l'Élysée. Et puis, en raison des noms des heureuses élues du cœur giscardien. Mireille Darc, Marie Laforêt, Marlène Jobert, Marie-Laure de Decker et même Lady Di, pour ne citer que les plus connues. Des mannequins, des journalistes... Un véritable don Juan, surnommé « Atchoum » par certaines conquêtes (« Cocominute » pour Chirac, ce que l'on comprend mieux !), dont l'obsession séductrice rejoint le rêve Marilyn de Kennedy. La fascination qu'exerce le pouvoir sur le sexe féminin reste pour lui « très mystérieuse », même s'il a pu observer que « les femmes vous regardent plus que les hommes, elles sentent que vous êtes amoureux d'elles » ! Car, oui, confesse-t-il sans fard, « j'ai été amoureux des dix-sept millions de Françaises ». Normal, « elles ont voté pour moi » ! Mais cette passion n'était pas seulement électorale. « Ma conception de l'attitude présidentielle est fondée sur le regard... Je recevais cette forme particulière de rayonnement, d'énergie qui circule d'un être à l'autre et cette perception m'était agréable et m'encourageait. À force de regarder les Françaises, je les ai vues et j'en suis tombé amoureux[1]. »

« C'est un homme qui a un grand besoin d'affection et d'attentions personnelles », semblait excuser Anne-Aymone, sur un mode de résignation un tantinet ironique, à la manière de Bernadette Chirac. Elle a fait front « avec dignité et qualité », avait d'ailleurs osé son

1. Jean-Pierre Corcelette, Frédéric Abadie, *Valéry Giscard d'Estaing*, *op. cit.*

époux. Elle en avait gagné le titre de « Madame DQ[1] ». Valérie-Anne reconnaît : « Pour ma mère, cela n'a pas toujours été facile. » Bel euphémisme.

Autiste ?

Les critiques, les campagnes hostiles, les attaques personnelles, même la seule idée que son nom puisse être mentionné dans la presse, n'ont fait qu'accentuer le mal et déclenché un nouveau phénomène de rejet, d'incompatibilité. Est-ce aussi la raison de son incompréhensible silence de cinq jours après l'attentat de la rue Copernic, le 3 octobre 1980 ?

Pendant dix ans, jusqu'en 1988, il ne lit plus un seul article le concernant et ne regarde plus le journal télévisé où il craint d'apparaître. C'est grave, docteur ? Anne-Aymone, en mars 1983, le met sur la piste de son mal lors d'une conversation sur les enfants autistes. Avec le temps, en concentrant son énergie sur d'autres centres d'intérêt, presse étrangère, élections européennes, contacts directs en Auvergne, il s'est délivré de son obsession de protéger sa propre vie et s'est ouvert à la réalité extérieure.

« Giscard a fait battre nos idées sur sa personne », note son ami Jean d'Ormesson. L'académicien Jean-Marie Rouart a trouvé le coupable des malheurs du Mozart de la politique : « un petit démon que, dans les légendes juives, on appelle un *dibuk*. Ce *dibuk* vous jouera des tours, surgissant au beau milieu de vos succès, il les assombrira, tout comme il dénaturera certaines de vos

1. Jean Garrigues, *Une histoire érotique de l'Élysée*, Payot, 2019.

intentions. Ce *dibuk* a une traduction dans l'un de vos défauts que vous vous concédez, bien que vous ne soyez pas outrageusement porté à l'autocritique : l'absence de psychologie. Vous vous trompez rarement dans vos analyses, il vous arrivera de vous tromper sur les hommes. » Ce que confirme Marguerite Villetelle en se remémorant le décalage entre la dimension intellectuelle du surdoué et sa « naïveté qui va jusqu'à la puérilité. Ces imperfections ne sont pas apparues aux Finances. C'est à l'Élysée que les journalistes ont ressenti les failles[1] ». Jean de Lipkowski confirme : « Quand il s'est retrouvé à l'Élysée, il s'est pétrifié. »

En famille

Confidence de Valéry Giscard d'Estaing : « Le pouvoir d'essence militaire est assez chaleureux. On aime les gens, on partage plus. Napoléon, par exemple, n'était pas ingrat avec ses hommes. De la guerre, j'ai gardé des camarades, quelque chose nous unit. Ce n'est plus le cas quand on est au pouvoir[2]. » VGE coupé de la réalité, isolé ? « On croit que je n'avais aucun contact, mais c'est faux, conteste-t-il. J'avais des amis, ma famille, quatre enfants. Je suis le premier président à avoir eu des enfants en âge scolaire. Je rentrais dîner à la maison, sauf la veille des conseils de ministres où je mangeais seul et dormais à l'Élysée. Les enfants, eux, n'y sont venus dormir qu'une fois en sept ans. »

1. Georges Valance, *op. cit.*
2. Entretien avec l'auteur.

VGE, père de famille comme les autres ? Louis raconte : « On riait beaucoup avec papa. Pour son anniversaire, le 2 février, nous avons vu pendant trente ans, y compris pendant sa présidence, des pièces de théâtre de boulevard. Je me souviens d'*Oscar* avec Louis de Funès, *La Cage aux folles* avec Poiret (notre voisin) et Serrault, *L'Auberge du Cheval blanc* avec Jean Le Poulain. Parfois, Valérie-Anne se mêlait du choix de la pièce, ce qui provoquait des débats animés. Tous les étés, il nous emmenait vers une destination différente dans une DS break qu'il conduisait lui-même. L'un de nous voyageait assis sur l'un des deux strapontins du coffre. En 1969, par exemple, aussitôt reconduit au ministère des Finances, il dévalue le franc et nous partons. Direction Venise, l'hôtel Cipriani, sur l'île en face de Saint-Marc. Nous faisons des bombes en plongeant dans la piscine, ce qui agace les clients, dont le célèbre écrivain américain Truman Capote ! La direction menace mon père de nous mettre dehors[1]. » Autres souvenirs, pêle-mêle : « Les fresques de Giotto que des moines nous font admirer avec deux tubes sans verre, comme si c'étaient des jumelles ! La visite de la vraie grotte de Lascaux, fermée au public à l'époque. Dans un restaurant trois-étoiles des Baux-de-Provence, mon jeune frère Henri lit à l'entrée "Poison et services compris". "Vite, il faut partir !" crie-t-il. » Louis évoque encore quelques dîners au restaurant d'altitude de leur moniteur de ski à Courchevel, avec Garcimore qui enchaîne ses numéros d'illusionniste en faisant croire que « des fois, ça marche pas » !

1. Louis Giscard d'Estaing, entretien avec l'auteur.

À l'Élysée aussi, il y a parfois des occasions de rire. Pour un grand dîner diplomatique, le président donne consigne à l'intendant M. Hennequin de sortir un beau service de Sèvres, mais de veiller que des couverts ne disparaissent pas comme d'habitude. L'intendant repère un ambassadeur qui vient de piquer une assiette. Comment la récupérer sans provoquer un scandale diplomatique ? « Veuillez nous excuser, prétexte-t-il, mais un serveur débutant a laissé glisser une assiette sous votre chemise. Permettez-moi de la récupérer. » Une sornette dont personne n'est dupe, mais qui sauve la face de l'ambassadeur.

Égocentrique

Cette vie en apparence normale ne suffit pas à écarter le reproche d'égocentrisme. « Avec lui, c'est toujours "moi, moi, moi" », confie Anne-Aymone à une journaliste de *Madame Figaro*. « Son défaut principal, c'est son égocentrisme, confirme Mylène Descamps, sa communicante. Il faut qu'il brille partout. Un jour il vous dit quelque chose de très gentil et le lendemain il est glacial. » Le « colin froid aux dents acérées » de Jean-Edern Hallier est réputé dur au point qu'une blague circule : « Comme il n'avait pas de cœur, le docteur Barnard a dû lui en greffer un » ! L'un d'eux, Jean Riolacci : « C'est dans ses gènes. C'est comme si vous lui reprochiez d'avoir des manières de marquis. »

« Le problème de Giscard, c'est le peuple », aurait dit de Gaulle, dans un de ses jugements au laser. Il faisait pourtant un effort. À la sortie de la mairie de Clermont-Ferrand, un habitant l'interpelle : « Je peux vous serrer la main ? — Oui, et on peut même le refaire ! » Il a cependant du mal à cacher, tacle un ancien ministre, qu'à ses yeux il n'y a que deux catégories d'individus, « les imbéciles et lui ». Un ancien ministre, admiratif de son intelligence et de son humour subtil, le juge épouvantable sur le plan humain, même après son départ de l'Élysée. « Tant que j'étais au pouvoir, il me téléphonait tout le temps. Après, je n'ai plus jamais eu de ses nouvelles... Un sale type[1] ! »

« Au début, selon Maurice Schumann, il était simple et décontracté, puis sa dérive monarchique a été indubitable. » Son aide de camp, le général Antoine Renard, a relevé « qu'il lui a manqué un fou du roi ». François Mauriac, fasciné par le personnage, ne le rate pas dans *Le Figaro littéraire* : « Ce qui intéresse Giscard, c'est d'Estaing ; ce qui intéresse d'Estaing, c'est Giscard. » Il prépare l'émission d'un emprunt auquel il donnerait bien son nom. De Gaulle ne le rate pas : « D'Estaing, c'est un beau nom pour un emprunt ! » Allusion à la filiation avec la noble famille d'Estaing, revendiquée par le père de Valéry, lui-même persuadé de descendre de Louis XV. Il a réintroduit son style à l'Élysée et fait installer dans le vestibule du Palais un couple de marbre du roi et de sa maîtresse attitrée, la Pompadour. *Le Figaro* mentionne sa « particulomanie » tandis que de vrais aristocrates raillent ces « messieurs de Puipeux » ! Pas question de le laisser entrer au Jockey Club, malgré son forcing. « Il y aura toujours une boule noire pour lui », jure un ministre conseiller dans une ambassade[2]. La porte

---

1. Entretien avec l'auteur.
2. Pas facile d'être élu au Jockey Club : une boule noire annule les six boules blanches d'un vote favorable.

de la Société des Cincinnati lui est également fermée. Le rajout, par décret en 1922, du nom d'Estaing au patronyme Giscard ne lui confère pas pour autant la même légitimité que les d'Estaing qui se sont distingués pendant la guerre d'indépendance américaine et peuvent se revendiquer de la plus ancienne société patriotique américaine.

Étiquette royale

« Infaillible dans l'erreur », tranche Joseph Fontanet, parce qu'il ne s'est pas remis en cause, expliquent nombre de proches, y compris son fils Louis, qui ajoute : « La réalité de son personnage a été en grande partie masquée par l'exercice de ses fonctions au point qu'il a pu, à tort, en résulter une image sérieuse, voire distante[1]. » Pour ne pas dire hautaine, trop aristocratique pour la fonction présidentielle, et même monarchique, au point d'avoir rétabli une étiquette royale, à en croire une opinion de plus en plus répandue à l'approche de l'élection de 1981. Lors du premier Conseil des ministres, il aurait déclaré : « Messieurs, si c'était le roi, vous seriez encore debout. » Son sous-main en cuir serait gravé de fleurs de lys. « C'est Versailles », glisse un sénateur à Roselyne Bachelot, elle aussi stupéfaite de voir arriver, lors d'une garden-party élyséenne, Anne-Aymone « divinement

1. « Louis de finesse », selon son père, a eu cette formule digne d'un prix de l'humour politique : « Lui, c'est lui, moi, c'est Louis. » Emprunt détourné à Laurent Fabius, auteur du célèbre : « Lui, c'est lui, moi, c'est moi », pour marquer sa désapprobation de François Mitterrand qui accueillait le général Jaruzelski.

habillée d'organdi blanc par Scherrer, avec capeline et fichu à la Marie-Antoinette », suivie d'Ève Barre et des épouses des ministres, en ordre protocolaire[1].

Il se ferait servir en premier à table, ce que dément son entourage familial qui conteste aussi le mépris royal qu'il aurait manifesté envers Jacques Chirac en le recevant un week-end à Brégançon. Présence du moniteur de ski, fauteuils pour le couple présidentiel, mais chaises pour Jacques et Bernadette. « C'est un menteur de première, affirme Louis. On a retrouvé les films Super-8 du déjeuner. Tout le monde est assis sur les mêmes chaises de bistrot. Quand mon père lui a demandé ce que c'était que cette histoire racontée dans *Le Point*, il a répondu : "Votre fils aussi était présent." Comme si Henri avait pu raconter cela. C'était n'importe quoi. Du baratin[2]. » Jacques Chirac en profite pour descendre de la diligence giscardienne, et mieux l'attaquer.

« L'homme qui voulait être roi », titre alors *Le Nouvel Observateur*, qui fait placarder des centaines d'affiches. « Je me vois avec une couronne sur la tête. Cela m'a fait rire. » Il reconnaît cependant avoir sous-estimé l'impact dommageable de ce matraquage. « Monarque ? C'est débile, réagit l'intéressé devant Mireille Dumas, animatrice du genre psy. Demandez à Guy Hennequin, l'intendant de l'Élysée, officier de la marine. Étiquette royale ? Je n'ai jamais donné de tels ordres à l'Élysée. » Lors d'un voyage à Rome, une chambre lui est réservée au Palais Farnèse, mais il la juge moins digne de lui que celle de l'ambassadeur français. « On m'a fait dormir dans un placard »,

1. Roselyne Bachelot, *La Petite Fille de la V*^e^, Flammarion, 2015.
2. Entretien avec l'auteur.

enrage-t-il. Un affront qu'il ne pardonnera pas à l'ambassadeur, privé de la distinction d'ambassadeur de France.

Quelques années plus tard, François Fillon, ministre de l'Éducation, est reçu à l'heure du thé dans les bureaux de Giscard qui, entre-temps, a quitté l'Élysée. Installé dans un fauteuil à accoudoirs, l'ancien président offre au ministre une simple bergère et à son directeur de cabinet… un pouf[1] !

Il faut croire qu'on ne se refait pas. « En fait, expliquait-il, je suis desservi par ma taille. On se méfie des grands. On croit qu'ils vous regardent de haut. C'est vrai aussi que je suis un peu réservé, en raison de ma timidité d'enfant. Quand les émotions sont trop fortes, je ne parviens pas à les exprimer. C'est le poids d'une éducation classique. »

Avec les chansonniers

Et puis, il y a cet accent chuintant, sa marque de fabrique, qui a fait les délices des humoristes, au premier rang desquels Thierry Le Luron, le plus féroce. Celui qui, avant 1981, commençait son spectacle par un mortel « Bonsoir mes diams, bonsoir messieurs » ! Le Luron, l'imitateur préféré de VGE, car le plus talentueux à ses yeux. Preuve que, sans être un adepte de l'autodérision, l'ex-président a, malgré les apparences, su garder une certaine distance humoristique vis-à-vis de lui-même. Sa prestation dans la célèbre émission « L'Oreille en coin », avec les chansonniers Jacques Mailhot, Jean Amadou,

1. *Ibid.*

Maurice Horgues, a fait date[1]. Le « brillantissime ordinateur à visage humain, « l'intello haut sur pattes » à la « silhouette héronienne » et à la « désinvolture racée », selon Maurice Horgues, fait étalage ce jour-là, sans doute trop tardivement, de l'étendue de son humour. Pour ironiser sur son chuintement, il commence par une devinette : « Quelle différence y a-t-il entre poule et un chapon ? *(Un temps de réflexion.)* Eh bien, une poule, cha pond, et un chapon, cha pond pas ! » Évoquant le retard du réseau routier auvergnat, il parodie son célèbre slogan politique et propose que « la France soit goudronnée au Centre » ! Au piano, il interprète une longue chanson d'Aristide Bruant, qu'il récite par cœur. Extrait : « Elle avait sous sa toque de martre, sur la butte Montmartre, un p'tit air innocent / On l'appelait Rose, elle était belle, a' sentait bon la fleur nouvelle, rue Saint-Vincent / Elle avait pas connu son père, elle avait p'us d'mère, et depuis 1900 / A' d'meurait chez sa vieille aïeule où qu'a' s'élevait comme ça, toute seule, rue Saint-Vincent… » On apprend au passage qu'il a un don pour détecter les tubes, constaté en Californie un jour où il avait bu pas mal de champagne et qu'il s'est ouvert à toute proposition de maisons de disques !

C'est l'heure de déguster la potée auvergnate. « Une calorie par potée », assure le blagueur en débouchant un saint-pourçain. L'occasion d'évoquer quelques souvenirs de ces grands dîners officiels à l'Élysée qui font rêver le *vulgum pecus*. « C'était un soir de juillet, très chaud. Les souliers vernis, achetés pour l'occasion, me serraient trop les pieds. Heureusement, les nappes descendaient

---

1. Le 15 juin 1986.

jusqu'au sol. Je me déchausse, ce qui permet, comme au Japon, d'avoir une conversation plus libre. Le repas s'anime. Le moment des toasts approche. Il faudra se lever. Tout en arborant mon visage le plus affable, je lance mes pieds à la recherche des souliers. Pour le gauche, ça se passe bien. Je le chausse. Pour le droit, la recherche se poursuit. Je sens une résistance. Un pied de table, pas celui d'un invité ! Je continue à chercher. Il faudrait que je soulève discrètement la nappe. Soudain, je sens une forme molle, la chaussure droite. Je me chausse. Bonheur infini. Je me lève pour prononcer mon toast. »

Autre souvenir, celui d'un dîner retour offert par un émir chez Lenôtre. « Arrive un gigantesque réservoir de caviar, un cygne de glace au long bec triste à mesure qu'il fond. Orangeade ou cerisette ? demande le serveur. Je jette un œil à mon intendant, le même Guy Hennequin, qui se tient derrière moi avec une bouteille d'Évian. Il remplit mon verre, l'eau est un peu trouble. C'est de la vodka ! Et nous ? semblent supplier quelques invités. Mais, devant l'émir, c'est orangeade ou cerisette ! »

« La soupe VGE »

Le président apprécie le comique de situation. Il apprend un jour que le célèbre chef Paul Bocuse a reçu un courrier à en-tête de l'Élysée, signé Valéry Giscard d'Estaing, annonçant qu'il lui remettra en personne la Légion d'honneur. Les farceurs pensaient que leur canular resterait sans suite, mais il parvient aux oreilles de VGE, qui joue le jeu et décore le chef. Bocuse, apprenant que le président est un homme à truffes, a préparé pour sa réception à l'Élysée un mélange de deux plats existants : une cocotte à la truffe couverte d'une pâte brisée, du chef alsacien Paul Haeberlin, et une soupe paysanne. Ce plat spécial, toujours servi dans le restaurant de Collonges-au-Mont-d'Or, est passé à la postérité sous le nom de « soupe VGE » ! Le président a ensuite convié d'autres grands chefs à honorer la gastronomie française.

Le romancier

Après son deuil élyséen, le mal-aimé, l'inconsolé, s'invente une nouvelle vie. Si la France était pour de Gaulle le pays des fromages, elle est pour VGE celui des présidences en tous genres. À lui donc, celle de l'Auvergne et de la Convention sur l'avenir de l'Europe, ses deux valeurs refuges, sans oublier celle de l'UDF, fondée sous son septennat. Il lui arrive même, à la veille de la présidentielle de 2002, de rêver à un come-back si Jacques Chirac est plombé par les affaires. Ses soixante-quinze ans ? « J'ai l'âge du Premier ministre chinois, l'homme le plus populaire dans son pays », dit-il une fois encore pince-sans-rire. Il passe ensuite au Conseil constitutionnel et, en 2003, à l'Académie française, au fauteuil du Sénégalais Senghor. La consécration pour le dernier épisode de la série des Valéry. Depuis 1994, « Valéry romancier » ne craint pas d'affronter les railleurs en assumant enfin la liberté de son imagination. Dans *Le Passage*, histoire d'amour entre un notaire et une auto-stoppeuse. Puis dans *La Princesse et le président*, qui laisse entendre une idylle avec Diana, après un coup de foudre lors d'une soirée de l'enfance à Versailles, le 28 novembre 1994.

Louis met ces histoires « sur le compte de l'humour, de son goût du roman correspondant à sa volonté de séduction[1] ». Il ne craint pas, en tout cas, d'afficher ses fantasmes érotiques, comme, dans ses *Mémoires,* à propos de sa ministre Alice Saunier-Seïté : « Je la regarde parler devant moi, tournée de trois quarts. Son corps est musclé, avec des mouvements d'une aisance féline et des jambes qui me paraissent bronzées. Une pensée bizarre me traverse l'esprit : quand elle faisait l'amour, elle devait y mettre la même véhémence. » Bien sûr, pour être président, on n'en est pas moins homme. François Mitterrand, dans les milliers de lettres d'amour qui ont occupé un temps que l'on croyait d'abord politique, usait davantage de la litote…

Les railleurs n'ont pas non plus ménagé son style. Dans *Le Figaro littéraire*, Renaud Matignon le compare à « un Grand Meaulnes qui aurait croisé Bécassine ». Éric Zemmour n'est pas tendre non plus : « Vous écrivez : “Ses lèvres étaient douces et sentaient la framboise.” On écrit cela à quatorze ans. C'est votre côté ado attardé[2]. » L'auteur en a vu d'autres : « Vous avez peut-être vieilli prématurément. » Laurent Ruquier et son public applaudissent le trait sarcastique de l'ex-président qui demande malicieusement : « Dans votre émission, faut-il être honnête ou approximatif ? » L'académicien de quatre-vingt-quatre ans, invité pour son nouveau roman, *La Victoire de la Grande Armée*, fait étalage de son esprit toujours aussi vif. Peut-on le retrouver dans son rêve historique sur l'épopée napoléonienne ? « Je vais vous faire deux

1. Entretien avec l'auteur.
2. « On n'est pas couché », 18 décembre 2010.

confidences. Je n'ai jamais été général et je n'ai pas fait la campagne de Russie. » Ruquier continue à traquer l'auteur dans ses personnages : « L'une des femmes du roman éconduit le général. Cela vous est déjà arrivé ?
— Je ne me suis jamais retrouvé dans un corridor », plaisante VGE.

Salué à sa mort, le 2 décembre 2020, par la classe politique amnésique pour l'occasion, l'inconsolé est parti sans illusion apparente : « Je suis sûr que la postérité ne gardera aucune image de moi et que les hommes politiques ne laisseront pratiquement aucune trace. »

François Mitterrand

Tonton flingueur

Un soir de 1993, à Latche, Guy Bedos vient de faire rire la tablée. François Mitterrand, dopé par l'humoriste, dégaine à son tour une histoire. Deux Belges vont à Chamonix, où ils veulent le même guide que l'année précédente. Ils ignorent son nom. Au bureau des guides, on leur demande de le décrire : « Il est grand… blond… bronzé. — Comme la plupart des guides d'ici ! Pas de signe particulier ? — Si… il a deux anus. — Deux anus ? Mais comment le savez-vous ? — Eh bien, l'an dernier, on était avec lui dans une cabine qui montait. On s'est retrouvés à l'arrêt en face d'une cabine qui descendait. Et là, un autre guide a crié au nôtre : "Alors, toujours avec tes deux trous du cul[1] ?" »

François Mitterrand racontant lui-même une histoire belge, c'est d'autant plus méconnu des proches et inoubliable que, selon Jean Glavany, il « préférait rire lui-même

1. Souvenir de Françoise Carle, fidèle des étés à Latche (entretien avec l'auteur). Agrégée de physique, socialiste historique, elle est l'auteur des *Archives du président, Mitterrand intime* (éditions du Rocher, 1998).

que faire rire. Je l'ai vu se tordre de rire avec son beau-frère Roger Hanin. Par exemple, sa fameuse histoire de la chemise couleur lilas. Toutes les couleurs y passent. Et pour finir, Hanin prend une voix de demeuré : "Et alors, vous n'avez jamais vu du lilas blanc[1] ?" »

Même quatre jours après son opération de juin 1992, il doit faire un arrêt à mi-pente sur la roche de Solutré, mais il éclate tout de même de rire aux histoires du beauf, avec son accent pied-noir exagéré pour l'occasion. Celle du chat Mistoufle. Un soldat algérien rentre chez lui après quatre années de guerre. Dès son arrivée, il demande des nouvelles de toute la famille : « Et koument y va, lui ? Et koument y va, lui ? Et koument y va, mon chat Mistoufle ? » Son père répond brutalement : « Mistoufle, il est mort. » Le soldat s'effondre de chagrin et s'en prend à son père : « Ti ni orais pas dû dire ça. Falli dire : "Mistoufle, y a fugui, a erri, è monté sur li toit, il è tombi. Ça m'y aurait fait moins de chagrin"… Et la grand-mère, koument y va ? » Alors le père : « Oh, la grand-mère, elle a fugué, elle a beaucoup, beaucoup erré, elle est montée sur le toit et elle est tombée. »

« Roger Hanin, témoigne Georges-Marc Benamou, avait un stock d'une quinzaine d'histoires qui tournaient en boucle et qu'il renouvelait. Souvent dans le registre de l'absurde. Irracontables, sauf avec son imagination et sa faconde. Parmi les toutes dernières, je me souviens d'une anecdote abracadabrante de nains jouant au baby-foot. Et ça durait, et ça durait. Et François Mitterrand prenait sa serviette dans ses mains pour s'essuyer les

1. Jean Glavany, entretien avec l'auteur.

yeux tellement il était mort de rire. Leur complicité était énorme[1]. »

Avec Michel Charasse aussi[2]. « Il avait, raconte Mazarine Pingeot, un répertoire considérable d'histoires auvergnates interminables, parfois terribles et sanguinolentes, qui se terminaient à coups de fusil. Ou des histoires vraies, drôles, encore plus avec sa gouaille[3]. » Leurs déjeuners annuels du lac Chauvet, avec de vieux parlementaires socialistes fidèles, étaient toujours l'occasion de rigoler d'élus locaux, de vieux briscards de la région que Mitterrand connaissait bien.

Maurice Faure, vieux compagnon politique et garde des Sceaux pendant un mois en 1981, le faisait beaucoup rire avec ses histoires locales, racontées dans son accent truculent.

À l'occasion de visites en Charente-Maritime, se souvient Jean-Pierre Raffarin, il s'arrangeait également pour « aller rire avec Crépeau le long de la Sèvre », comme il disait[4]. Cela lui rappelait son enfance, quand il riait aux « succulentes histoires charentaises » que racontait son grand-père maternel « dans un patois irréprochable », don reçu en partage par l'une de ses sœurs. Ce qui l'aurait rendu compréhensif pour les dialectes et langues régionales[5].

---

1. Georges-Marc Benamou, « Avec Hanin, Mitterrand riait aux larmes », *Paris Match*, 11 février 2015.
2. Prix spécial du jury 2004 de l'humour politique pour l'ensemble de son œuvre, notamment ce mot : « Mamère Noël est une ordure », après le mariage homosexuel célébré à Bègles.
3. Entretien avec l'auteur.
4. Entretien avec l'auteur.
5. Dans *La Paille et le Grain*, à la date du 18 février 1974, il évoque « l'attrait, l'amour des hommes pour la langue qui donne un nom

S'il aimait tant fréquenter nombre d'élus locaux, c'est qu'il s'agissait souvent de figures hautes en couleur dont la drôlerie le comblait de joie. « Un jour, raconte Jean Glavany, nous étions chez Henri Emmanuelli, avec le sénateur-maire de Mont-de-Marsan, Philippe Labeyrie, médecin. Une grande gueule, qui avait animé les soirées de carabins à Bordeaux. « Comment allez-vous ? lui demande Mitterrand. — Oh, tu sais, il y a des jours, tu te lèves, tu vois tout en noir. D'autres fois, tu te réveilles, putain, t'es comme un pinson ! » Mitterrand éclate de rire : « Ah oui, comme un pinson. »

Grivoiseries

Comment le décontracter avant un passage à la télé ? Une petite louche d'humour grivois n'est pas de refus. Serge Moati s'y est essayé plusieurs fois. « En 1971, je lui dis : "Il y a peut-être de jolies jeunes femmes qui vont vous regarder chez elles et vous trouver très séduisant." Et là, il se marre. » Pour le débat entre les deux tours en 1981, le candidat a le trac. Soudain, un éclair ; « Vous aimez Brigitte Bardot, Serge ? — Oui. — Vous vous souvenez du *Mépris* ? — Oui. — Quand elle lui demande : "Tu aimes mes seins, tu aimes mes jambes ?" » Moati change de sujet : « J'ai l'impression que mes parents sont

---

aux choses qu'ils touchent, qu'ils voient, aux sentiments et aux idées ». « Enfoncer une aiguille dans le cervelet est une sûre façon de tuer. Il en est ainsi d'une langue que l'on refuse d'enseigner. » Deux septennats ne lui auront pas suffi apparemment pour assurer la survie des langues régionales !

là. Ils auraient été très fiers de me voir avec le premier président socialiste de la Ve. » Mitterrand ne cache pas son émotion : « Moi, ils sont à Jarnac et je sens moi aussi leur présence. Vous croyez aux forces de l'esprit ? — Oui, monsieur. » Le trac est passé.

Le sein de Françoise Sagan, maintenant. La romancière déjeune en 1993 à l'Élysée en présence de Pierre Bergé et Georges-Marc Benamou. Le président évoque son voyage à Bogota : « Vous aviez eu un léger malaise et nous avions été obligés de vous faire hospitaliser[1]. » Sagan bredouille : « Euh, oui… » Mitterrand ne boude pas son souvenir : « J'étais allé vous rendre visite. Vous étiez endormie. Et le drap qui vous recouvrait avait légèrement glissé, laissant entrevoir l'un de vos seins. Il était splendide. Ce fut une vision magnifique. » Une scène qui rappelle celle de VGE, en Corse, « scotché » par les jambes et la posture érotique de sa ministre Alice Saulnier-Seïté, et se prenant à rêver[2]. À croire que l'Élysée rend libidineux.

L'humour du père

L'humour de proximité, c'est celui qui rapproche les gens. « Il est le plus court chemin entre deux personnes », disait Wolinski. Si les politiques y ont recours en public, pour se mettre leurs auditoires « dans la poche », François Mitterrand le réservait plutôt à sa sphère privée. « Ce père doux et tendre, témoigne Mazarine, manie une ironie au second degré que les enfants aiment bien. » Il se montre

1. La Colombie est le « paradis » de la cocaïne.
2. Voir chapitre 3, p. 151.

volontiers blagueur et taquin. En Auvergne, quand, à la fin de la sieste, la petite va sauter dans la chambre de ses parents qui tiennent les deux bouts de l'élastique, elle affronte un compétiteur imaginaire : « Papa m'avait inventé le personnage de Mathurin, qui sautait toujours un peu plus loin. Il me disait : "C'est très bien, mais Mathurin a fait un centimètre de mieux !" » Jalousie assurée, même si, précise rétrospectivement la fille philosophe, c'était dit « sur un mode ludique, pas concurrentiel ». Vexée, elle se venge le soir dans des parties acharnées de Boggle, son jeu préféré car elle maîtrise cet « échiquier des mots ». Là, ils jouent « pour de vrai », au premier degré, pour la gagne. Ils sont mauvais joueurs tous les deux[1].

Papa fait « tchoutchou » !

Le père et futur président n'oublie pas que son grand-père paternel a été chef de gare à Jarnac et son père, ingénieur de la Compagnie du chemin de fer de Paris à Orléans. Alors, à Hossegor, « au dessert, sonne l'heure du train. Il se lève et fait tchoutchou. Tous les wagons s'accrochent à lui, qui court et recule autour de la table, nous faisant tomber. Au troisième tour, les wagons se détachent pour aller se cacher sous la table. Quand il fait mine de s'en apercevoir, nos cœurs battent. Nous arrêtons de respirer, mais la chienne nous trahit toujours. Sa queue dépasse. Papa nous découvre, nous partons dans toutes les directions en criant[2]. »

1. Entretien avec l'auteur.
2. Mazarine Pingeot, *Bouche cousue*, Julliard, 2005.

Où qu'il soit, avec Mazarine, il quitte son costume de scène présidentielle. C'est aussi le cas dans l'appartement sécurisé du quai Branly, où il installe mère et fille en 1981. « On était malheureuses d'aller en prison, on n'a jamais rien installé à l'Alma », note Mazarine. Heureusement, « le carrosse se transforme en citrouille… Il vient m'embrasser au lit, chante à la claire fontaine, il y a longtemps que je t'aime, ma petite fille chérie, jamais je ne t'oublierai. J'embrasse mon père sur la pointe du nez puis sur le lobe de l'oreille pour expulser les démons. Mes gestes ont des pouvoirs magiques[1] ».

Mais pas le pouvoir de guérison : car le cancer qui couvait secrètement s'est propagé. Début novembre 1981, il en informe Anne : « Vous m'apprenez votre cancer, ses métastases et le pronostic entre trois mois et deux ans[2]. » François Mitterrand commente le verdict des médecins avec une courageuse et ironique lucidité : « Aujourd'hui, passé aux assises. La peine de mort est rétablie. » La vie avec Mazarine continue, comme si de rien n'était !

Lors des week-ends dans la résidence de Souzy-la-Briche, de novembre 1982 à la fin en 1995, pour rompre l'isolement forcé de l'enfant cachée, un petit clan se retrouve : les amis Charles Salzmann et le couple Badinter, le frère et la sœur d'Anne, des cousins, parfois le peintre italien Zoran Mušič, dont Mitterrand, Anne et Mazarine fréquentent souvent le palais à Venise. Parties de cache-cache avec les enfants de Titi, Daniel Tiphineau, ancien membre du GSPR qui tient

1. *Ibid.*
2. Danielle ne l'apprendra qu'en 1990.

le domaine à l'année[1]. Les jeux de piste alternent avec bien d'autres activités auxquelles François Mitterrand se prête volontiers. « On s'amusait bien avec les “cadavres exquis”, un jeu d'écriture qui permet à chacun d'ajouter une phrase à tour de rôle. À la fin, le texte paraît surréaliste et très décalé. » En tout cas par rapport au Mitterrand public, qui offre parallèlement une tout autre image de lui ! « Il inventait aussi, pour l'orthographe, des dictées marrantes avec son Mathurin imaginaire… Il sortait parfois de sa poche un dessin de Snoopy : ça le faisait rire. Je n'ai jamais compris pourquoi[2]. »

Mazarine et son père, quand il ne lit pas, se baladent en forêt, les chiens sur leurs pas, Thélème 1 et 2, qui met bas huit chiots dont Baltique, qui a « les mêmes fidélités que mon père. Multiples ». Une biche apprivoisée gambade non loin. Les autres « compagnons de silence » de Mazarine : des chats, un lapin, une grenouille nourrie de vers de terre. Pourquoi Thélème ? Cette abbaye rabelaisienne a pour unique règle « Fais ce que voudras ». Du Mitterrand tout craché. Libre finalement. Ne rendre de comptes à personne.

Vient l'heure du déjeuner préparé par la rieuse Madame Do. « Il aime rester à la cuisine, assis à la table à discuter, ne met jamais la main à la pâte, mais sa présence est comme un fumet délicat. Il boit un verre d'eau, plus tard, quand il sera malade, je le surprendrai à se servir un Coca… Je ne le reconnais pas, un enfant. Il va même jusqu'à porter une casquette. Lui si peu américain. » Au

1. Groupe de sécurité de la présidence de la République. *Cf.* Denis Roux, Xavier Panon, *Protéger le président*, L'Archipel, 2019.
2. Entretien avec l'auteur.

dessert, le président décline ses « apostrophes glorieuses » : « Elle est belle, ma fille ; elle a eu une bonne note ; je crois qu'elle est douée en littérature ; elle a gagné le prix d'éloquence. Tout le monde est obligé d'acquiescer[1]. » Elle monte aussi à cheval, trois fois le pur-sang offert par le Turkménistan et qui est confié au cavalier Alexandre Gros. Elle monte surtout le poney offert par papa.

Ils suivent à la télé les feuilletons *Dynastie*, *Starsky et Hutch*, *Dallas* dont il leur arrive d'interpréter une scène. « Il est J.R. avec son chapeau de cow-boy, je suis Sue Ellen : "Vous m'avez trompée, J.R. — Mais je ne fais que cela, Sue Ellen.[2]" » Le « Bébête Show », « Les Guignols de l'info », et des « films populaires, un peu pourris », se souvient-elle. En juillet, il ne rate pas une étape du Tour de France. À celle du 10 juillet 1985, il se laisse aller à une confidence : « À treize, quatorze ans, j'ai assisté aux arrivées des coureurs dans les Flandres. Ce sont des gens de courage. » Un conseil pour Bernard Hinault ? « Qu'il agisse selon son instinct. » Le dimanche soir, retour triste à Paris. Le père dîne, comme chaque dimanche, avec sa femme « légitime » Danielle, rue de Bièvre. Anne digère mal et le fait comprendre à son amant.

À Gordes[3], la seconde famille se retrouve dans la maison qu'il a fait construire en 1971, en s'abstenant de faire apparaître son nom sur les titres de propriété. Une SCI est créée par le biais de François de Grossouvre, préposé aux secrets et aux montages obscurs. Gordes, « le centre de notre vie », assure-t-il à la jeune Anne Pingeot

1. *Idem.*
2. *Bouche cousue*, *op. cit.*
3. « Cerise », selon le nom de code du GSPR.

privée de la bergerie de Latche, malgré les promesses de l'amoureux. « Il m'écrivait que ce serait notre maison. L'idiote que je suis. » C'est ici, à Gordes, que François et Anne se sont aimés, après deux ans d'un flirt à éclipses, prélude à de nombreuses crises dans ce couple peu banal. Le nid d'amour de sa double vie : « Je suis amoureux de tes seins, de ton flanc courbe et de ton ventre convexe », écrit-il en évoquant « le cri qui délivre ». Pas celui du combat qu'il mène au même moment, en 1965, contre le général de Gaulle, mis en ballottage !

« Jamais papa ne sort ni ne reçoit. Ici, c'est son havre, son repaire, son abri… Allongé sur le lit-bateau, sous la couverture brune, il lit quatre à cinq livres en même temps… Le matin, il téléphone. Papa aime savoir où tout le monde se trouve, comme un berger qui rassemble ses brebis. Il reste le centre, où qu'il soit, un centre partout et nulle part[1]. » Anne jardine, cuisine (malgré elle), va au village à pied avec les chiens. En fait, « ce qu'elle aime, c'est mon père ».

« Et les mots pour le dire arrivent aisément », si l'on en croit Boileau. « J'aime ton corps, la joie qui coule en moi quand je détiens ta bouche, la possession qui me brûle de tous les feux du monde, le jaillissement de mon sang au fond de toi, ton plaisir qui surgit du volcan de nos corps, flamme dans l'espace, embrasement… » Ces mots la fascinent. « Anne, ma joie, mon espérance. » « Anne, une vague. Quand elle se brise, elle n'est pas écume, mais lumière. » Alors, elle remise les humiliations de ses « trop nombreuses aventures » qui lui rendent la vie « invivable ». Ruptures et retrouvailles, comme en 1971. Dépressif après une énième crise, il part quinze jours à

1. *Bouche cousue, op. cit.*

Calcutta dans le bidonville du père Laborde, écrit une lettre chaque jour, les rassemble dans un carnet qu'il offre à Anne au retour. La vie de couple reprend.

À Gordes, les rituels se succèdent. À l'arrivée, le leader de la gauche prend sa fille par la main et l'emmène embrasser les troncs des trois tilleuls, chacun le sien. Mazarine le laisse faire, même si, dit-elle, « le monde végétal ne m'intéresse pas trop ».

L'après-midi, travaux manuels. Le père et la fille, côte à côte, manches retroussées, dessinent au crayon, lui des visages de profil ou des chiens au long museau, elle des caricatures de son père au nez caractéristique. Avec la glaise achetée par Anne, ils sculptent des têtes, à la Giacometti. Le soir, sur le banc de pierre, ils psalmodient : « Bonsoir la nuit, bonsoir les étoiles, bonsoir la mer et les nuages, bonsoir le tilleul, le micocoulier et le chêne, bonsoir l'olivier. » Il chantonne : « Au-delà des nuages, nous irons tous les trois », puis, pour endormir la petite, il raconte un nouvel épisode de l'histoire inventée d'un lion sans dents, mangeur de yaourts ! Loin des histoires socialistes ou du programme commun qui occupent le reste de son temps. Loin de ses écrits politiques et de ses déclarations féroces contre la droite. « Il n'avait pas envie d'en parler. Les sphères boulot et vie de famille étaient séparées. Avec nous, il n'était pas cynique, car le cynisme, c'est ne croire en rien. Or, lui, il croyait en plein de choses. Il ne maniait pas non plus l'ironie, car c'est porter un jugement, marquer une distance », confie aujourd'hui Mazarine, philosophe[1]. Avec Anne, qui assume la honte de la fille-mère, et Mazarine, qui tente d'échapper à « la destruction de sa

1. Entretien avec l'auteur.

personne en accéléré et au risque de devenir autiste ou folle », il se montre d'autant plus disponible et sensible qu'il sait combien cette famille souffre de sa vie cachée, privée de toute existence officielle.

Drôle d'amoureux

Cette vie ne bride pas pour autant le bourreau des cœurs à l'impressionnant tableau de chasse. Premier amour, en 1938, avec Marie-Louise Terrasse, la future présentatrice Catherine Langeais au « visage merveilleux ». Ils se fiancent le 3 mars 1940, lors d'une permission. Il a vingt-quatre ans, elle dix-sept : « Ce qui me fascinait, dit-elle, c'était son formidable bagou… En plus, il avait beaucoup de fantaisie, toujours à blaguer et à s'amuser. Sa drôlerie et son intelligence le différenciaient des autres… Il y avait une telle passion, une telle force d'amour. François m'adressait des poèmes ou des petits contes, me donnait des surnoms adorables. Il refaisait le monde pour moi et me faisait miroiter une vie de rêve… Il avait la poésie dans le sang. » Une de ses lettres d'amour envoyées du régiment : « Quand je pense que je t'aime ainsi, mon Zou, depuis bientôt deux ans, je suis stupéfait. Comment m'as-tu lié si fortement à toi ? Je me croyais insaisissable, je me croyais maître de mes sentiments et maître de ceux des autres avec lesquels je jouais. J'étais indépendant, rebelle et je le suis encore à l'égard de tout ce qui n'est pas toi. Mais, avec toi, ma petite déesse bien-aimée… » Plus de mille lettres passionnées, comme en recevra Anne, ainsi que des albums photo illustrés de collages au gré de sa fantaisie et de son temps occupé tout de même aussi par ses engagements locaux, parlementaires, puis présidentiels, internationaux ! Il s'évade pour la retrouver. Elle ne l'a pas attendu et lui rend sa bague. Il la jette. « Elle ne m'avait pas choisi, alors je les ai toutes choisies ! » Ainsi poursuit-il, avec la même fougue juvénile, le marathon de sa vie amoureuse. On pense à Groucho : « Je sais, Hildegarde, vous avez oublié nos folles nuits sur la Riviera, le clair de la lune sur la Méditerranée. Rappelez-vous, Hildegarde, le soir où j'ai bu du champagne dans votre soulier. — Je m'appelle Suzanne. »

Impossible de tenir à jour la liste des conquêtes, à en juger par la dernière révélation d'une histoire d'amour pendant le second septennat, avec une étudiante, de cinquante ans plus jeune, tandis qu'il jurait sa passion à la mère de Mazarine et à d'autres[1] ! « Que voulez-vous, on ne peut pas les avoir toutes, mais il faut essayer », dit-il à Roland Dumas[2] parfois prévenu : « Roland, celle-là, elle est à moi. » Anne Lauvergeon, proche collaboratrice à l'Élysée, témoigne : « Un rendez-vous hors agenda le samedi matin était un indice assez fiable ! »

L'œil toujours aux aguets et la langue toujours dans le registre caustique. Il rentre un jour en avion avec François de Grossouvre, son homme des missions secrètes et fine gâchette reléguée aux chasses présidentielles. « Alors, vous avez tué combien de bêtes hier ? — Beaucoup. — C'est moi qui dirai si c'est beaucoup. Donnez-moi un chiffre. — Mille deux cents. — Quel carnage ! Vous êtes des viandards. — Oui, mais le prince de Monaco était là, avec sa fille. Ils étaient très heureux. — Quelle fille ?

1. Solenn de Royer, *Le Dernier Secret*, Grasset, 2021.
2. Entretien avec l'auteur.

— Celle qui est superbe, Stéphanie. — La plus belle, c'est Caroline. Elle a le charme et la grâce de sa mère. — Ah, je ne suis pas d'accord. Entre les deux, si j'avais le choix, je choisirais Stéphanie. — Mais, Grossouvre, vous croyez qu'un jour, vous aurez le choix[1] ? »

À sa mort, Françoise Giroud comparera Mitterrand à Casanova, avec « ce don de plaire par la parole, capable de séduire une pierre, geste économe, yeux brillants de malice, voix feutrée, propos enveloppant comme un châle ». L'ex-patronne de *L'Express* était d'autant mieux placée pour en juger qu'elle élevait un cheptel d'amazones envoyées en mission auprès des politiques. La stratégie de l'oreiller qui a permis à nombre de ces « courageuses » journalistes de faire carrière en mêlant parfois vie professionnelle et intimité avec les hommes politiques[2] ! « Il ne concevait pas une réunion politique sans partir avec une fille », se souvient Michèle Cotta, aux premières loges. Comme le chauffeur du dirigeant socialiste qui annonçait le menu : « Une entrée, un plat, un dessert », en déposant son don Juan chez trois dames le même soir.

À la fin de sa vie, Roland Dumas lui demande : « Alors, président, les femmes ? » Mitterrand : « Ça baisse » et, de la main, il joint le geste à la parole ! Mais, il n'abdique jamais : « Vous voyez comme je suis, confie-t-il à

1. Entretien avec Jean Glavany.

2. Renaud Revel, auteur des *Amazones de la République*, First, 2013 : « Journaliste et féministe émérite, Françoise Giroud avait envoyé au feu (à l'Assemblée nationale comme à l'Élysée ou Matignon) une génération de journalistes toutes triées sur le volet [...]. Cette génération de chroniqueuses politiques a entretenu des liens de connivence et de consanguinité », *L'Express*, 11 juin 2013.

Franz-Olivier Giesbert, alias FOG. Vieux, cancéreux, la peau qui pend, les dents qui flageolent. Eh bien, figurez-vous que je plais toujours aux femmes[1]. »

Danielle l'avait vite compris, dès son mariage, le 28 octobre 1944, avec ce garçon « trop caustique qui a l'air d'un danseur de tango ». Mais il a aussi le courage du résistant. Va pour François, sans illusion. « Avec la Résistance, il était souvent absent. Il a pris de mauvaises habitudes ! » Les épreuves ne leur sont pas épargnées. Perte d'un enfant, Pascal, deux mois. Nombreuses rumeurs de divorce. François revendique sa liberté : « Je ne suis pas marié sous le régime de l'Inquisition. » De son côté, l'épouse légitime mène sa propre vie amoureuse avec un moniteur sportif installé à demeure et qui sera même le chauffeur… du mari ! Scénario unique sous la Ve, digne d'un vaudeville, mais le couple s'en arrange, comme s'il avait conclu un pacte que même la naissance de Mazarine, dont elle est informée, ne brisera pas. « Je l'ai toujours su. C'est une affaire entre lui et moi. » Entre eux, de lourds silences, mais aussi une « fraternité », selon Danielle, Première dame très engagée. Et puis, un prétendant à l'Élysée ne saurait être un divorcé. Don Juan, oui. Ainsi va la France !

Latche, « maison de fous » !

Leur refuge officiel, c'est donc la bergerie en ruines de Latche, dans les Landes, finalement lâchée par son propriétaire peu mitterrandien, puis restaurée. Sur les plans d'Anne ! « J'ai fait la politique de Charles Quint »,

1. Franz-Olivier Giesbert, *Derniers carnets*, *op. cit.*

plaisante le *gentleman-farmer* qui agrandit son domaine par l'achat de terrain en 1995, grâce à l'entremise d'un ex-GSPR, patron de la gendarmerie régionale, Denis Roux[1]. Dans cette « maison de fous », dixit Danielle, chacun organise sa vie comme il l'entend. Pour lui, la lecture, l'écriture, les balades, les moutons confiés à un berger d'origine espagnole, les ânes, Châtaigne et Noisette. Pas de chats, malgré « les admirables yeux de chat » de Danielle. « Les chats aiment qu'on les caresse, qu'on leur donne à manger et qu'on les laisse faire ce qu'ils veulent », confie Françoise Carle, qui se souvient du Mitterrand blagueur appelant ses chiens adorés : « Baltique, Thélème… Françoise ! » Les chiens, dont il devait être une « réincarnation », selon Anne : besoin de rassembler, angoisse d'abandon. Elle ajoute la fidélité ou la dépendance, ce qui colle moins au personnage. Un jour, des amis débarquent avec un adorable caniche. François s'extasie : « Oh, qu'il est mignon ! — Laissez-nous vous l'offrir, proposent les invités. — Danielle, on le prend ? — François, non, il y a déjà des chiens partout ici. Ma chambre est un chenil. Je n'en peux plus. C'est un cas de divorce. — Voyons, Danielle, tu as eu bien d'autres occasions plus sérieuses de divorcer ! »

Aimer vivre

« L'état idéal à partir duquel on ne s'enrhume pas, on ne tousse pas, on n'a pas de fièvre, à partir duquel on n'a pas d'ennuis sentimentaux, où on ne tombe pas de

1. Denis Roux, Xavier Panon, *Protéger le président*, *op. cit.*

cheval, où on n'a pas d'accident automobile, l'état idéal dans lequel il ne vous arrive jamais d'ennuis, où la monnaie ne baisse pas, où il n'y a pas de dévaluation en vue, c'est la mort... Je souhaite donc développer la thèse selon laquelle il faut prendre des risques qui sont ceux de la vie[1]. » Maître dans l'art des aphorismes ironiques, souvent assassins, François Mitterrand ajoutait ce conseil en guise d'antidote à ce qu'il appelait la fuite des choses. « Aimer vivre. Vivons comme nous pouvons. Il faut remplir sa vie le plus possible[2]. » Il s'y est employé sans doute plus qu'aucun autre président de la République. « Aimez la vie, par-dessus tout », glisse-t-il en novembre 1994 à François Hollande, en marge du piteux congrès de Liévin[3].

« Quel roman que ma vie ! » aurait-il pu dire à l'instar de Napoléon. Certes, il n'a pas écrit le roman de toutes ses vies dont lui seul pouvait démêler l'écheveau, ni de sa mort stoïque. Du moins, en les vivant, il aura contraint les Français à le lire.

Karl, le fil-de-fériste

Et à regarder le spectacle vivant de cet équilibriste de la politique et de l'amour. Comme Karl, ce fil-de-fériste dont le chancelier autrichien Bruno Kreisky lui avait conté l'histoire. Mis au défi par son ami Johann, ledit Karl monte sur son fil, se balance sur un pied, prend un violon, joue du Mozart et, pour faire bonne mesure, s'installe là une

1. Chambre de commerce de Hambourg, 14 mai 1982.
2. Vœux à la presse, 6 janvier 1994.
3. Serge Raffy, *Le président*, Fayard, 2012.

semaine. Quand il descend, pari gagné et largement, Johann, loin d'applaudir, se tait. « Eh bien, qu'en penses-tu ? demande Karl. — Si tu veux que je sois franc, dit Johann, cela ne valait pas Yehudi Menuhin. » Mitterrand conclut son billet : « J'ai savouré comme il convient cet apologue sur les difficultés du pouvoir. Il servira à qui voudra[1]. » Autre version de la fable de La Fontaine « Le Meunier, son fils et l'âne » : « Parbleu ! dit le meunier, est bien fou du cerveau / Qui prétend contenter tout le monde et son père. » Les candidats à la présidentielle sont prévenus : inutile de jouer les contorsionnistes !

Mitterrand assez « divers et ondoyant[2] » pour justifier une imposante bibliographie et sa remarque narquoise : « J'ai fait la fortune des auteurs. Ce sont mes pauvres » !

L'humour de distance

Praticien de la dérision, de l'ironie, de la provocation, du sarcasme, archer aux flèches assassines, François Mitterrand a usé envers ses adversaires, ses critiques, et même ses amis, de toutes ces variantes de l'autre forme d'humour. Celui qui offre la distance nécessaire pour dompter les tourments du cœur, les angoisses de l'âme, les vicissitudes de la politique. Pour garder sa lucidité, la maîtrise de soi. Pour se « recentrer ».

La distance, ingrédient du pouvoir : « Vous ne soupçonnez pas ma capacité d'indifférence. On l'entretient

1. François Mitterrand, *La Paille et le Grain* (15 février 1974).
2. « L'homme est un sujet merveilleusement divers et ondoyant, sur lequel il est très mal aisé d'y asseoir jugement assuré » (Pierre Charron).

par la force de l'habitude, une certaine distance par rapport à l'événement et une certaine façon de mesurer l'importance des choses[1]. » Cette forme d'humour, clé de François Mitterrand, lui aura justement procuré la force nécessaire pour supporter les rêves fracassés sur les réalités et mener ses vies rêvées. Celles de son enfance, double et assez ambiguë pour jouer de duplicité. « Son côté pile, le charentais, c'est la province de droite, la bourgeoisie rurale, le cognac, les institutions catholiques, le collège Saint-Paul. François Mitterrand a d'ailleurs choisi Jarnac pour dernière demeure. Son côté face, nivernais, terre de gauche, la politique à Château-Chinon. Culture de droite, combat à gauche. Vichyste, résistant[2]. »

Ambitieux, fier, il se rêve donc un destin, encore plein d'incertitudes quand on n'a que vingt ans, mais, dit-il alors, « je ne sais qu'une chose : vivre hors de l'habitude et porter au maximum l'intensité de vivre ». Autre aveu : « Je haranguais intérieurement un peuple invisible. Déjà je me voyais en chef. Je me suis rêvé en orateur, en ministre, en libérateur. J'y ai forgé un idéal… Je puise dans l'enfance la plupart des réserves dont je dispose[3]. » Celles qui lui auront permis de réaliser le vœu de sa mère adorée dont il avait reçu confirmation, un mois avant sa mort, de la bouche même du philosophe ami Jean Guitton : « Je meurs en paix. Je donne ma vie pour le salut éternel de mon fils François, dont je sais qu'il aura une destinée exceptionnelle pour la France. » Prédestiné ? En tout cas animé d'une sorte de révolte

1. À Jean-Pierre Elkabbach.
2. Entretien avec Jean-Pierre Raffarin.
3. À Jacques Attali.

intérieure traduite par René Char, qu'il citait : « Ce qui vient au monde pour ne rien troubler ne mérite ni égards ni patience[1]. » Il a voulu, dit-il, « venger son père de cette société aux postulats glacés qui ne demandait pas d'amour et ne voulait pas de justice. Je crois que j'ai attendu et espéré au fond de mon enfance le choc qui l'ébranlerait[2] ». Un sentiment d'injustice qui réémerge après ses mois de captivité dans le Stalag IX-A[3], en Hesse, où les prisonniers ont édifié une sorte de phalanstère égalitaire. « C'est là que j'ai commencé à remettre en cause notre société. »

Ce destin, hors du commun en effet, il n'a pu l'accomplir qu'en préservant toujours et partout la jouissive liberté qui, selon Mazarine, aura fait sa force. « Ayant perdu ses parents très tôt, il n'a privé sa liberté de rien. Sa capacité d'exister est une insulte à la normalité. » La liberté reste une conquête de tous les instants. François Mitterrand, dont l'ADN était politique, a pu ainsi enchaîner, tout jeune, les maroquins ministériels sous la IVe République, miser sur une présidence du Conseil qui lui échappera plusieurs fois et, enfin, se programmer pour l'Élysée dès 1961 : l'élection du président au suffrage universel lui paraît à sa portée, sans doute mieux que les complexes jeux politiciens. C'est affaire de volonté. « On ne peut rien contre la volonté d'un homme[4]. » Cette volonté qui, selon Mazarine, « est à la maison la vertu

1. *Bouche cousue*, *op. cit.*
2. *Ibid.*
3. *L'Expansion*, juillet 1972.
4. « Conversations avec un président », entretiens avec Jean-Pierre Elkabbach (avril 1993-juin 1994), 3 mai 2021. France 2.

la plus digne d'intérêt[1] ». Pour la rassurer sur son avenir, il lui répétait : « Tu y arriveras car tu as de la volonté. » Comme lui. Ne jamais plier, encaisser défaites, attaques politiques de tous bords, résister dans les tempêtes.

Mais, au final, pour lui comme pour tous les combattants, y compris les séducteurs, seule « la victoire est une vertu cardinale[2] ». Il faut croire en son destin pour réussir à crever le plafond de verre élyséen, malgré le nombre des adversaires et la faiblesse de ses moyens. En 1965, l'infatigable combattant arpente jour et nuit, été comme hiver, les routes sinueuses du Morvan. La vieille 2 CV finit dans un étang ! Une autre fois dans le fossé. Ce sera ensuite la DS surnommée « Pantoufle » !

Ainsi ce Phénix de la Ve République tant vilipendée, avant qu'il ne s'en délecte, s'est-il donné tous les moyens, parfois douteux comme le faux attentat de l'Observatoire, et discutables, comme les écoutes illégales[3], pour accomplir son destin : « En politique, après la guerre, il n'y a toujours eu qu'une ambition possible : gouverner. » Le pouvoir pour le pouvoir ? « Non, je n'aime pas cela. Ce qu'il y a de merveilleux dans le pouvoir, c'est qu'il permet d'agir. » Non sans frustrations, qu'il avoue à demi-mot : « Socialiste, j'ai dû tenir compte des réalités. On n'aimerait pas avoir à choisir, mais il a fallu s'y résoudre : ou la politique à la Lénine, ou une politique de compromis qui me sera reprochée par les socialistes purs et durs, mais qui ne créera pas d'inimitiés en France. » Dès 1964, il écrit non sans dérision : « Le collectivisme et le capitalisme

1. *Bouche cousue, op. cit.*
2. Serge July, 8 mai 2021.
3. L'auteur a eu l'insigne honneur de figurer sur la liste des écoutés !

ont vieilli et s'accommodent de leur coexistence. Il n'y a donc plus que des solutions d'aménagement, de transition, d'adaptation, de gestion. Les théoriciens s'habituent mal à cela et… finissent par bâtir un monde où les formules dévorent peu à peu leur substance, à la manière de ces diététiciens qui se préparent à nourrir l'humanité avec des pilules comprimées plutôt qu'avec des pommes (ah ! les bonnes tartes sucrées !) et des truites farcies[1]. » Moyennant quoi, il affiche en 1981 sa « force tranquille » sur fond de clocher, village, bleu, blanc, qui fleure bon un parfum de révolution nationale pour une soi-disant « rupture avec le capitalisme » dont il se gausse par ailleurs. Mais il a compris que, pour bouter Giscard de l'Élysée et capter enfin le Graal, il faut faire rêver le bon peuple : « Voir le monde tel qu'il est n'empêche pas de rêver. »

Alors, il fait son miel électoral de ce rêve génial : « Changer la vie. » Une promesse simple, en cent dix propositions[2], et ce regret pour conclure l'aventure : « Je n'ai pas modifié la société autant que je l'aurais voulu[3]. » Rêve de changer le monde également. Son discours de Cancún, pour la liberté et la régulation de

1. Lettre à Anne, 9 février 1964.

2. Un premier septennat démarré en fanfare : majoration du Smic, cinquième semaine de congés payés, 39 heures payées 40, retraite à soixante ans, augmentation du minimum vieillesse, des allocations familiales et de l'allocation logement, loi d'amnistie, suppression de la Cour de sûreté de l'État, abolition de la peine de mort, loi de décentralisation, libertés universitaires, prix unique du livre, doublement du budget du ministère de la Culture, nationalisations, plan emploi, droits des salariés en entreprise, libéralisation des ondes radio, régularisation de 150 000 immigrés, dépénalisation de l'homosexualité.

3. Entretien avec l'historien François Bédarida.

l'économie mondiale, restera, dit-il, un « beau discours ». Sans lendemain. C'était au temps de Ronald Reagan et Margaret Thatcher, deux durs à cuire, avec lesquels François Mitterrand ne détestait pas ferrailler. En particulier avec la Dame de fer, « aux yeux de Staline et à la voix de Marilyn Monroe ». Comme le discours de La Baule[1] qui, reconnaît-il juste après l'avoir prononcé, « ne change rien ».

Sa liberté à tout prix

Jusqu'au dernier souffle, programmé par sa propre volonté. Ne rien livrer de lui : « Si vous saviez comme j'ai appris à garder pour moi seul mes rêves, mes ambitions, mes peines ! Mêlé trop tôt à des collectivités indifférentes ou brutales, j'ai dû composer ma force autour d'un raidissement intérieur que rien ne pouvait fléchir. Exprimer ce que je possédais de plus authentique me semblait aveu de faiblesse. Et peu à peu s'est noué en moi un lacis de refus. Au milieu des passions et des intérêts j'ai abrité le secret de mon être derrière un mur si haut et si épais que lorsque j'ai aimé, ou bien lorsque j'ai voulu convaincre, l'obstacle qui m'avait si longtemps préservé a fini par m'enfermer… Avec vous, je suis comme délivré[2]. » Paroles, paroles, chantait Dalida, qui l'avait bien connu ! En vérité, il ne fut que secret, ce qu'il concédait avec une feinte modestie : « Je sais que l'on me reproche

1. Discours du 19 juin 1990, dans lequel François Mitterrand conditionne l'aide au développement aux progrès démocratiques.
2. Lettre à Anne, 13 avril 1964.

d'aimer le secret, mais il faut bien un peu de secret pour exister. » À la fois Machiavel, Don Juan, Rastignac et Harpagon, il tenait aussi de Mazarin, son homme d'État préféré. Clin d'œil à Mazarine. Le cardinal, précepteur et Premier ministre de Louis XIV, propose de suivre cinq préceptes : « Simule, dissimule, ne te fie à personne, dis du bien de tout le monde, prévois avant d'agir… Il y a peu de chances qu'on déforme en bien ce que tu as dit ou fait, sois convaincu en revanche qu'on le déformera en mal[1]. » Alors, reconnaît le disciple du cardinal, lui-même à l'allure de chattemite, « je dissimule, je biaise, j'adoucis, j'accommode tout autant qu'il est possible ».

De Gaulle, maître en jugement sur ses contemporains, avait cerné le personnage et confié à son fils : « Je le trouvais insaisissable, cynique, mais aussi astucieux et séducteur. Ce qui m'a surtout frappé, c'est son manque de sincérité et le mépris qu'il avait de ses interlocuteurs. Il ne croyait à rien qu'en lui-même et n'avait d'ambition que pour lui-même. »

Interrogé en 1988 par Paul Amar sur un éventuel « Mitterrand 3 », après ceux de 81-86 et 86-88, il éclate de rire : « Vous voulez parler de la fonction présidentielle, parce que, pour l'homme, vous pourriez aller jusqu'à 7 ! » Le séducteur, le politique, l'homme de culture (féru d'histoire, de géographie, de littérature), et même le « chébran » ! Au moins devant Yves Mourousi : « Vous savez, moi, quand j'étais enfant, déjà, on inversait l'ordre des syllabes dans le mot ! Ce n'est pas très nouveau, ça ! D'autant plus que ça veut dire “branché”, bien entendu, je ne vais pas faire le malin ou le très informé, mais

1. *Bréviaire des politiciens.*

c'est déjà un peu dépassé. Vous auriez dû dire "câblé"[1]. » Également le provincial, le Parisien, le croyant agnostique, le père, le chef de réseaux d'amis… Autant de Mitterrand, autant de secrets soigneusement cloisonnés. « Il avait ses univers à lui, comme des caissons. Entre les caissons, son principe : le silence. Élémentaire », témoigne Anne Lauvergeon[2]. De quoi nourrir bien des frustrations, même amicales : « Je l'ai vu tous les jours pendant trente ans. Je dois connaître 10 % de sa personnalité », avouait le fidèle André Rousselet. Un as de la « sédimentation », dit Mazarine, tandis que son père admet : « Personne ne connaît de moi plus d'un tiers. Ce n'est pas que j'aie des choses à cacher, mais je suis comme ça. Je n'aime pas les gens transparents[3]. » Rien à cacher ? « La vérité d'un homme, c'est d'abord ce qu'il cache », disait Malraux. Il faudra attendre la fin de sa vie pour que François Mitterrand, « vieille commode aux cent tiroirs secrets » selon Jacques Delors, en ouvre quelques-uns : Pétain, Mazarine, Bousquet, la maladie, sa passion pour l'au-delà et sa curiosité mystique, nourrie de multiples conversations et de la lecture du *Mont Analogue* de René Daumal, dont il avait fait son livre de chevet, jusqu'à sa mort. « Dans quel but ? lui demande Roland Dumas. — Je me rapproche de l'échéance qui a un rapport avec la sincérité. J'ai voulu, avant de mourir, que les Français qui m'avaient fait confiance sachent tout sur moi. » Sinon tout, du moins un peu plus. Avec le bémol de taille

1. TF1, « Ça nous intéresse, monsieur le président », 28 avril 1985.
2. Anne Lauvergeon, « Mitterrand m'a laissée entrer dans plusieurs de ses mondes », *Paris Match*, 12 mai 2021.
3. Jacques Attali, *C'était François Mitterrand*, Fayard, 2005.

qu'impose son ambiguïté foncière dont il savait, après le cardinal de Retz, qu'on n'en sort qu'à son détriment.

Sidérante ambivalence

« La clé de la personnalité de François Mitterrand, avait diagnostiqué Laurent Fabius, de son exceptionnelle réussite, de sa longévité politique, de son énergie, la clé de la fascination qu'il a exercée sur les autres, c'est son extraordinaire, sa sidérante ambivalence, une ambivalence fondamentale, métaphysique, qui le fait considérer toute chose comme à la fois elle-même et son contraire, toute personne comme à la fois bonne et mauvaise… »

Inspiré par sa vision hédoniste, égocentrique, de la vie et doté d'une étonnante faculté d'anticipation, « mêlant tactique et stratégie, court et long terme[1] », il était bien armé pour assouvir son destin de Phénix : trois évasions, trois candidatures à l'élection présidentielle, autant de morts politiques qui l'ont toujours vu rebondir et poursuivre sa course épique, de la IVe à la Ve sous deux couleurs, le noir et le rouge[2] : de l'extrême droite des années 1930 à la gauche, du Vichy de Pétain à la Résistance.

Faire sa mue de l'anticommunisme à la stratégie d'union de la gauche, fatale au PC. Embarquer la France en 1981 dans un grand train de réformes au nom d'un socialisme jugé « horizon indépassable » et, un an plus tard, puisque

1. Jean-Marie Colombani, *Le Monde*, 12 mai 1981.
2. Titre du livre consacré à François Mitterrand par Catherine Nay, journaliste à Europe 1, compagne puis épouse du ministre Albin Chalandon, ancien patron d'Elf Aquitaine.

« le socialisme n'est pas la Bible », se soumettre à la rigueur qu'impose le nouveau cours de la mondialisation. Cacher son cancer pendant onze ans, jusqu'à l'opération de 1992, en laissant ses mousquetaires, Michel Charasse, Hubert Védrine, Jean-Louis Bianco, « oublier », en 1990, la promesse de vérité sur sa maladie[1]. Accuser l'argent de corrompre, sans cracher sur la générosité de nombreux donateurs, pas seulement du monde patronal. Avoir le courage d'abolir la peine de mort, à rebours de l'opinion, ce qui n'efface pas pour autant les dizaines d'exécutions de sa guerre d'Algérie qui ne l'a pas conduit à démissionner, toujours par ambition. Créer SOS Racisme et pousser Antenne 2 à inviter Le Pen à l'émission « L'Heure de vérité ». Renvoyer l'ascenseur en 1995 à Jacques Chirac qui avait contribué à sa victoire en 1981.

S'enorgueillir de ne pas être un « homme de parti » ni d'appareil, mais s'imposer à la tête de la FGDS puis du PS et de leurs appareils d'élus locaux. En apprenant à « parler socialiste », selon la formule assassine de Guy Mollet. Lancer puis enterrer le projet d'Alain Savary sur les écoles privées, en 1983. Décider en monarque d'engager la France dans la guerre du Golfe, puis au Rwanda, en tenant successivement à l'écart ministre de la Défense et Premier ministre !

Monarque ?

Républicain, de gauche sur certains sujets et de droite, monarque, dans l'exercice du pouvoir, en s'appuyant sur

1. Pierre Mauroy avait été informé dès 1980 du cancer de la prostate ! Interview avec Jean-Pierre Elkabbach sur Europe 1, 5 octobre 2012.

ceux que lui confère la Constitution, lors des cohabitations notamment. « Ce n'est pas moi qui ai dépouillé le Parlement de ses prérogatives, c'est de Gaulle ! Lorsqu'il s'agissait de lui, c'était bien. Et quand c'est moi, on appelle ça une "dérive monarchique" ! »

Du Louis XV giscardien au Louis XIV mitterrandien. Le penseur Jean Guitton, avec lequel François Mitterrand aimait échanger sur la vie et la mort, en atteste : « Il était royaliste quand je l'ai connu. Il est resté non pas royaliste, mais royal. Il suffit de le voir faire trois pas dans l'espace. Il est comme Louis XIV. » Même vision de l'intime Robert Badinter : « À mesure que je le regardais, que je voyais son visage se tendre… je me disais que, de profil, en l'imaginant avec une perruque, c'était Louis XIV[1]. » Le nouveau Roi-Soleil socialiste invite somptueusement le G7 au château de Versailles en mai 1982.

Objection, dit-il, un peu sarcastique : « Pardonnez-moi de contredire les chroniqueurs, mais je n'ai pas de cour… L'entourage d'un président est une société humaine comme les autres où les rapports sont peut-être encore plus aigus. » Toutefois, sans illusion sur les humains, politiques ou non, il observe avec son sens aiguisé de la dérision les opportunistes, les veules, les flagorneurs grouiller dans la nasse de ses courtisans : « Les courtisans pensent davantage au prochain président qu'à celui qui commence à s'estomper dans le passé, que je suis ! Croyez-moi, un courtisan, cela va vite ! Cela précède[2] ! » À ce petit jeu, les intellectuels, étrangement, ne sont pas les moins fragiles. Régis Debray, parmi tant

1. RTL, 10 mai 2021.
2. Chez Bernard Pivot, en 1988.

d'autres, y compris journalistes de renom. « Chouchous et favoris se pressaient pour être reconnus du grand homme », se souvient Jean Musitelli. Nombre de journalistes, les plus laudateurs ou les as du retournement de veste, après sa victoire, ont également participé à ces simagrées courtisanes. Autant de médiocres, à ses yeux, dignes de son secret mépris. Certaines grandes pointures, entre autres Jean-Pierre Elkabbach, « blacklistées » pour giscardisme, ont tout de même bénéficié de son droit de grâce, et ont été recasées. D'autres qui avaient eu l'audace de ne pas lui plaire n'ont pas eu la même chance. Écoutes téléphoniques, contrôles fiscaux[1]...

La fidèle Laurence Soudet tempère : « On a critiqué son côté monarque quand il était à l'Élysée. Mais c'était l'idée qu'il se faisait de sa fonction. Cette identité ne correspondait pas à sa conception même de la vie. C'est vrai, il a toujours détesté la fausse intimité et aimé garder ses distances, quitte à être incompris. Mais le formalisme de l'Élysée était plus un devoir qu'un plaisir. Il adorait sentir la rue. Aller à la rencontre de gens simples et authentiques[2]. »

Système baroque

« Cela vous dirait d'être mon directeur de cabinet ? Sachez tout de même que je n'ai pas de cabinet ! » Le recrutement de Laurent Fabius au PS en dit long, sous son air blagueur, sur le « caractère original, voire baroque,

---

1. Entre autres, Franz-Olivier Giesbert, *Monsieur le président. Scènes de la vie politique 2005-2011*, Flammarion, 2011.
2. Cité par Bernard Mazières, *L'Express*, 11 janvier 1996.

du système Mitterrand », selon Hubert Védrine[1]. Il décrit un « organigramme en écailles », qui laisse les conseillers se marcher les uns sur les autres quand le président en sollicite plusieurs sur le même sujet. Chacun ignore la mission du voisin. À la différence des autres présidents qui s'évertuaient à cloisonner leurs collaborateurs selon leurs compétences. À part le secrétaire général, son adjoint, et Jacques Attali, il ne les voit presque jamais, sauf aux vœux du Nouvel An. « Un livre dit que mes conseillers exercent trop d'influence. Vous ne pouvez pas savoir comme ils ont été heureux de lire cela. Cela a été pour eux une de ces surprises[2] ! » Du même ton sarcastique, il en rajoute sur les soi-disant « proches » du président : « Ils sont d'un bavard. En plus, ils ne savent rien[3] ! » Helmut Kohl avait observé, goguenard : « Votre chien vous obéit moins bien que les membres de votre cabinet ! » Le chien se couche. Le chancelier renchérit : « Tiens, cela, ils ne le font pas[4]. » Hubert Védrine se penche vers Jacques Attali : « Il suffit de le leur demander ! » Du deuxième degré, mais un sens de la dérision qu'il partage avec son patron « dur et exigeant avec ses collaborateurs, témoigne Jean Glavany, autre fidèle. J'en ai vu se décomposer, tomber en quasi-dépression. Parfois, il fallait être bien accroché. Mais le lendemain, vous aviez toujours droit à un geste affectueux et très rare, la main sur l'épaule ». Un traitement qu'ils compensent sans

1. Hubert Védrine, gardien du temple. Secrétaire général puis ministre des Affaires étrangères de 1997 à 2002.

2. Arles, 1er février 1986.

3. Château-Chinon, 16 mars 1986.

4. Sommet de Rambouillet, 28 mai 1984.

doute en jouant les importants, sans impressionner une Françoise Carle, observatrice amusée du cirque élyséen : « À quoi distingue-t-on un garde républicain en civil d'un membre du cabinet ? Le premier me dit bonjour quand je le croise dans un couloir. Les autres ne me voient même pas[1]. »

Le système est assez baroque en effet pour limiter au maximum les réunions, que Mitterrand exècre, excepté les conseils de défense. Au PS, il pianotait sur la table en signe d'agacement. Pendant les Conseils des ministres, il rédige courriers et… lettres d'amour ! En fait, il décide souvent seul, dans son bureau où il annote « des dizaines de parapheurs, notes, lettres, décrets, avis, requêtes, lois, grâces… intervenant sur les grands travaux ou des sujets mineurs, comme le tracé d'un TGV ou une prison proche de la basilique de Vézelay[2] ».

À l'abri de son masque marmoréen, il s'efforce de n'être tenu par rien ni personne, de ne jamais se croire obligé de quoi que ce soit. Pour ne pas se laisser emprisonner, il s'octroie toujours le temps de prendre du recul, d'échapper aux contraintes de l'urgence, d'arriver régulièrement en retard.

Au plus fort d'un événement, il fallait un humour viscéral pour marquer sa distance en se réservant toujours un « ailleurs ». Cet ailleurs, c'était « la liberté pour aller plus haut, mettre du ciel et des idées dans sa vie[3] ». Jean Munier, camarade de stalag, avait déjà noté chez François Mitterrand, vingt-quatre ans à l'époque, « son

1. *Les Archives du président, Mitterrand intime, op. cit.*
2. Jacques Attali, *Verbatim*, Fayard, 1994-1995.
3. Dominique Bertinotti, documentaire sur Public Sénat, 9 mai 2021.

tempérament ironique et détaché vis-à-vis des Allemands, sa malice avec forte capacité à dissimuler ses activités derrière une façade impeccable[1] ». Comme à Vichy, peu après.

La distance du marcheur qui s'octroie régulièrement le temps d'une promenade à pied dans les rues de Paris : « De 14 h 45 à 16 heures, je me suis oxygéné. Je suis entré dans deux librairies et suis revenu content à l'Élysée. J'ai regardé quelques papiers, signé des documents, préparé le Conseil des ministres, remis des décorations… » Si ce n'est pas la capitale, il multiplie les escapades dans toute la province, sillonnée de long en large, jour et nuit pendant un demi-siècle. Le Morvan, la Charente, la roche de Solutré[2] et l'abbaye de Taizé, à la Pentecôte, dont le prieur, le frère Roger, « lui fait du bien ». Échappées aussi plusieurs fois par an à Venise, dans le palais Balbi Valier de ses amis peintres Zoran Mušič et Ida Barbarigo, à l'embouchure du Grand Canal. Anne, puis Mazarine, après 1974 l'accompagnent. Comme en Égypte, où il séjourne souvent dans un palace au bord du Nil. Il y passera son dernier Noël. Petit tour à Guernesey pour la maison de Victor Hugo, et retour à l'improviste par Cancale pour ses huîtres. Ou dans le sud-ouest de l'Irlande, chez les amis Paul Guimard et Benoîte Groult. Le fantôme du Général, dans sa retraite solitaire de 1969, doit le hanter, tandis qu'il vient d'être réélu en 1988.

---

1. Stéphane Trano, *Mitterrand, une affaire d'amitié*, L'Archipel, 2006.
2. Pensait-il secrètement, en la gravissant, à l'allégorique et mystique ascension du *Mont Analogue* de René Daumal ? (voir p. 175).

Son « ailleurs », il le trouve aussi dans la nature. L'emblème de sa présidence témoigne de cette passion : croisement symbolique du chêne, la force, et de l'olivier, la paix. En janvier 1995, dernière chasse à Rambouillet. Entouré de son frère Philippe, du prince Rainier de Monaco et de ses enfants Caroline et Albert, de Serge Dassault et Francis Bouygues, il a droit à une surprise. Faisans, coqs, canards, perdreaux sont rangés dans un certain ordre pour représenter l'emblème du président, l'arbre mi-chêne mi-olivier. Il est de tradition à Rambouillet de dessiner sur la pelouse, avec les centaines de pièces tuées dans la journée, les armes d'un invité prestigieux ou un mot dans sa langue.

Mitterrand le jardinier

Il se fait jardinier, mais sa main n'est pas aussi « verte » qu'il le souhaiterait, comme il le confesse avec autodérision : « Benoîte [Groult] et moi, nous jardinons. Confessons-le, mes plantations de l'an dernier m'invitaient à l'humilité. Rien à dire sur les dahlias, cosmos, marguerites et zinnias qui n'ont besoin que d'amitié, mais l'aster nain est tellement nain qu'il a disparu de ma vue, le cassis reste stérile, ne parlons pas des capucines dévorées par les pucerons et le figuier n'a produit qu'une feuille que j'ai ramassée le matin du 15 août. Tandis que les deux jardins de Benoîte, le provençal et le breton, quel triomphe… ! Il faudrait que je fusse aveugle pour ne pas constater au bout d'une matinée que des droits garantis par la Constitution, j'ai perdu celui de planter ce que je veux là où je veux. Cependant, j'obtempère.

D'abord, j'ai besoin d'elle. Ensuite, il serait imprudent de poser prématurément le problème du rôle de la femme dans la société moderne. Enfin, elle a toujours raison… »

L'après-midi, conseil de guerre. Ordre du jour : « la production de mes arbres fruitiers ». Face à la « difficulté de localiser l'ennemi », chacun y va de ses conseils. François Mitterrand dresse la liste avec ironie. Le cantonnier accuse le vent, le pépiniériste prêche la patience, Félix, l'Espagnol, recommande l'insecticide, le voisin accuse les bouvreuils, le maire donne tort et raison à chacun. Il y a loin du bourgeon au fruit. Merles et étourneaux sont les plus rapides… « Contre l'avis du conseil de guerre, je n'ai pas le cœur de recourir aux armes à feu… Quelqu'un suggère les épouvantails. Plus modernes sont les rouleaux de plastique… Il existe aussi des filets qui donnent aux vergers l'aspect d'une devanture de coiffeur pour dames… Après examen du pour et du contre, nous nous accordons l'hiver pour réfléchir[1]. »

Le gourmet ripailleur joint à la bonne chère le plaisir de la conversation à table, autre manière de prendre du recul sur la pression quotidienne ou les ennuis qui jalonnent sa tumultueuse existence. Adepte du silence et de la méditation, voire de la prière, il n'en est pas moins redoutable tribun et praticien chevronné de la « conversation à la française », qui laisse libre cours aux traits d'esprit et de culture, à la drôlerie ou à la gauloiserie. Le 7 août 1991, à Latche, au lendemain de l'assassinat de l'Iranien Chapour Bakhtiar, il lit quelques notes reçues par le télécopieur, les jette à la poubelle avant de passer à table. Au menu : discussion sur… Mlle de Lespinasse,

1. *La Paille et le Grain* (2 novembre 1973).

d'Alembert, et la correspondance de Mme du Deffand avec le ministre anglais Walpole ! « Quinze ans de correspondance amoureuse ne prouvent rien », dit un invité qui ignore les milliers de lettres enflammées adressées par son hôte à son premier amour, Catherine Langeais, puis à Anne Pingeot !

Au passage, le blagueur s'amuse, comme chaque année, à taquiner Françoise Carle sur une question fondamentale, mi-pâtisserie mi-philosophie : le gâteau ! « Qu'est-ce qui fait, demande-t-il, que ce n'est pas seulement un mélange de farine, de sucre et d'autres ingrédients, mais un gâteau ? A-t-il conscience d'être un gâteau ? » L'agrégée de chimie a tenté de répondre au questionnement existentiel du président. Cette fois, elle prend exemple sur les courants d'électrons, les substances chimiques qui éveillent notre conscience et notre esprit, sans que l'on puisse comprendre le processus. « Voilà, c'est ça, répond Mitterrand. L'esprit ne peut pas s'autosaisir ! »

La distance par la lecture, en tout temps, en tous lieux. « Tard, je lis et cela me met au point. Rien de tel que les livres pour donner du recul : on voit de loin les hommes et les passions du jour[1]. »

Au lit, dans une pièce où il s'isole, ou pendant ses voyages. Le soir de son élection, au retour sur la capitale, il se plonge dans les *Mémoires* du baron Pierre-Victor de Besenval, officier suisse réactionnaire, lieutenant général de Louis XIV !

Une fois, Pierre Bérégovoy, secrétaire général de l'Élysée, confie à Jean Glavany un document urgent à

1. François Mitterrand, *Lettres à Anne (1962-1995)*, Gallimard, 2016.

faire signer. Dans le Falcon, celui-ci le pose sur la table devant le président qui ne lève pas le nez de son livre. À l'atterrissage, il prend son air coquin : « Glavany, vous aviez peut-être une urgence ? » Si ce n'est pas un livre, ce peut être *L'Équipe*, comme lors de son vol secret et à très hauts risques vers Sarajevo en 1992, au début de la guerre. Il s'amuse aussi, en permanence, à poser des colles à ses collaborateurs, sur la littérature ou l'histoire. « Un jour, avant 1981, se souvient Jean Glavany, nous allions à un meeting vers Poitiers avec Édith Cresson. "Alors, demande-t-il, qu'est-ce qui s'est passé ici ?" Je n'ai pas osé répondre, car il était un puits de connaissances. Il nous a raconté un épisode précis de la bataille de Poitiers et nous a traités de nuls ! »

Les militants grincent de son admiration pour Chardonne ? Il n'en a cure. « Je mourrai libéral sur tous les plans, notamment celui de la démarche intellectuelle[1]. » Les théoriciens ne sont pas sa tasse de thé : « Un art socialiste ? Du jour où il y en aurait un, je ne serais plus socialiste[2]. » Il ne cache pas non plus son irritation de « cette époque qui voit la parole primer sur l'écrit et la richesse du vocabulaire constituer un handicap ».

La distance par l'écriture. « J'aime écrire. J'aurais aimé construire une œuvre littéraire. Avais-je du talent ? J'en avais le goût. Comment écrire ? Il faut l'unité de l'esprit[3]. » Se retrouver et laisser trace. « Cela oblige à s'enfermer en soi-même, à s'arracher à la pression désordonnée des

1. *L'Expansion*, 1972.
2. Festival d'Avignon, 1974.
3. Sur le plateau de Bernard Pivot, le 7 février 1975, pour la parution de *La Paille et le Grain*.

choses et des êtres autour de soi, et de l'actualité, pour découvrir sa propre réalité, celle qu'on veut laisser après soi. Ce travail de maturation, je ne l'accomplis que par l'écriture. » Bertrand Poirot-Delpech, critique littéraire du *Monde*, décerne à François Mitterrand, au moment de son élection, le titre élogieux d'« écrivain-né[1] ». Il ajoute : « La chose écrite a pris chez le nouveau président la place laissée vacante par la transcendance chrétienne. C'est en quelque sorte sa dimension mystique. » Ce que l'intéressé confirme : « La littérature est toujours pour moi un paradis privilégié[2]. » Il écrit, jour et nuit, sans cesse à la recherche de la phrase lumineuse pour traduire un émoi amoureux aussi bien que « les bonheurs à la mode de mai quand les iris tirent encore fierté des giboulées d'avril[3] ».

Il aime ciseler le trait d'ironie contre un adversaire, car l'écriture est aussi une arme indissociable de son action politique. Ses billets dans *L'Unité*, l'organe du PS, ensuite rassemblés en une vingtaine d'ouvrages, se distinguent par la finesse de ses analyses, son esprit subtil et ironique, voire assassin. La trouvaille qui fait mouche. Ainsi ce raccourci caustique : « Le 22 février 1910, Jules Renard avait noté : "Aujourd'hui, quarante-six ans, jusqu'où irai-je ? Jusqu'à l'automne ?" C'était la première fois qu'il se montrait ambitieux et il mourut au printemps[4]. » Il s'amusait du succès remporté par son livre écrit avec Elie Wiesel. « Il n'y a pas que ceux qui

1. *Le Monde*, 12 mai 1981.
2. *Les Nouvelles littéraires*, mai 1981.
3. *La Paille et le Grain*, *op. cit.*
4. *Ibid.*

écrivent sur moi qui font un tabac en librairie, moi aussi ! » riait-il.

Il sait souvent se faire drôle – ou cynique, c'est selon –, même à ses dépens. Il écrit ainsi, alors qu'il bloque sur l'écriture d'un livre : « J'étais plus intelligent à l'époque du *Coup d'État permanent* ou de *Ma part de vérité.* » Dans son journal, il aime coller les caricatures que *Le Canard enchaîné* fait de lui[1]. L'ami de Marguerite Duras, de Françoise Sagan et de tant d'autres écrivains prestigieux, présents en nombre le jour de son investiture, nourrissait un seul regret : ne pas avoir eu le temps d'écrire sur la Florence des Médicis et sur le coup d'État de Louis-Napoléon Bonaparte.

Le sphinx à l'Élysée

Sa capacité singulière au détachement, son extraordinaire faculté à maîtriser ses émotions et à masquer ses intentions en font le « Sphinx » à l'Élysée. Son flegme, le fameux 10 mai 1981, doit être mesuré à l'aune de l'immense émotion qui a dû le submerger, d'autant qu'il ne croit pas à la victoire cette fois-ci, contrairement à 1974 ! Comme à chaque étape de sa cavalcade épique, il patiente au Vieux Morvan de Château-Chinon. « J'ai composé moi-même le menu du déjeuner, annonce-t-il à Danielle et aux autres invités : foie gras, champignons et bonne humeur ! » Quand apparaît son visage sur l'écran télé, à 20 heures, il concède juste deux mots à Jean Glavany : « Quelle histoire ! » Et aux journalistes : « Il vaut mieux

1. Benjamin Caraco, « Un Président de lettres », www.nonfiction.fr.

que ce soit comme ça qu'autrement. Qui donc a dit : les ennuis commencent ? »

Aussitôt le nouveau président tient à marquer, avec sa distance coutumière, sa conception du pouvoir, distincte, du moins au début, de celle de ses prédécesseurs : le président préside, le gouvernement gouverne. Il ne jette pas un œil sur le programme des projets et décrets que lui présente Jacques Attali dès le lendemain. « Le gouvernement verra ça. » Pas question non plus de prêter l'oreille à ceux qui prônent une dévaluation rapide. L'Histoire, elle, n'attend pas. Seule compte sa grandiose cérémonie au Panthéon et le dépôt symbolique des trois roses sur les tombeaux de Victor Schœlcher, Jean Jaurès et Jean Moulin. Une rose est également déposée sur la tombe de Léon Blum. Il répugne aux contraintes, mais doit prendre sur lui, une fois n'est pas coutume, pour accepter la passation de pouvoir en présence de Roger Frey, président du Conseil constitutionnel, représentant à ses yeux d'un « régime de gangsters, mafieux, hommes de main ». Le régime gaulliste, tant honni. Par humour compensatoire et revanche sur sa propre histoire, peut-être, il s'installe dans le bureau du général de Gaulle !

Même distance sur les événements, à son départ, le 17 mai 1995, record de septennats en poche, écornés il est vrai par les cohabitations. L'émotion l'étreint-t-elle, alors que le cancer achève de le ronger ? Il appelle Jean d'Ormesson : « Il me reste deux heures avant de quitter l'Élysée. Venez donc me voir, nous parlerons. » François Mitterrand évoque sa mère, son enfance, la mort qui guette, sa relation avec René Bousquet qui a tant fait polémique. « C'est là, affirme d'Ormesson, qu'il me parle de l'influence puissante et nocive du lobby juif de

France[1]. » Désaccord en littérature. Lui, c'est Chardonne, entre autres. D'Ormesson en pince plutôt pour Aragon. L'académicien de droite ne cache pas son admiration pour ce « personnage exceptionnel, homme de culture qui cachait un cœur derrière le politique ». Ultime préoccupation du président avant de quitter le palais : il craint que le labrador chiraquien ne fasse qu'une bouchée de ses canards colverts. Jacques Chirac lui promet de veiller sur eux[2] !

Sphinx donc. Titre décliné avec celui de « Tonton » dans le pays et de Kermitterrand, la grenouille du « Bébête Show » qui le faisait rire, ou plutôt sourire, avec ses répliques favorites : « Soyons simple, appelez-moi Dieu », « Bordel de moi-même, qu'est-ce que je suis grand ! », ou encore « Ma grandeur me terrifie ». De quoi diagnostiquer une hypertrophie du moi. François Mitterrand ne cède pourtant pas à l'*hubris*, même s'il est conscient de disposer d'assez d'atouts pour se convaincre de sa supériorité : sa culture, son habileté tactique, sa mémoire qu'il entretenait, en donnant par exemple dans l'ordre un jeu de cinquante-deux cartes battues au préalable. Lors de remises de décorations, il s'évertuait à lire les notices préparées sur les récipiendaires et à les réciter de tête.

Sa faculté d'anticipation, aussi : « J'ai beaucoup de défauts, mais je suis un assez bon prévisionniste[3]. » Ce

1. Cette phrase contestée, source de polémiques, est rapportée dans *Le Rapport Gabriel* en 1999, puis de nouveau dans *Je dirai malgré tout que cette vie fut belle*, en 2016.
2. Peu après, plusieurs canards sont portés disparus ! Jacques Chirac appelle Roland Dumas, qui lui conseille d'en acheter d'autres sans le dire à François Mitterrand !
3. Sommet franco-italien, 16 décembre 1994.

que confirme son vieux complice Roland Dumas : « Il avait un truc : anticiper les coups de l'adversaire. Il avait ça d'instinct. Cela semait le trouble. » Ainsi, le 1er juin 1958, l'Assemblée nationale vient de voter les pleins pouvoirs au général de Gaulle. Mitterrand et Dumas repartent à pied. En chemin, le principal opposant au Général annonce la couleur : « On va en prendre pour dix ans. On lira des livres, on écoutera de la musique et les dix ans passeront ». Délai respecté ! Comme aux échecs, il prévoit plusieurs coups d'avance. Il s'attend à la cohabitation en 1986, en raison de la fragilité de Michel Rocard. Il est le premier chef d'État occidental à recevoir le général Jaruzelski, le 4 décembre 1985. Laurent Fabius exprime son désaccord. « Ma décision est impartageable. Elle relève de l'intuition ou de l'instinct. Vous verrez, il y aura une suite à ce choix. » Le premier aussi à miser sur Mikhaïl Gorbatchev, qui l'a impressionné dès leur premier contact : « L'agriculture soviétique est dans une situation catastrophique. — Depuis quand ? demande Mitterrand — Depuis 1917 ! » Insigne honneur : le Russe est reçu à Latche, le 30 octobre 1991. « Je pense que c'est la dernière fois que nous le voyons », pronostique le chef de l'État, deux mois avant la chute de Gorbatchev[1].

1. Pour la petite histoire, à l'occasion des cérémonies du bicentenaire de la Révolution française, le président avait fait cadeau à Gorbatchev des pistolets qui tuèrent Pouchkine, lors de son duel avec un noble français. Gorbatchev avait été sensible à ce cadeau qui mit en colère Michel Debré, maire d'Amboise, dont le musée abritait les fameux pistolets.

Le résilient

Avec son calme, forcément olympien, le Sphinx s'est imposé en maître de la résilience politique. Il est lavé de tout soupçon dans l'affaire des fuites en 1954, mais sa relation avec Mendès France n'en sort pas indemne, ni le souvenir qu'il laisse de sa guerre d'Algérie, en qualité de garde des Sceaux de Guy Mollet. Mendès et Alain Savary démissionnent. Pas lui. En 1959, c'est la piteuse affaire de l'Observatoire, un faux attentat dont il pense tirer profit pour se remettre en selle après le retour du Général, mais qui se retourne contre lui car il ne s'agissait que d'une manipulation par un certain Robert Pesquet. Mitterrand s'est laissé piéger, mais il encaisse. Une fois de plus, il puise dans sa capacité de détachement. Le mois suivant, le 25 novembre, il déjeune, rue Guynemer, avec Georges Beauchamp, qui se souvient : « Nous sommes à quelques heures du débat au Sénat sur la levée de son immunité parlementaire. Il demande un téléphone. On croit qu'il va évoquer le débat. Pas du tout. Il parle de fleuve, d'arbustes ! Il raccroche et indique à Danielle les dispositions qu'il vient de prendre avec le jardinier d'Hossegor ! Quel détachement ! En tauromachie, cette maîtrise dans le combat s'appelle le *dominio.* » Il n'en traînera pas moins ce boulet de l'Observatoire toute sa vie.

D'autres affaires émaillent son parcours présidentiel, sans le gêner outre mesure. Celle des écoutes de l'Élysée, par exemple. Plus graves que l'écoute – sur la ligne 168 – dont il avait été l'objet, ainsi qu'Anne Pingeot, en 1965, avant la présidentielle, sur l'ordre de Jacques Foccart, au service du Général. Pan sur le bec pour celui qui avait écrit : « Je ne puis m'empêcher de penser que la dictature des micros est aussi celle des idiots[1]. » Malgré ses dénégations, et la défense de ses proches mettant en cause, selon l'un d'eux, « le commandant Prouteau et ses hommes qui ont exagéré, fait n'importe quoi et trahi une part de la confiance du président », ce système d'écoutes a bel et bien été mis en place et il en savourait les comptes rendus. Liées en partie à la sécurité nationale, dans le cas d'un journaliste qui, selon le même proche, « avait révélé des noms d'espions français dans l'affaire Farewell », les écoutes, condamnées par la justice, visaient aussi à la préservation de la vie privée du président et de sa seconde famille. « Jamais de la vie, même s'il n'est pas choquant de vouloir protéger sa fille », affirme Jean Glavany.

Le rapport à l'argent de François Mitterrand est tout aussi trouble, même s'il n'a pas été pris la main dans le sac, contrairement à d'autres. Son apostrophe contre « l'adversaire » est célèbre : « C'est le monopole ! terme extensif… pour signifier toutes les puissances de l'argent, l'argent qui corrompt, l'argent qui achète, l'argent qui écrase, l'argent qui tue, l'argent qui ruine, et l'argent qui pourrit jusqu'à la conscience des hommes ! » Il affectait un « total désintérêt pour l'argent », dit un ancien conseiller. « On dit que je suis un homme d'argent ! Je n'ai rien à moi ! Ah, si seulement j'avais perçu 10 % des droits d'auteur sur tous les livres qui ont été écrits pour dire que je suis un homme d'argent ! »

Rien dans la poche. Il préfère celle des autres ! Michèle Cotta : « Il lui manquait toujours 10 francs

1. *La Paille et le Grain* (12 décembre 1973).

pour un café ou 20 francs pour un taxi ! Il m'a coûté un argent fou. » À ceux qui partagent sa table aussi. La compagne d'André Rousselet, Catherine Thieck, doit acheter chez Hermès le même twinset en cachemire que le sien. Pour Anne Pingeot ? se demande Catherine Nay. « Mon lieutenant, pouvez-vous payer cette veste en laine ? » demande-t-il à l'un de ses gardes du corps, lors d'une escapade à Guernesey[1]. À la librairie Galignani, rue de Rivoli, il choisit des livres et sort. L'un de ses rares amis le plus intime, Roger-Patrice Pelat, paie la facture. Il a de quoi, car, selon le président lui-même, « les grandes fortunes ne se font pas sur le chemin de la vertu ».

A-t-il couvert ses amis enrichis et le Parti socialiste ? « Évidemment », affirme Stéphane Trano[2]. Raid manqué sur la Société générale, financement du PS et affaires Urba-Gracco, Luchaire, Carrefour du développement, rachat de Saint-Laurent par Elf qui alimente aussi les réseaux de droite et de gauche, affaire Deviers-Joncour et Roland Dumas, finalement relaxé ; rétrocommissions sur les ventes d'armes… Nombreux ont été les pourvoyeurs de ses campagnes. Un jour, Roland Dumas rapporte un sac du Gabon. Il sort les billets et les donne à François Mitterrand, qui les range dans le tiroir de son bureau. « Roland, ça ne se sait pas ? — Non, président, c'est pour les élections. » Cadeau d'Omar Bongo remis par son chef de la gendarmerie. « Je lui ai souvent apporté des sommes en liquide de la part de chefs d'État amis ou de riches relations… Je le revois encore me dire,

1. Denis Roux, Xavier Panon, *Protéger le président*, *op. cit.*
2. Stéphane Trano, *op. cit.*

émerveillé : “Ça arrive de tous côtés.” » Du liquide, Roland Dumas et une collaboratrice, épouse d’un journaliste spécialiste de l’Afrique, n’ont pas été les seuls à en rapporter[1]. Il y a eu aussi des donateurs de Syrie, d’Irak et même d’Algérie. « Ils avaient des raisons d’en vouloir à Mitterrand, mais pas à moi », ajoute Roland Dumas, ancien porteur de valises du FLN[2].

L’un de ses riches amis de jeunesse, Jean-Pierre François, installé en Suisse, s’est montré lui aussi généreux, à la seule condition d’être « reçu par Mitterrand ». Du moins jusqu’en 1986. Il cesse alors de voir le président. « Pour moi, l’affaire Bousquet a été un choc mortel. Il est difficile d’imaginer un homme ayant professé des valeurs de gauche fréquentant un assassin tel que Bousquet. L’argent : je ne peux avoir que cette explication[3]. » Pas seulement. Le tissu relationnel de Bousquet, comme une toile d’araignée, était très vaste, d’Évelyne Baylet, la patronne de *La Dépêche du Midi*, à certains proches de Simone Veil, rescapée d’Auschwitz. Quant au fidèle camarade de stalag, Roger-Patrice Pelat, inculpé le 16 février 1989 de délit d’initié dans l’affaire Pechiney, il n’a pas droit à la bienveillance de son ami. « Je peux tout pardonner, les erreurs, les fautes, mais pas l’affairisme. On dit que certains sont proches de moi. C’est vrai. S’ils ont commis une faute, ils doivent être punis, mais ce ne sont pas mes collaborateurs. On ne peut ni

1. Déchargée une fois de son enveloppe en papier kraft pleine d’argent par un ministre socialiste, pour lui éviter d’être inquiétée à son retour à Paris avant d’embarquer dans un avion.
2. Entretien avec l’auteur.
3. *Libération*, 3 décembre 1998.

les sanctionner ni les renvoyer. Je ne vais tout de même pas publier un communiqué pour dire “Machin n’est plus mon ami”, “je ne déjeune plus avec Bidule”, “je ne me promènerai plus avec Truc” ! Que la justice soit sévère », ajoute-t-il à la télé. Son ami meurt le mois suivant. Conclusion du président : « Ce qui nous a le plus coûté, c’est l’accumulation de médiocres affaires qui mettaient en cause la moralité et l’honnêteté. L’électorat socialiste a été choqué par ce déficit moral. Il a eu raison. »

Jeu de massacre

« Je suis possédé à l’égard de tout par un sens critique impitoyable, il existe bien peu de faits, d’idées et de sentiments dont je ne doute à la base », avait-il écrit à sa première fiancée. « Il avait la science du mot assassin », témoigne Roland Dumas, qui se souvient d’un Mitterrand se contentant de griffonner quelques phrases sur une carte de visite. « Il était férocement drôle, peut-être trop féroce », nuance François Hollande. Ce tueur à l’ironie cinglante ne s’est épargné aucune cible.

À tout seigneur, tout honneur, il n’aura cessé de se dresser contre la statue du commandeur. « De Gaulle était un grand homme, mais je n’ai pas besoin de son képi. Quand il fait froid, j’ai mon chapeau[1]. » Tir nourri contre le Général : « Il jouait de toutes les séductions quand il le jugeait utile, façon de mépriser, la pire[2] » ; « il symbolise partout l’avènement des libertés, sauf chez

1. Sur le plateau de Bernard Pivot, en 1988.
2. *La Paille et le Grain*, 1975.

lui » ; « le gaullisme, c'est de Gaulle plus la police » ; « le génie du gaullisme consistait à réveiller la France en endormant les Français ». Non sans un certain respect, il explique sa constante opposition au grand homme : « De Gaulle existait. Ses actes le créaient et la conviction qu'il avait d'être la France, d'exprimer sa vérité, d'incarner le moment d'un destin éternel, immuable, m'émouvait plus qu'elle ne m'irritait. Je n'ai jamais trouvé risible cette appropriation... Je me sentais différent et j'avais l'orgueil d'un combat dont je pensais que la gloire était confisquée au peuple dont j'étais[1]. » Les coups ne cessent pas pour autant en 1958 : « En 40, vous aviez deux compagnons, l'honneur et la patrie. Aujourd'hui, ces compagnons s'appellent le coup de force et la sédition » ; « Je veux bien, par complaisance, appeler ce dictateur d'un ton plus aimable : consul, podestat, roi sans couronne »... « La Constitution, ce chiffon de papier qui porte la signature de 18 millions de Français, de quelle main impatiente le général de Gaulle n'arrêtera-t-il pas de la froisser ? Ne restera debout, face au peuple abusé, qu'un monarque entouré de domestiques ; nous en sommes là. » Le célèbre pamphlet *Le Coup d'État permanent* sort en 1964 : « Qu'est-ce que le gaullisme depuis qu'issu de l'insurrection il s'est emparé de la nation ? Un coup d'État de tous les jours. » Merci quand même : « Les institutions n'étaient pas faites à mon intention. Mais elles sont bien faites pour moi[2]. »

Pompidou ? « Il descend du gaullisme par la banque » ; « ce mort oublié avant d'être enseveli » ; « ceux qui l'ont

1. *La Paille et le Grain* (15 septembre 1971).
2. *Le Monde*, 2 juillet 1981.

aimé se souviennent qu'il savait rire, sentir, donner, imaginer. Mais on ne rachète pas par des vertus privées le passif d'une vie publique ». Valéry Giscard d'Estaing : « Je le verrais assez bien baron du chômage, marquis des inégalités, comte de la hausse des prix, duc de la technocratie, prince de l'électoralisme et roi de l'anesthésie[1] » ; « selon M. Giscard d'Estaing, critiquer sa politique, c'est critiquer la France ! Mais lorsqu'il allait chasser chez Bokassa, ce n'était tout de même pas la France qui tuait l'antilope ! » Quand VGE présente sa candidature en 1981 : « On attendait plutôt qu'il nous présente ses excuses. » Jacques Chirac : « C'est un type sympathique, dommage qu'il manque de structure mentale[2] » ; « quand il vient me voir à l'Élysée, il monte le perron avec ses idées et il redescend avec les miennes » ; « s'il voyage tant, c'est qu'il ne veut pas rester en tête à tête avec lui-même : il n'a rien à se dire ». Après un débat télévisé en 1988 : « Il m'a assommé de statistiques. J'ai cru qu'il voulait me placer une assurance. » Jacques Chirac demande à François Mitterrand : « Comment me trouvez-vous sur mes affiches ? — Très beau, mais il va falloir leur ressembler pendant trois mois. »

Rocard ? Leur mépris réciproque ne s'est jamais atténué depuis la guerre d'Algérie. Quand le président Mitterrand le nomme Premier ministre : « Dans dix-huit mois, on verra au travers » ; « les Français ne porteront jamais à leur tête quelqu'un qui pèse 40 kilos ! » Le casting mitterrandien sur ses éventuels successeurs : « Jacques

1. Conférence de presse, 24 juin 1980.
2. Cité par Jean Lacouture, *Mitterrand, une histoire de Français*, Seuil, 1998.

Delors... François Léotard... Raymond Barre... Valéry Giscard d'Estaing... mon chien... Michel Rocard. » Ce dernier n'a pas manqué de renvoyer la balle : « Ceux qui combattent Mitterrand, il les traite de zozos. J'étais le chef zozo. C'était un pourri. Un vrai. Je lui étais trop indifférent pour qu'il me haïsse » ; « il n'est pas nécessaire de se déshonorer pour être président » ; « Mitterrand, pas un honnête homme ».

Ses jugements sur quelques grands rencontrés lors de visites ou de sommets ne manquent pas de sel. Il s'est souvent opposé à Ronald Reagan, à propos de la « guerre des étoiles » ou de Kadhafi, mais le personnage le fascinait et le distrayait avec ses blagues et ses facéties. En visite d'État, le 22 mars 1984, le président français explique à l'Américain qu'il « ne croit pas au bellicisme des Russes ». Il ajoute : « Eux croient que vous pourriez les agresser. Je vais vous raconter l'histoire du fou et de la poule. Un homme, fou, croit qu'il est un grain de blé. Pour le guérir de cette grave affection, il faut l'hospitaliser, et après un long séjour et des soins intensifs, il est guéri. Il y a une petite fête pour sa sortie. Tout le monde est très satisfait. Il sort et, à quelque distance de là, il rencontre un poulet. Le fou terrifié recule et revient en courant à l'hôpital. "Mais enfin, lui dit le médecin, vous êtes guéri. Vous savez bien que vous n'êtes pas un grain de blé." Et le fou répond : "Moi, je le sais bien, mais le poulet, lui, est-il au courant ?" Évitez toute provocation », conclut François Mitterrand[1].

Reagan racontait lui aussi des histoires. À l'occasion du centenaire de la statue de la Liberté, le 4 juillet 1986,

1. Verbatim de la rencontre, 22 mars 1984, source diplomatique.

les deux présidents déjeunent. L'ancien acteur américain raconte l'histoire d'un discours de Castro pendant lequel un jeune Cubain crie : « *Peanuts*, Coca-Cola ! » Cinq heures plus tard, le discours n'est toujours pas fini et l'on entend encore des cris : « *Peanuts*, Coca-Cola ! » Castro menace : « Si quelqu'un crie encore, je l'envoie à Miami. » Alors toute la foule hurle : « *Peanuts*, Coca-Cola ! » Au sommet de Toronto, Reagan s'épanche : « Tout le monde me traite de gâteux, mais j'ai toutes les qualités d'un président : d'abord une très bonne mémoire. Ensuite, euh… je ne me souviens plus ! » À la Martinique, le 14 mars 1991, Bush senior évoque un accord entre le roi de Jordanie et Saddam Hussein sur les champs de pétrole du Koweït. « J'y ajoute, dit-il, un élément sur le comportement de la reine Noor. — Une belle Américaine, observe François Mitterrand. — Oui, elle n'est pas mal. — Mieux que pas mal ! — Eh bien, poursuit Bush, elle a été encore plus ferme que lui. Elle l'a poussé dans des sentiments antioccidentaux. Il faudrait lui enlever sa reine[1] ! » Rencontre Moubarak-Mitterrand : « Vous n'auriez pas un zoo à Paris pour y mettre Kadhafi ? »

Les journalistes ont droit également aux sarcasmes mitterrandiens : « Ils n'ont pas beaucoup de vocabulaire ni d'imagination. Je suis "machiavélique" et ma fin est "shakespearienne". C'est tout ce qu'ils savent dire. Ce qu'ils sont conformistes. » *Le Quotidien de Paris* l'attaquait tous les jours. Il le traite par la dérision : « Vous verrez qu'un jour, si un de leurs journalistes me voit

1. Verbatim de la rencontre, 14 mars 1991, source diplomatique.

marcher sur l'eau, ils titreront : Mitterrand ne sait pas nager[1] ! »

En public, il fait toujours bonne figure, mais livre le fond de sa pensée à son courrier privé. Lors de la visite d'un vignoble dans la Nièvre, de 16 heures à 4 heures du matin, il doit supporter « les beuveries, la fausse poésie qui s'exprime dans les bons crus, la gaîté qui s'exprime gras, les bourgeois qui jouent au paysan, les paysans qui forcent leur nature[2] ». Souvenir de « grand officier » de l'ordre du Tastevin : « Je rougis encore de m'être prêté à cette comédie. » Élu président du conseil général de la Nièvre en mars 1964, il s'agace des « péripéties conduites par les socialistes dont le goût de l'intrigue (et de l'intrigue inutile donc bête) atteint les sommets ». Les socialistes sont rarement épargnés : « Des socialistes, mes partisans, idiots et sectaires, n'employant que des arguments de sous-sol, des communistes rigolards, des "clubs" sympathiques, effacés, constituaient l'état-major sur la tribune. [...] Que les orateurs socialistes m'ont irrité avec leur incroyable méchanceté, minable, vulgaire, bête ! La foule n'avait pas l'air de s'en apercevoir, portée par sa passion et son enthousiasme. [...] Je n'aimais pas ces arènes où tout était fait pour arracher aux citoyens la part de noblesse qu'il s'agit précisément [...] d'exalter[3]. » En janvier 1970, il évoque « la mêlée confuse avec des partenaires qui changent de camp selon l'intérêt du moment, je m'y ennuie ». Il traverse alors des moments de profonde déprime politique, car il aspire à un plus

1. Souvenir de Jean Glavany, entretien avec l'auteur.
2. Lettre du 25 janvier 1964.
3. Meeting à Auch, 24 septembre 1967.

noble combat. « Politique. J'en suis las. L'argent est roi. Sa rivale est l'idée. Je n'ai pas l'argent. Ai-je l'idée ? Beaucoup d'idées, oui. Mais celles de la politique, celles d'aujourd'hui et de demain matin ? Je vois bien ce qui convient pour 1981. On n'entend rien de ce que je dis pour 1971. J'ai perdu un certain goût du combat pour le combat. S'il y a à se battre, pensé-je, autant se battre pour Dieu ou contre lui, pour la mort, l'amour, les fleuves et le silence. »

L'année suivante, « le PS m'absorbe trop et le temps me fatigue ». Le 7 juillet 1971, rencontre avec le PC : « Flashes, journalistes, *comediante, tragediante*. Marchais nerveux. Petits fours staliniens ! » Deux jours plus tard, haro sur la FEN : « Je me trouve devant d'incroyables fossiles. La fin d'une certaine république. Les profs ! Ridicules, peureux, éloignés des sources de l'esprit dont ils se réclament. » Il enchaîne le lendemain avec un comité directeur du PS. « Débats épuisants, faits d'arrêt destruction. On voit à l'œil nu ce qu'est l'approche de la mort lente. Et je dois réveiller cette masse inerte, méchante d'avoir, si je réussis, à vivre. » À d'autres moments, il fustige les « hypocrites FO et les cyniques CGT. Ouf ! » La Ligue des droits de l'homme ? « Qu'ils sont embêtants, ces ratiocineurs ! » Edmond Maire, nouveau secrétaire général de la CFDT, lui rend visite le 19 novembre 1971 : « Je n'aime pas beaucoup ces gens fumeux et compliqués. » Quelques mois plus tard, les mêmes sont toujours « incertains et fumeux ». FO encore : « Ça dure des heures et pour rien. » Avec son aile droite du PS, « on se met d'accord tous les huit jours ». Petite conférence de presse avec « des journalistes particulièrement idiots ».

Autodérision

Sa distance se nourrit de la fidélité à ses disparus : un camarade de collège mort d'hydrocution, sa grand-mère, sa mère dont il portait la photo sur lui, son père, les morts dans les camps, Pascal, le bébé de deux mois, l'ami Georges Dayan... Et puis, il y a les proches suicidés. François de Grossouvre, jugé trop bavard pour rester en odeur de sainteté. Pierre Bérégovoy, victime des « chiens » de journalistes, accuse le président : « On dit que vous l'avez fait tuer, rapporte Roland Dumas. — Ah, Roland, ce n'est pas par lui que je commencerais ! » Au confrère Pierre Favier, de l'AFP, qui lui objecte qu'à trente-quatre ans il a d'autres choses à penser que la mort, il insiste : « La mort, il faut y penser tous les jours, elle aide à profiter du bonheur de vivre[1]. » Il a aussi cet aphorisme : « Qui aime la mort, aime la vie[2]. »

Il réserve à son cancer de la prostate et aux métastases un traitement spécial : l'autodérision. « On ne pourra pas dire que je n'ai pas été résistant... contre le cancer[3]. » D'ailleurs, « à part le cancer, tout va bien ». Narquois, le 16 septembre 1992, à la sortie de l'hôpital Cochin où il vient d'être opéré, il interpelle les journalistes : « Ah, vous m'aviez déjà enterré ? » Il confie n'avoir pas songé à démissionner : « On ne m'a pas enlevé un lobe du cerveau car ce n'était pas de ce côté-là que ça se passait. » Peu après, le 6 janvier 1993, lors de ses vœux à la presse, le littéraire reprend le dessus : « Le plaisir d'être

---

1. Entretien avec l'auteur.
2. *Lire*, n° 37, 1978.
3. Cité par Franz-Olivier Giesbert, *Derniers carnets*, *op. cit.*

malade, c'est qu'on y rencontre Molière ! » À son contact, il recharge ses batteries d'ironie : « Tout va bien. Le problème, c'est que je ne pourrai plus aller aux toilettes sans qu'on y minute ma présence[1]. » Et encore : « On va finir par dire que si je recours aux ordonnances, c'est parce que je suis malade[2]. » Les demandes d'audience d'Édouard Balladur, Premier ministre ? « Il n'a rien à me dire et moi non plus. C'est une visite "médicale". Il veut voir ma tête pour alimenter ensuite les dîners en ville. » Même sarcasme au sujet des Conseils des ministres de la cohabitation : « Ce sont des visites médicales. Quand on me serre la main, j'ai l'impression qu'on prend mon pouls ou ma tension. Tous les mercredis, ils m'auscultent ainsi. Et ils se demandent quand[3]… » Conversant avec Pierre Favier, à l'automne 1994, il ne cache plus la souffrance, comme s'il avait « la Gestapo dans le corps », mais il veut continuer à la supporter sans calmants : « Oui, on pourrait me soulager, mais je n'aurais plus tous mes esprits. Je veux garder toute ma tête[4]. » À la mi-novembre, malgré son courage, il ne peut plus éviter un traitement précis.

Derniers vœux

« Vous semblez dans une forme éblouissante. Doit-on ranger les nécrologies que nous avons préparées ? » La question discourtoise d'une journaliste suscite un

1. *Le Canard enchaîné*, 25 novembre 1989.
2. *Ibid.*
3. Georges-Marc Benamou, *Le dernier Mitterrand*, Plon, 1997.
4. Entretien avec l'auteur.

murmure désapprobateur des confrères venus assister aux derniers vœux à la presse de François Mitterrand[1]. À cinq mois de son départ de l'Élysée, le président, qui tient la mort pour compagne quotidienne, puise une litote dans son vaste registre de l'humour : « Ma nécrologie ? Ce ne serait pas un pari fou que d'en disposer en réserve. Mais je ne veux pas constamment vous donner ma température, d'autant que je ne la prends pas. » Toujours aussi stoïque, il évoque sa fin proche : « Écrire mes Mémoires ? Je n'ai plus beaucoup de temps devant moi. » Le sablier s'est retourné. Il sait ses jours comptés.

Peu auparavant, le soir du 31 décembre, il a présenté aux Français interloqués ses derniers vœux de président. Un adieu mystique, unique dans les annales de la République. « Mes chers compatriotes, je crois aux forces de l'esprit et je ne vous quitterai pas. » Les forces de l'esprit ? Pour François Mitterrand, agnostique, du moins officiellement, il ne s'agit pas de foi ni de spiritualité, bien qu'il lui arrive de le regretter. « Mais, demande-t-il à la cantonade, vous ne croyez pas à l'existence de l'esprit ? » Son expression, qu'il qualifie lui-même de « romantique », lui est venue « à la dernière minute, dans l'inspiration du moment », mais nourrie par sa longue réflexion sur la vie et la mort. Également, ajoute-t-il, par sa « relation mystique avec la terre et ses couleurs, les lieux où je me sens en accord parfait avec la nature, les paysages, les pays que j'ai aimés, les cimetières où résident la poussière des hommes et leurs rêves, leurs désirs morts ».

« Je ne vous quitterai pas » ? « Il me semble, en effet, que je ne quitterai pas de suite la mémoire de mes

1. 6 janvier 1995.

contemporains. » Il ne doute pas que « l'arrivée d'un président socialiste au pouvoir dans une France qui n'est pas socialiste » restera dans l'Histoire, comme son passage symbolique au Panthéon, roses à la main, pour s'inscrire dans la filiation de Jean Jaurès, Jean Moulin et Victor Schœlcher.

Son record de longévité élyséenne suffit-il à rivaliser avec de Gaulle, sa seule référence inavouée ? « Ces quatorze ans feront partie de l'histoire contestée, mais importante, de l'histoire de France. On a fait avancer les choses. La pauvreté a augmenté, mais vous verrez qu'il y a eu beaucoup de lois sociales dont les libéraux auront du mal à se défaire[1]. »

Dernière conférence de presse, le 12 mars 1995 : « Je ne ferai pas de testament politique. Le premier soin de mon successeur sera de le déchirer, surtout si je l'ai choisi moi-même ! » Ultime visite en tant que président, à Athis-Mons, le 5 avril 1995. Toujours un brin d'autodérision : « Que pensez-vous de ma coupe de cheveux ? » demande-t-il à Marie-Noëlle Lienemann, la maire PS. Peu de temps avant de quitter l'Élysée, retour sur le passé : « Certains auraient préféré que je meure en 1981. Rien que pour leur faire de la peine, je suis content d'être là. — Est-ce que cela a été long pour vous, quatorze ans ? — Cela l'a été surtout pour ceux qui auraient préféré en voir d'autres à ma place[2]. » Toujours sans illusion : « Tous ces petits bonshommes. Dans l'Histoire, qu'est-ce qu'ils seront ? L'Histoire les oubliera et moi aussi. » Il pense quand même laisser une trace. « Au moins, j'aurai laissé

1. Vœux à la presse, 6 janvier 1995.
2. France 2, 10 mai 1994.

des bâtiments. » La Grande Arche de la Défense, le nouveau ministère des Finances à Bercy, l'Opéra Bastille, la Grande Bibliothèque et l'achèvement du Grand Louvre, la pyramide de Ieoh Ming Pei, imposée seul contre tous. Dès 1980, il s'était projeté : « On ne sait vraiment ce que vaut un homme qu'à la fin[1]. » Et encore. Nul ne peut au moins lui enlever son ultime acte de liberté : le courage de décider sa propre mort. Et ses obsèques : « Une messe peut être dite. » « Qu'on gagne ou qu'on perde, on est toujours seul. » « Ce que je peux espérer de mieux, c'est revoir ma mère. »

---

1. *Ici et maintenant,* Fayard, 1980.

Jacques Chirac

« Je m'en tape le coquillard ! »

« Trois copains sont déprimés, raconte Jacques Chirac. Leurs femmes les trompent. Le premier dit : "Elle me trompe avec un jardinier." — Mais comment le sais-tu ? demandent les deux autres. — J'ai retrouvé son râteau sous le lit." Le second : "Moi, elle me trompe avec un plombier. Sa clé à molette était sous le lit." Le troisième : "Moi, c'est avec un cheval ! — Un cheval ? crient les deux autres. — Oui, j'ai trouvé un jockey sous le lit !" » Et le président d'exploser d'un de ces rires qui ont forgé la renommée de ce bon vivant, blagueur à la truculence paillarde ironique, connu pour sa gestuelle comique, ses bons mots et son autodérision plutôt rusée. Bref, un personnage hors norme qui coche nombre de cases de l'humour sympathique ou assassin. Un bon client pour une parodie de la célèbre tirade du nez de Cyrano de Bergerac !

Du tac au tac

« Connard ! — Enchanté, moi, c'est Jacques Chirac[1]. » Cette fois-là, le quidam auteur de l'insulte a eu de la chance. Le président, de bonne humeur, s'est contenté de sa malicieuse repartie.

Il a le sens du gag. À son bureau de la rue de Lille, après avoir quitté l'Élysée, il lui arrive de décrocher lui-même le téléphone et de se faire passer pour son chef de cabinet : « Oui, je vais en parler au président… dès que je le vois ! »

Campagne présidentielle de 1995 : « Bien sûr, je suis de gauche ! Je mange de la choucroute, je bois de la bière[2]… »

À quatre mois de l'échéance, il est encore à douze ou treize points derrière Édouard Balladur dans les sondages. De quoi douter. À Saint-Denis de La Réunion, en descendant la rue de Paris, Jean-Louis Debré lui demande comment il voit les choses. « Ça va, mais on piétine tout de même. Ce sera peut-être difficile. Alors, si je ne suis pas élu, j'ai un projet : on ouvre une agence de voyages. Tu la tiens, moi, je voyage ! »

Dans la dernière ligne droite, les sondages basculent en sa faveur. Lors d'un déplacement au Havre avec Jean-Louis Debré, il informe son ami et l'invite à la prudence : « Un sondage va sortir. Pour la première fois, je remonte. Ne dis rien avant sa publication. Si tu es interrogé, réponds simplement : "Après la pluie, le beau temps !" Le premier qui réussit à sortir cette formule gagne une

1. LeFigaro.fr, 7 mars 2008.
2. *Libération*, 17 février 1995.

bouffe. » « J'ai gagné », affirmera Debré peu après. Au premier tour, Chirac élimine Balladur et se retrouve face à Lionel Jospin. Le 7 mai, il est enfin élu président de la République avec 52,7 % des voix. Et confirmé, grâce à une entourloupe du Conseil constitutionnel qui, sous la présidence de Roland Dumas, a validé ses comptes de campagne, aussi faux que ceux d'Édouard Balladur. « Maintenant, Chirac est président, hein », avait signifié François Mitterrand à son ami, propulsé au Conseil deux mois avant son départ de l'Élysée[1]. Message reçu cinq sur cinq : pas question d'invalider cette élection. Il fallait tout l'humour mitterrandien pour oser cet ultime pied de nez en nommant à la tête du gardien des institutions un avocat libertin, sans scrupules excessifs. Surtout après Robert Badinter, ami intime, irréprochable celui-là.

Le nouveau président vient donc d'être élu sur la promesse de réduire la « fracture sociale », mais « les promesses n'engagent que les couillons qui les croient ». On peut être président et farceur avec les électeurs !

« Je suis antichasseurs. Mais je vous comprends : si un lièvre vous attaque, il faut bien que vous vous défendiez ! » Ministre de Pompidou, en visite à Rome, il interpelle son homologue : « Il y a eu un bombardement ? Tout est cassé… »

Il accueille l'immense Sénégalais Abdou Diouf à la porte de son bureau : « Dis donc, t'as encore grandi, non ? On t'arrose tous les jours ? »

Conseil aux ambassadeurs réunis à l'Élysée en août 1996 : « Portez des couleurs plus vives, faites-vous

1. Confidence de Roland Dumas à l'auteur. *Cf.* Xavier Panon, *Chirac, quelle histoire !*, L'Archipel, 2019.

sponsoriser par les grands couturiers, soyez bronzés, n'ayez pas l'air de cadavres. »

S'il est respectueux des formes protocolaires, il a appris à en jouer avec l'aide de Line Renaud, qu'il invite aussi souvent que possible dans les dîners officiels et qu'il place toujours à sa gauche. Quand il veut écourter le repas, il lui touche le pied de son talon gauche. « C'est le *go* pour que je me lève », explique-t-elle. Jean-Pierre Raffarin, Premier ministre, se souvient qu'en quittant le bureau présidentiel, il avait toujours droit à : « Je te raccompagne, au cas où tu ferais une mauvaise rencontre ! »

Il ne déteste pas surprendre. Un jour de juillet 1985, Juan Carlos, en visite à l'Hôtel de Ville, descend de la tribune. Chirac appelle un certain Luis. « Majesté, je vous présente Luis, mon maître d'hôtel. Il est espagnol. » Question à Bill Clinton, le 1er février 1996 : « Vous parlez à droite, mais vous gouvernez à gauche. — Oui, je suis à la gauche d'Attila. » Chirac, comme par hasard à la gauche de l'Américain pour ce point presse : « Bill se dit à gauche d'Attila, mais je ne me sens pas visé, quoi que puissent en penser certains jeunes Français. » Éclats de rire.

En octobre 1996, dès son arrivée à Damas, le chef de l'État donne une leçon de bain de foule à son « ami », le dictateur Hafez al-Assad. Il plonge au milieu des gens, serre des mains, claque des bisous. « Vive Chirac ! » crie la populace. Il se tourne vers Assad : « Avec un tel accueil, je vais me présenter aux élections en Syrie ! » Trois Amazones en blanc font leur apparition. Chirac ne boude pas son plaisir : « Elles sont très belles. » Assad prévient : « Elles sont fortes aussi. » Il propose un nouvel entretien. Chirac accepte : « Je suis pour la dictature… du protocole ! » À minuit, il retrouve au bar de l'hôtel

Méridien les journalistes qui l'accompagnent dans sa tournée proche-orientale. Une bonne bière pour oublier l'eau servie au dîner officiel.

La soif et la faim stimulent son sens de l'improvisation. « Un jour, raconte Jean-Louis Debré, il participe à un banquet des présidents de chambres d'agriculture. Au milieu du déjeuner, il me fait passer un petit mot : "Urgence, on s'en va." On monte dans sa voiture. Direction le Drugstore, en haut des Champs-Élysées. Et nous voilà devant une belle entrecôte. Il m'explique : "C'était très emmerdant. J'avais envie de bien bouffer avec toi[1]." » Une groupie sollicite un autographe : « Je ne les donne pas. Je les vends. » Tarif : une bise sur la joue.

Il partage l'amour des blagues avec son ancien collaborateur, Jérôme Peyrat. À l'occasion d'un voyage en Thaïlande, il lui prend l'envie de voir le plus grand Bouddha, haut de 95 mètres. « Comment s'appelle-t-il, déjà ? — Le bouddha… aux pommes », hasarde le malicieux Peyrat. Tous deux visitent avec Helmut Kohl la chaîne de finition de la Smart, près de Sarreguemines. Ils doivent dédicacer la première voiture sortie de la chaîne de montage, blanche à toit noir. Jacques Chirac : « On fait comme un tag. — Oui, dit Peyrat, c'est *Guten Tag.* » Ils éclatent de rire. Kohl ne comprend pas. Visite en Chine en mai 1997. Le président évoque en privé des échéances électorales en France. Peyrat suggère : « Vous pourriez lancer un appel de Cochin… Chine[2] ! » Le patron apprécie ces traits d'esprit bien français.

1. Entretien avec l'auteur.
2. Allusion à l'appel de Cochin, le 6 décembre 1978, à quelques mois des élections européennes. Jacques Chirac y fustigeait le « parti

Provocateur

À un député centriste : « Alors, toujours la bite sous le bras ? » La réplique fuse : « Vous êtes un modèle pour moi, monsieur le président. » À un autre : « Toujours pédé ? » Ou à un sénateur : « Tu as remarqué, à notre âge, on ne peut plus que se faire mâchouiller ! »

C'est le côté ancien rebelle, qui prend plaisir à choquer gentiment. Bernadette, par exemple : « Tout de même, Bernadette, le mariage des prêtres, on y arrive. — Vous n'y pensez pas, Jacques ! » Elle l'entreprend sur Saint-Jacques-de-Compostelle : « Moi, lui répond-il, j'ai toujours été pour les franc-macs ! »

Il ne s'embarrasse pas de certains interdits, y compris en terre musulmane. En prenant tout de même certaines précautions. À Tunis, en plein dîner officiel, il fait passer à Jean-Louis Debré ce petit mot : « Fais gaffe, ne bois pas ton verre, ça fout la chiasse ! Trouve-moi une bière. » Le ministre de l'Intérieur s'adresse à son homologue. Réponse : « Impossible, on ne sert pas d'alcool. » Debré insiste : « Je vais perdre mon job. » Le Tunisien, conciliant, s'adresse au maître d'hôtel, qui revient avec une bouteille cachée dans une serviette. « Ah, ça fait du bien ! »

Arabie Saoudite, le 6 juillet 1996, même soif ! Après le dîner officiel, Jacques Chirac fait venir le brave Debré dans sa suite. Il ouvre une petite mallette, en sort deux canettes de bière : « À la santé du roi, gardien des Lieux saints ! Nous n'avons bu que de l'eau, j'ai

---

de l'étranger », sous-entendu l'UDF du président Valéry Giscard d'Estaing, dont il avait été le Premier ministre deux ans auparavant.

attendu ce soir avec impatience. » Et de siffler deux autres canettes !

Paillard

Dans ce registre gaulois, voire grossier, Chirac est capable de tout. Retour de vacances. Un ami le félicite pour sa bonne forme, son bronzage. Le président : « Et encore, tu n'as pas vu le crayon[1] ! » Avec lui, on vit sous le régime des parties... Malheur à celui qui n'a « rien dans le pantalon » ! Dîner à l'Hôtel de Ville pour l'installation du Samu social, quelques mois avant la présidentielle de 1995. Dominique Baudis lui annonce au téléphone son soutien à Édouard Balladur. Le verdict tombe : « Tous des sans-couilles. »

Mi-février 1988, Margaret Thatcher continue d'exiger un remboursement de la contribution britannique au budget européen. Jacques Chirac croit que son micro est éteint et se lâche : « Mais qu'est-ce qu'elle veut, la mégère, mes couilles sur un plateau ? » Cette saillie spontanée est passée à la postérité.

Au sommet du G8, en juillet 2000, à Nago, Larry Summers, secrétaire américain au Trésor, prononce son discours. Chirac, renversé sur sa chaise, ronfle, puis se réveille soudainement : « *Too long, too long*, mais il ne faut pas désavouer son cul pour un pet ! » Proverbe du Limousin... en plein G8 ! Fi des convenances.

Il est maire de Paris quand son ancien copain de Sciences Po, Michel Rocard, le reçoit à l'hôtel Matignon

1. François Baroin, Canal+, 2013.

pour évoquer le projet de la bibliothèque François-Mitterrand : « Jacques, accepte quelques logements sociaux dans la Zac Tolbiac. — Écoutez, monsieur le Premier ministre, ou vous me foutez la paix, ou le président peut se carrer sa bibliothèque dans l'oignon ! » Il a sa petite idée pour ses fonctionnaires municipaux : « Ils n'avancent qu'à grands coups de pied au cul… C'est ça, la grandeur du politique, les faire bouger. La volonté, y a que ça[1]. »

Quand il croise un duc, cela donne toujours « Duc, trou… duc ! » Il est de bon conseil : « Manger épicé, c'est bon pour le "poum-poum" ! » « Matelas Treca : pour niquer sans tracas ! » Certaines blagues sont proverbiales : « On greffe de tout aujourd'hui : reins, poumons, cœur. Sauf les couilles, faute de donneurs. » À son entourage, qui décrit un Mitterrand comploteur, le Premier ministre répond : « Je ne vois pas tout le temps la main du président dans la culotte de ma sœur. » Mitterrand, moqueur : « Je ne savais pas qu'il avait une sœur. » L'Allemand Gerhard Schröder lui offre deux plats japonais : « Cela me fait une belle paire… de plats, bien sûr. »

À Brégançon, Jacques et Bernadette sont en bateau. L'eau est claire. Le président aperçoit des oursins : « Heureusement, Bernadette, qu'ils ne sont pas dans votre culotte ! »

Guerre du Golfe. Un collaborateur crie au maire de Paris : « Saddam s'est retiré du Koweit. » Chirac : « C'est son père qui aurait dû se retirer. »

Il adorait rire des histoires grivoises. Jean-Luc Lahaye : « Lui et moi, on se tutoyait. On avait été présentés par

1. Laurent Bazin, Alba Ventura, *Le Bal des dézingueurs*, Flammarion, 2016.

Line Renaud au dîner d'anniversaire de Jacques Chirac dans le restaurant de mon producteur. Je racontais des histoires un peu salaces, Le Luron me freinait : “Pas celle-là, pas celle-là...” Jacques Chirac était mort de rire : “Encore une, Jean-Luc !” »

Shocking

Visite officielle chez Élisabeth II. Dans la calèche royale, Jacques salue de la main. La reine reste impassible, mais la presse s'offusque de cette atteinte au protocole. Soudain, l'un des chevaux émet un pet. Élisabeth présente ses excuses. « Ce n'est pas grave, Majesté, j'ai cru que c'était le cheval ! » ose l'incorrigible Frenchie. Le soir, au dîner, le président se permet de bouger lui-même la salière ! *Shocking*. « Majesté, vous n'auriez pas une petite bière ? » Re-*shocking* !

Chirac ne plaisante pas quand il s'agit de bouffe. Lors d'un sommet à Londres, le voilà contraint de s'expliquer devant la reine sur sa dernière incartade diplomatique, relevée par la presse britannique : « On ne peut pas faire confiance à des gens dont la nourriture est aussi mauvaise. » Un sale moment. Pour arranger le tout, les Français viennent de voter « non » au référendum sur la Constitution européenne et Londres ravit à la France l'organisation des jeux Olympiques de 2012. Le Premier ministre japonais Koizumi s'amuse de voir le président français sur le gril, et prend un malin plaisir à souffler sur la braise : « Hey, Jacques, excellente, la nourriture anglaise, n'est-ce pas ? » Tony Blair a cru que Chirac allait prendre le pistolet de son aide de camp pour tirer sur le Japonais.

Cela dit, la Finlande avait eu droit au même traitement. Les Européens débattent du lieu où implanter l'Agence de sécurité alimentaire. Helsinki pose sa candidature. Veto chiraquien : « On ne va quand même pas la mettre dans un pays où on bouffe si mal ! » L'art de se faire des amis...

Macho

Le nostalgique des corps de garde est célèbre pour avoir osé, président ou pas, ce toast machiste et... cavalier : « Buvons à nos femmes, à nos chevaux, et à ceux qui les montent ! » Tout aussi politiquement incorrect : « Pour moi, la femme idéale, c'est la femme corrézienne, celle de l'ancien temps, dure à la peine, qui sert les hommes à table, ne s'assied jamais avec eux et ne parle pas ! » Bernadette, qui jouait le rôle de l'épouse soumise, du moins officiellement, avait pris acte : « Je suis mariée à un homme qui n'est pas corrézien pour rien. Il a un sens de l'autorité bien affirmé. [...] Sa femme doit l'accompagner, le suivre et ne pas prendre position à tout bout de champ[1]. » Chirac, provocateur machiste, n'en a pas moins soutenu Simone Veil et sa loi sur l'IVG, de même qu'il a suivi Lionel Jospin en 2000, avec sa loi sur la parité.

Macho, mais aussi courtois quand il s'agit de rattraper une indélicatesse... Un jour qu'il s'apprête à embarquer

1. *Paris Match*, 21 juillet 2005.

avec Bernadette sur un vol de la Singapour Airlines, une belle hôtesse attend les passagers en haut de la passerelle. Elle n'échappe évidemment pas à l'œil expert de l'auguste voyageur, ni à son verdict : « Voyager avec sa femme, c'est comme aller à Montélimar avec du nougat. » Un couple a entendu la boutade. L'épouse vient le voir : « Bonjour, monsieur Chirac, je suis le nougat ! — Ah, madame, vous, ce n'est pas pareil. »

Perroquet

« La langue de bois est une de mes spécialités », reconnaît cet as de l'échappatoire[1]. Il répète en toutes circonstances ses « chiraquismes », qui jaillissent spontanément comme autant de truismes, peut-être aussi de calmants pour cet « agité », selon VGE : « Ça m'en touche une sans faire bouger l'autre » ; « Je m'en tape le coquillard avec une patte d'alligator femelle » ; « Je crois qu'on est en train d'enculer des mouches qui ne nous demandent rien » ; « Les emmerdes, ça vole toujours en escadrille ». Là, il parle d'expérience : attentat de Karachi, bras de fer avec les États-Unis sur l'Irak, quinze mille morts de la canicule, défaite aux régionales de 2004, échec du référendum sur le Traité européen, affaire Clearstream, émeutes en banlieue, AVC en 2005, échec du CPE, record du chômage des jeunes et des plus de cinquante-cinq ans, pauvreté, baisse du pouvoir d'achat et des exportations, hausse des déficits et de l'insécurité !

1. TF1, « Sept sur sept », 21 janvier 1987.

Alors, pour se consoler, il a en magasin : « Dans la vie, il y a des hauts et des bas : il faut mépriser les hauts et repriser les bas. » Faute de mieux, reste le lit : « Coucouche panier, papattes croisées, bouboule en rond. » Pour faire cool : « CTML. » Traduction : « Cause toujours, mon lapin. » Ou, dans une autre version, empruntée au général de Gaulle : « Laissez pisser le mérinos. » Amical : « Ne te mets pas la rate au court-bouillon. » Pépère, avec cette excuse pour échapper à une invitation pénible : « On est mieux assis chez soi que debout chez les autres » ; « Mieux vaut dormir sous la tente et pisser dehors que dormir dehors et pisser sous la tente ». Bricoleur : « C'est en tapant sur le clou qu'on l'enfonce », pour expliquer par exemple son lobbying téléphonique en faveur de l'écologie. Ce clou-là, il avait bien tapé dessus en 2002, lors du IVe sommet de la Terre, à Johannesburg : « Notre maison brûle, et nous regardons ailleurs. » Formule choc empruntée à Jean-Paul Deléage, historien des sciences de l'Environnement, et entrée dans l'Histoire.

Pour ne pas se fier aux apparences : « Une vache ne retourne jamais deux fois à l'abreuvoir. » Pour attraper chaque électeur, à Paris ou en Corrèze : « Il faut y aller à la fourchette à escargot. »

Le chef

Après des années d'apprentissage du pouvoir, au côté des anciens présidents coulés dans le moule gaullien de la Ve République, il revendique : « Un chef, c'est fait pour cheffer[1] ! » Un chiraquisme complété par cet autre aphorisme : « Chaque pas doit être un but. » Ce titre du premier tome de ses Mémoires illustre bien ce que fut sa cavalcade politique, un jour travailliste, le lendemain libéral, puis social-libéral, et vice versa.

« Ce n'est pas la girouette qui tourne, c'est le vent », disait l'ineffable Edgar Faure. « Cet homme donne le tournis », conclut Franz-Olivier Giesbert[2].

Son pragmatisme n'est pas toujours synonyme de duplicité ni de cynisme, puisqu'il croit à certaines valeurs et qu'il a su faire preuve de courage. Dans le djebel algérien, puis pour la défense des harkis, sur la Bosnie, sur l'Irak face aux États-Unis. Quitte à prendre son propre électorat à rebrousse-poil : sur l'Europe, contre la peine de mort (à titre personnel, sans exprimer son soutien à Robert Badinter), pour l'avortement, la parité, contre le racisme et l'intolérance. Contre le Front national et l'extrême droite : « J'ai passé ma vie à la combattre. Jamais un compromis, rien. » C'est sa boussole républicaine. Mais « comme en politique, il ne faut pas être trop bégueule », il a connu quelques faiblesses. Ainsi, quand une liste RPR-UDF-Front national remporte les municipales partielles de Dreux, en septembre 1983, il estime que la présence de communistes au gouvernement est plus grave ! Premier ministre, il pense en priorité à siphonner le vote extrémiste, en réintroduisant le scrutin majoritaire, et en faisant voter les lois Pasqua, pour limiter une immigration que le même Chirac avait largement ouverte en 1967, alors qu'il était secrétaire d'État.

1. *Le Figaro Magazine*, 20 juin 1992.
2. *La Tragédie du président*, *op. cit.*

Bien que profondément antiraciste, il lui est arrivé de déraper. À Orléans, le 19 juin 1991, il évoque, dans l'atmosphère survoltée d'un meeting, « le travailleur français [...] qui voit sur le palier à côté de son HLM, entassée, une famille avec un père de famille, trois ou quatre épouses et une vingtaine de gosses, et qui gagne 50 000 francs de prestations sociales – sans travailler ! Si l'on ajoute le bruit et l'odeur, le travailleur français, sur le palier, il devient fou. » Mais le fond demeure : « J'ai fait rempart de mon corps contre le Front national, invention des socialistes. » Quand Didier Bariani, ancien maire du XXe arrondissement, supplie le maire de Paris de recevoir Le Pen pour ramasser ses voix, il reçoit pour toute réponse : « Jamais. Si tu veux des voix, fais les cages d'escalier. »

Toujours vibrionnant, toujours à l'assaut, le « loser » ridiculisé aux « Guignols de l'info » est en fait, selon Bernadette, un « guerrier qui se bat jusqu'au bout ». Le candidat à la présidentielle de 1995 refuse « le pessimisme qui ouvre la voie à tous les renoncements ». Puisque « l'espérance est un combat qui exige du cœur et de l'imagination[1] », il veut secouer la France décliniste : « C'est le déclin quand l'homme se dit : “que va-t-il se passer ?” au lieu de : “Que vais-je faire ?” » Dit d'une autre manière par un illustre anonyme : « Seules sont perdues d'avance les batailles qu'on ne livre pas. »

1. Jacques Chirac, *Une nouvelle France*, NiL éditions, 1992.

Automate

Dans le genre comique de répétition, Jacques Chirac s'est toujours réfugié dans son propre automate, tel Buster Keaton dans *Le Mécano de la générale,* l'un de ses films cultes[1]. Il fonctionne par tics de langage, d'attitudes et de positions. Il utilise les mêmes mots, soit avec les mêmes personnes, soit dans des circonstances analogues. De ses gimmicks il fait une arme, ou plutôt un bouclier qui lui permet de se mettre à l'abri des contingences « emmerdantes », de faire ce qu'il veut, de vivre, en somme, laissant les autres à leurs commentaires si cela les amuse.

Il ne salue que d'un : « Bonjour… t-allez-vous ? » Au diable l'usuel « Comment allez-vous ? » Avec lui, tout enfant est « mignon », chaque plat est « délicieux ». Dans tout commerce de bouche, « ça sent rudement bon ». Il n'y a de peinture que « superbe », qu'il s'agisse d'un Rubens ou d'une croûte du moindre peintre local. Les visites en province : « C'est loin, mais c'est beau. »

Il est coutumier des sentences qui ont le charme drolatique de la prudhommerie : « Il ne faut pas humilier la Russie » ; « Les grands patrons sont conservateurs et frileux » ; « Les banquiers, des prêteurs sur gages plutôt que des partenaires » ; « Les grandes entreprises empochent sans contrepartie » ; « Il faut pulvériser les grandes surfaces » ; « Le char de l'État navigue sur un volcan ».

Succédané de ces prudhommeries, la « raffarinade[2] », registre caricatural qu'affectionne Chirac : « Il faut que les

1. Xavier Panon, *Chirac, quelle histoire !, op. cit.*

2. Du nom de son spécialiste, Jean-Pierre Raffarin, Premier ministre de Jacques Chirac de 2002 à 2005.

gens mangent trois fois par jour, au réveil, à déjeuner, au dîner » (Évian, 1er juin 2003) ; « Il faudra étendre la loi sur l'air de 1996 à la qualité de l'air que nous respirons » (Avranches, 18 mars 2002) ; « On ne peut pas rester sans bouger dans un système qui bouge énormément » (Arras, 30 septembre 1996) ; « La France est un vieux pays, mais elle est aussi une nation jeune » (discours d'investiture, 17 mai 1995) ; « La lutte contre le terrorisme est un combat » (à la télévision, 18 septembre 1986) ; « Si les Français répondent oui (au référendum de 2005), c'est très bien. S'ils répondent non, c'est très bien aussi » ; « Le courage, c'est de ne pas avoir peur » ; « Je suis favorable à un septennat de sept ans ». Et ce chiraquisme autodestructeur : « Il n'y a que les imbéciles qui ne changent pas d'avis, c'est ce que j'ai toujours dit. »

Autre genre de gimmick : les « combles » : « Le comble de la pomme de terre ? Qu'elle s'effrite » ; « le comble de l'astrologue ? Qu'il soit mal luné ! » Il en avait un paquet qui le… « comblait » d'aise.

Autodérision

Son exceptionnelle popularité post-élyséenne ? Il relativise : « Naturellement, cela me fait plaisir ! Cela vaut mieux que d'être traité de crétin ailé[1]. » Dernier spécimen, jugé sympathique, d'un monde politique disparu, champion toutes catégories des frasques et coups pendables, il ne se fait guère d'illusions : « Quand on est retiré ou quand on est mort, on recueille toujours beaucoup

1. *Le Monde*, 31 octobre 2009.

de louanges. » Il lui est arrivé d'ajouter ce bémol : « En politique internationale, on ne retient mes propos que si je dis une connerie. »

Ce Chirac qui prête à rire, à moquerie, n'hésite pas en fait à jouer de l'autodérision, tel un renard roublard. Une technique habile pour atténuer, voire gommer toute caricature. S'il est conscient d'une certaine légèreté, il en rajoute : À l'Ena ? « Je n'étais pas génial » ; Face à Mitterrand ? « J'étais moins rusé que lui » « Je ne suis pas au niveau de Giscard » ; « Juppé est le meilleur d'entre nous » ; « Pour les idées, il faut voir Édouard ». Comme toujours avec lui, il en rajoute dans l'autodénigrement pour atténuer les jugements négatifs. Une « gueule de droite » ? « Je sais, reconnaît-il à la télévision, que j'ai une gueule de droite, mais on ne peut pas se refaire. » Mais si ! Des pros de la com et sa fille Claude vont d'ailleurs rectifier son image de « grand méchant look », le fameux « facho-Chirac », lunettes à grosse monture, cheveux plaqués en arrière.

Il en rajoute aussi dans sa caricature de beauf inculte, fan de bière, de westerns et de comique troupier. « Je n'aime que deux choses : la trompette de cavalerie et les romans policiers. » Ou encore : « Moi qui ne suis guère sensible à la musique. » D'accord pour une invitation à Salzbourg du Chancelier autrichien, mais « à la condition qu'il n'y ait pas de concert ». À Moscou, il prévient : « Je préfère aller au cirque qu'au Bolchoï » et n'écoute pas son ami Pierre Mazeaud : « Jacques, tu devrais écouter de la musique, ça calme[1]. »

S'il ne se sent pas à la hauteur, il est bien moins superficiel qu'il ne veut le laisser croire. Il n'est pas celui qu'il a

1. Xavier Panon, *Chirac, quelle histoire !, op. cit.*

bien voulu laisser paraître : « J'ai continué à l'âge adulte à ne rien livrer de mes hobbies personnels, au point qu'on a fini par me croire imperméable à toute culture. Un quiproquo que j'ai soigneusement entretenu, il est vrai, en laissant penser que je n'avais pas d'autres passions que les romans policiers et la musique militaire[1]. »

« Je ne suis pas compliqué, je suis simple », dit-il. Modèle ? Fernand Raynaud… « J'suis qu'un pôv' paysan ! » Il a tout du maquignon qui veut vendre sa vache au meilleur prix. Secret, pudique, rusé, madré : l'héritier de Pompidou, dans ce registre, joue l'imbécile. En se sous-estimant volontairement, il trompe amis ou ennemis, se protège et, finalement, se valorise. « Si vous saviez le plaisir que j'ai pu éprouver à passer pour un blaireau, surtout au milieu de corniauds[2]. »

Asiatique

Derrière son masque d'analphabète, de gars sympa qui embrasse tout le monde et sort des plaisanteries de banquet, Chirac habite un jardin secret où nul ne vient le déranger.

Lionel Jospin sera étonné, un jour, de le voir parcourir, pendant un Conseil des ministres de la cohabitation, la revue anglaise *Orientations,* consacrée aux arts asiatiques. À l'Assemblée, confie Pierre Mazeaud, il lit des poètes chinois en traduction, ou, caché dans un dossier,

1. *Ibid.*
2. Karl Zéro et Michel Royer, *Dans la peau de Jacques Chirac,* 2006.

un catalogue qui s'intéresse aux Hurons. Pendant un bureau politique du RPR, il montre à Jean-Louis Debré le catalogue d'une exposition consacrée aux Indiens du Canada ! « Il est du genre à lire de la poésie en se cachant derrière un *Playboy* », s'amusait Françoise Giroud.

En réalité, il a cultivé toute sa vie sa passion d'enfance pour les arts asiatiques et premiers, au point d'être reconnu finalement comme spécialiste des civilisations dites primitives. Les témoignages abondent. Il colle par exemple le conservateur du musée de Xi'an sur l'origine d'un vase Song. Au musée de Shanghai, en octobre 2004, il corrige la date d'un vase en bronze (XIIe siècle selon lui, et non XVe), ainsi que celle d'un cochon en bronze (XIe siècle, et non VIIe). En 1989, il impressionne Lee Kuan Yew, l'homme fort de Singapour, par ses connaissances en art de la porcelaine. Ou encore il corrige un conservateur, datant des paravents du XVIIe siècle, et non du XVIIIe siècle. Une importante propriétaire de journaux de Taïwan, également, lui remet un ouvrage consacré à des statuettes chinoises. En connaisseur, Chirac en précise les origines… Avec exactitude, constate la dame, d'après les légendes en chinois. Il passe aussi des heures en compagnie d'Alain Nicolas, au Musée des arts africains, océaniens et amérindiens, fondé par ce dernier à Marseille. Ses visites à l'improviste se prolongent. Le maire, Jean-Claude Gaudin, ne cache pas son agacement : « Il s'intéresse plus aux Papous qu'aux Marseillais ! »

L'ouverture, en 2006, du musée du Quai-Branly-Jacques-Chirac sera l'une de ses plus grandes sources de joie et de fierté, répondant à sa vision profonde : « Le refus de l'ethnocentrisme, de cette prétention déraisonnable de l'Occident à porter, en lui seul, le destin de l'humanité... Il n'existe pas plus de hiérarchie entre les arts qu'il n'existe de hiérarchie entre les peuples. » Pour ce militant de l'égale dignité des cultures du monde, entre *La Joconde* et une statue Dogon, c'est kif-kif ! Là-dessus, pas de compromis.

Il refuse l'invitation de Juan Carlos à commémorer le cinquième centenaire de la découverte de l'Amérique par Christophe Colomb. Rappelant les violences faites aux Indiens, les maladies, les exterminations, l'esclavage, il conclut : « Nous nous sommes comportés comme des sagouins. »

Un autre musée porte son nom, à Sarran (Corrèze). Il abrite une partie des milliers de cadeaux offerts dans l'exercice de ses fonctions : peintures, assiettes, sculptures, objets en or des pays arabes, mais aussi maillot de Zinédine Zidane, masque du Vanuatu en toile d'araignée, boules de pétanque d'Henri Salvador, ceinture de Takanohana, champion des champions de sumo et demi-dieu japonais. Elle a été offerte le 7 janvier 1999 par Keizo Obuchi, Premier ministre du Japon, où Jacques Chirac a effectué plus de cinquante séjours. De celui, quasi monastique, dans un *ryokan* de montagne, en août 1994, « est née la victoire de mon mari, selon Bernadette. Il a beaucoup réfléchi, beaucoup écrit. Il a vraiment senti le poids de la solitude, et c'est de là qu'il a bondi. Il a décidé de se battre jusqu'au bout[1] ». Coucher par terre sur un tatami, cuisine *kaiseki*, cérémonies du thé « à pleurer d'ennui », confie un conseiller. Bernadette n'est pas fan. Chirac adore, trouvant là un apaisement à son agitation

1. Bernadette Chirac, *Conversation avec Patrick de Carolis*, Plon, 2001.

perpétuelle : « En politique comme dans la vie, il en va souvent ainsi : quand on n'a pas ce que l'on aime, il faut aimer ce que l'on a[1]. »

Culotté

« Qui s'est frotté à l'ail ne peut sentir la giroflée »... Un dicton corrézien pour botter en touche quand la chiraquie croule sous les affaires. « Je simplifie, c'est vrai, mais il faut toujours simplifier les choses pour mieux les faire comprendre ! » Alain Juppé paiera une partie de la facture, ainsi que Charles Pasqua et quelques autres aussi, comme Michel Roussin. Et Jacques Chirac lui-même, après sa sortie de l'Élysée.

Trois mots magiques n'auront pas suffi à faire oublier ses casseroles, au demeurant légères en regard de ses décennies au service de la République, selon la formule consacrée.

Premier sésame : « Pschitt »... le 14 juillet 2001, le président répond aux accusations concernant l'origine frauduleuse de sommes en argent liquide qui auraient servi à payer des billets d'avion quand il était maire de Paris : « Ces polémiques, ce n'est pas qu'elles se dégonflent, c'est qu'elles font pschitt. » Cette onomatopée le dispute dans son raccourci au « merde » de Cambronne, peut-être apocryphe.

Le deuxième : « Abracadabrantesque »... Avec ce mot forgé par Arthur Rimbaud, soufflé par Dominique de Villepin, le président espère évacuer les aveux

1. Catherine Nay, *La Double Méprise,* Grasset, 1980.

posthumes de Jean-Claude Méry, financier occulte du RPR, concernant l'existence de valises de billets destinées à payer les campagnes du maire de Paris[1].

Le troisième : « Anosognosie » (trouble de la reconnaissance de soi). Terme médical très rare, utilisé par le Pr Lyon-Caen pour justifier auprès du tribunal l'absence de Jacques Chirac, diminué par un AVC.

Sportif

Une seule photo le montre en plein saut, en 1980. À l'occasion d'une exposition à la station Opéra, il enjambe le tourniquet du métro, mais reste coincé car il a oublié de reprendre son ticket. Il pratique aussi les « bars parallèles ». À sa manière : « Un bar rive droite, un bar rive gauche[2] ! »

Mais il se veut de bon conseil. Après une communication de Jean-François Lamour, ministre des Sports : « Au fait, monsieur le ministre, vous a-t-on signalé que le sport est très dangereux pour la santé ? » Il a davantage mouillé le maillot en politique que sur les terrains de foot, comme François Hollande, ou à vélo et au jogging, comme Nicolas Sarkozy. Mais il aura été deux fois champion du monde. De handball, en mai 1995, avec les Barjots, surnom de l'équipe de France masculine, dont le Réunionnais Jackson Richardson, qu'il salue d'une amusante boulette : « *Do you speak French ?* » Et de football,

1. *Le Monde*, 22 septembre 2000.
2. Jean-Louis Debré et l'auteur dans *Jacques Chirac, l'album souvenir*, L'Archipel, 2019.

le 12 juillet 1998, avec l'équipe de France « Black Blanc Beur » : il s'enroule dans l'écharpe tricolore et crie à retardement le nom des joueurs : Deschamps, Zidane, Thuram, Barthez – le gardien au crâne chauve sur lequel il avait claqué une bise à Clairefontaine. Lionel Jospin le tacle : « La différence entre nous, c'est que moi j'ai été goal ! » Le 14 juillet 1998, il présente les champions sur le perron de l'Élysée : « Je fais aux Français le plus beau cadeau qu'ils puissent rêver : l'équipe de France et la Coupe de France… la Coupe du monde, pardon ! »

Trois commandements : pisser…

Michel Rocard et Jacques Chirac se retrouvent un jour à l'Assemblée nationale. Rocard, Premier ministre, dit à son ancien copain de Sciences Po : « Bon, je vais pisser. — Tu as raison, répond Chirac. Bois, mange et pisse. Tu ne sais pas comment la journée va finir ! » Voilà au moins un programme suivi à la lettre… À la sortie des toilettes, il marque sa satisfaction : « Bon, en voilà une de faite. » Roselyne Bachelot concède que ce n'est « pas très raffiné », mais ainsi va Chirac, qui a aussi gardé son humour de corps de garde.

À la fin d'un spectacle au Châtelet en compagnie du duc d'Édimbourg, il s'éloigne. Bernadette : « Où allez-vous, Jacques ? » Il met ses mains en porte-voix et crie : « Le duc d'Édimbourg a envie de pisser. Je l'emmène aux toilettes. »

Bouffer[1]...

« Mangez des pommes ». Ce slogan, détourné par les « Guignols de l'info », fit le succès de sa campagne de 1995. Marqueur écolo ou simple intuition artistique, lui demande Alain Duhamel ? « J'aime les pommes, et puis ça faisait joli », répond-il. Chirac frugal ? À déguster, plutôt son humour gargantuesque et son coup de fourchette légendaire, qui remonte à loin. Le 15 août 1943, il dessine en marge d'une lettre à sa « chère Marette » (sa maman) ce qu'il appelle son « rêve du dormeur » : une motte de beurre, un fromage, un bifteck, du vin et une cigarette. Il n'a que onze ans !

« Quand j'ai faim, reconnaît-il, je deviens agressif, hargneux. Je ferme ma gueule le temps qu'il faut, puis je vais manger un morceau vite fait pour retrouver ma bonne humeur. Je suis condamné à bouffer sans arrêt, je n'ai pas le choix[2]. » Quand l'estomac crie famine, pas question de servir n'importe quoi. Michel Roussin se souvient de descentes dans les hôtels de province et de l'éternel avertissement : « Ils me font chier avec leur colin froid mayo[3] ! »

Lors d'un voyage de l'AIMF (Association internationale des maires francophones) au Maroc, raconte Jérôme Peyrat, le dîner prévoit : carottes, carré d'agneau, tarte... Chirac craque : « Mais le Maroc, c'est le méchoui ! Je veux un méchoui. » Il a fallu lui en cuisiner un. Quelques

1. Jean-Louis Debré, Xavier Panon, *Jacques Chirac, l'album souvenir*, *op. cit.* Chapitre « Fourchette ».
2. Jacques Chirac, *Mémoires*, t. 1, NiL éditions, 2009.
3. Entretien avec l'auteur.

années plus tard, il est pressé de quitter Saint-Pierre-et-Miquelon, où personne n'a pensé à son estomac : « Je crève de faim ! » crie-t-il en sautant à l'arrière du Transall. Le Premier ministre, en route pour le sommet de la Francophonie au Canada, sait qu'il peut compter sur l'équipage de l'armée de l'air. « Je suis sûr que vous allez me trouver quelque chose ! » L'appareil décolle. Aussitôt, comme en camping, on fait réchauffer – dans la carlingue ! – deux boîtes de cassoulet. On arrime une table de pique-nique, et l'affamé dévore son casse-croûte. À la deuxième boîte, il propose un coup de fourchette à son conseiller diplomatique, François Bujon de l'Estang, qui, l'air dégoûté, refuse poliment. Chirac, l'avion, ça le creuse. « L'avion, c'est formidable, ça me fait trois repas. »

Visite en Hongrie en 1996 : fini la brouillade aux truffes de Giscard et les toasts au saumon de François Mitterrand. Ève Barre, d'origine hongroise, est du voyage. Léger haut-le-cœur devant le président qui avale pâté, rillettes, saucisson, jambon… « Un matin, en voyage, se souvient François Goulard, on était au café. Lui se tapait un vrai casse-dalle et un gin-fizz. »

La journée de Chirac, semaine et week-ends, est celle d'un boulimique de travail et de nourriture. À 7 heures du matin, c'est le ballet des tartines beurrées, miel et confiture. En milieu de matinée résonne un : « J'mangerais bien un petit bricheton[1] ! » À 13 heures : déjeuner complet, car « il faut que ça me cale ». En cours d'après-midi, à nouveau un sandwich et enfin, après le dîner, il lui arrive de se préparer une grande omelette. Le tout arrosé de punch, de gin-tonic. Surtout de bières, même

1. Sandwich pâté-saucisson.

à Saint-Émilion ! « J'aime le bon vin, je n'abuse pas. Mais la bière a un avantage, c'est que cela désaltère, vous comprenez, désaltérer, cela coupe la soif et il n'y a pas trop d'alcool dedans, beaucoup moins que dans le vin. Alors on peut boire davantage. » Quand on sait que Nicolas Sarkozy ne boit jamais d'alcool et colore de jus de fruit rouge le verre d'eau avec lequel il doit trinquer, pour la photo…

C'est vrai, confirme Jean-Louis Debré, il bouffe comme quatre : « Une fois, je l'ai emmené au Severo, rue des Plantes, dans le XIVe, un ancien boucher. Henri Cuq était avec nous, il n'en est pas revenu. Chirac a avalé un boudin noir, des pieds de cochon panés, du pâté de tête, des rillettes et une côte de bœuf ! Il aime ça. “Il fait honneur”, comme on dit[1]. » Le compagnon des bons et des mauvais jours partage beaucoup de souvenirs avec Chirac : cochonnailles pour l'apéro au Voltaire, face au Conseil constitutionnel, ou boudin antillais, côte de bœuf et pâté Chez l'ami Louis. Au Père Claude, il adorait déjeuner ou dîner avec « ses deux enfants » (Claude et le même Debré) : boudin noir, foie de veau, escargots, champignons. « Une année, ajoute son ami, je regarde à la télé sa visite au Salon de l'agriculture. Je le vois manger à chaque stand, boire du punch, du rhum, du lait, de la bière. À 13 h 30, je l'appelle : “Alors, vous vous reposez ? — Non, je suis en train de manger !” »

Bernadette n'appréciait pas ces escapades culinaires clandestines avec le compagnon Jean-Louis, qui endosse tout comme un bon mousquetaire : « Service du roi. » Ces virées n'ont pas cessé après l'Élysée. « Un jour, il

1. Entretien avec l'auteur.

me téléphone : "Demain, je t'emmène aux Halles de Rungis vers 4 heures. J'ai promis au patron des Forts des Halles." Je proteste : "Mais, monsieur, 4 heures, c'est un peu tôt !" Rien à faire. Il passe me prendre à 3 h 30. Et le voilà, à l'aube, devant une entrecôte de 800 grammes ! Je le regarde, effaré. La mienne est plus modeste, mais j'ai quand même du mal. Nous rentrons dans la matinée. À midi, il déjeunait ! »

Ses préférences vont aux plats en sauce, civet de lièvre ou bœuf mode, jarret de veau aux carottes, tête de veau, choucroute à l'alsacienne, chou farci, coq à la bière, potée limousine au petit salé, osso-buco à l'italienne, queue de bœuf en civet au vin rouge, steak à la Corona, farcidure[1], haricots blancs à la corrézienne, lentilles aux échalotes. Il aime beaucoup les escargots et les champignons, comme la terrine de cèpes au foie gras, ou les cèpes à l'ail. Il a aussi honoré quelques bonnes adresses de cuisine japonaise, marocaine, chinoise…

Tout en se montrant gourmet, Chirac a besoin de nourriture roborative, quelle que soit la saison. François Goulard a toujours sur l'estomac une choucroute royale, servie à l'Élysée en pleine canicule de juillet ! Le bio, très peu pour lui. Sauf une fois, pour faire plaisir à Marie-Victoire, la fille de Jean-Louis Debré. « C'est pas dangereux, le quinoa ? » En sortant, il craque : « Bon, maintenant, on va bouffer ! »

1. Spécialité corrézienne à base de pommes de terre, de carottes, de navets, de lard, etc.

… « *baiser* »

« Ce que je regarde en premier chez une femme, c'est si ma femme me surveille », répond Jacques Chirac à son ami, l'humoriste et imitateur Patrick Sébastien. Bernadette n'a pas chômé : « Les papillons tournaient autour de la lampe, hein. Et j'en ai eu, j'en ai eu des inquiétudes, des chagrins même. Tous les hommes qui ont du pouvoir ou une très grosse fortune attirent les femmes. Au début, ça a été dur, j'ai eu beaucoup de chagrin, puis après, je m'y suis faite. Je me suis dit que c'était la règle. » D'autres se seraient vengées en cherchant à détruire l'infidèle, telle Valérie Trierweiler avec François Hollande. Bernadette – se souvenant du conseil de sa mère, « Vous pleurerez une autre fois » – a misé sur le temps : « J'aurais pu en faire autant, mais je ne l'ai pas fait. Il faut dire la vérité, j'étais quand même très amoureuse de mon mari[1]. » Assez intelligente pour tracer son propre chemin de Première Dame, finalement victorieuse. La patience du crocodile ! « Chez les crocodiles, dit-elle, les femelles montent la garde pendant que les mâles restent disponibles pour attaquer. C'est tout à fait symbolique de notre vie de couple. » Tous deux avaient l'humour en commun.

Première expérience sexuelle du jeune homme de dix-huit ans dans la Casbah d'Alger, durant l'été 1950. Le bosco du cargo charbonnier sur lequel il a embarqué comme pilotin décide de s'occuper de ce puceau. Aux États-Unis, en 1953, où il gagne quelques dollars comme plongeur, l'amourette avec Florence Herlihy,

1. « C'est à vous », France 5, octobre 2016.

fille de riches planteurs d'Orangeburg, en Caroline du Sud, tourne court. Son « *honey child* », comme elle l'appelle, doit rentrer au pays. Le gai séducteur lutine à Sciences Po dans le vivier des aristocrates à marier. Il jette son dévolu sur une héritière des Wendel, qui mettent le holà. Il épouse le 17 mars 1956 Bernadette Chodron de Courcel, qui a surmonté les préjugés de sa caste. Mariage d'amour pour Bernadette, qui n'ignore pas le tempérament de son Jacques : « Bel homme, et puis très enjôleur, très gai. Alors les filles, ça galopait[1]. » Et, vu qu'elles ont « des frelons dans la culotte », dixit le coureur, cela galopera tant que le cerveau et le reste suivront. Quelques décennies.

Impossible de dresser l'inventaire. Avec ce boulimique, le tableau de chasse serait fatalement incomplet. « Les hommes politiques sont souvent des obsédés sexuels », constate l'expert Roland Dumas[2].

Les « promotions canapé » suivent un bon rythme, même si, plaisante l'expéditif imprésario des cœurs, « chaque fois que j'ai voulu lancer une femme, ça m'est retombé sur la gueule ». Une sténodactylo devient chef de cabinet d'un ministre, une secrétaire est propulsée chargée de mission à Matignon. Quelques amies entrent au gouvernement, une autre, collaboratrice au ministère de l'Agriculture, découvre le Sénat. Pour ne citer que quelques cas. Sans parler des « talentueuses » journalistes dont la « proximité » avec des politiques comme VGE, Mitterrand et Chirac précisément, a facilité la carrière et la notoriété audiovisuelle.

1. Bernadette Chirac, *Conversation avec Patrick de Carolis*, *op. cit.*
2. Entretien avec l'auteur.

Parfois, il sort le grand jeu. Plus direct, il montre carrément la clé de sa chambre ou propose de venir récupérer un document. C'est gros, mais ça marche ! Il lui est arrivé de faire le coup de la panne : « Mademoiselle, ma voiture est en panne ! Je dois me rendre au mariage d'un copain. Pourriez-vous m'emmener ? — Montez ! » Et le maire plante là chauffeur et garde du corps ! Cette fois, c'était une vraie panne.

Tous les lendemains des belles ne chantent pas de la même façon. Certaines favorites, frappées de disgrâce, auraient pu reprendre la formule de Mme de Montespan à Mme de Maintenon : « Vous montez, madame, je descends. » Une ex-ministre, élue parisienne, rentre des Journées parlementaires du RPR de mars 1989 dépouillée de son statut et de son bureau.

L'instinct du chasseur est toujours en éveil : en visite à l'Académie polaire d'État de Saint-Pétersbourg, il assiste à une séance de poésies avec quelques jeunes filles inuits. « Elle est pas mal, la petite là-bas, lui fait remarquer Pierre Moscovici. — Pourquoi croyez-vous que j'aie mis mes lunettes ? »

Sa vie est aussi ponctuée de réels coups de foudre. Ainsi, en 1974, pour une journaliste du *Figaro*, Jacqueline Chabridon, épouse de Charles Hernu[1]. Il ne regarde pas à la dépense : meubles chinois, statue de Bouddha, draps Porthault – les mêmes que ceux offerts par Valéry Giscard d'Estaing à une actrice, dit-il. Il lui écrit des lettres passionnées et même des poèmes, parfois écrits pendant le Conseil des ministres. Une ligne directe relie

1. Elle se mariera plus tard en secondes noces avec le professeur Lyon-Caen, qui aura pour patient un certain… Jacques Chirac.

Matignon et leur nid d'amour, dans le VIIe arrondissement. « Je vais faire une course ! » lance-t-il à son directeur de cabinet pour justifier ses rendez-vous galants. Le préfet Jacques Pélissier, pas dupe, tient la boutique. Jacques emmène Jacqueline en voyage officiel, l'Inde et le Taj Mahal, la Roumanie... Virées en province aussi. Incognito à La Rochelle, puisque le Premier ministre porte des lunettes noires et... une perruque ! Parties de poker (menteur !) avec l'ami Jacques Friedmann, en Provence. Quand il lui promet de l'épouser, l'entourage siffle la fin de la partie. Marie-France Garaud convoque la jeune femme : « Au nom de la France, je vous demande de partir. » René Tomasini et Alexandre Sanguinetti maintiennent la pression : « Vous êtes en danger ! » La menace est à peine voilée. La « petite pauvre de Jacques », comme l'appelle Simone Veil, ne se remet pas de son conte de fées. Tentative de suicide. Trois jours de coma. Le président Giscard d'Estaing envoie Michel Bassi à l'hôpital pour prendre de ses nouvelles. Jacques Chirac, lui, ne donne pas signe de vie jusqu'à l'ultime rendez-vous écourté par l'arrivée, programmée, d'un collaborateur de Matignon : Alain Juppé.

La liaison avec Élisabeth Friederich durera plus longtemps : de 1983 à 1995, l'année de sa victoire présidentielle. Journaliste à l'Agence France-Presse, elle est chargée de couvrir les activités de la capitale et de son maire. Autant d'occasions de rencontres, et plus si affinités. Ce qui est le cas. À l'agence, les appels téléphoniques de Chirac sous son nom d'emprunt tournent au gag : « Allô ? monsieur Nicolas à l'appareil. Pourrais-je parler à... ? » Et les joyeux agenciers de hurler à leur collègue :

« Élisabeth, Chirac pour toi ! » Et ainsi de suite, serait-on tenté d'écrire...

« Les aventures amoureuses n'ont pas joué un rôle déterminant dans ma vie. Il y a des femmes que j'ai bien aimées, aussi discrètement que possible », ose Jacques Chirac, fidèle à sa technique – démenti suivi d'un demi-aveu. Il a beaucoup donné de sa personne ; mais « comme on va pisser, ça n'a pas plus d'importance », confie un proche, adepte comme son patron du langage de corps de garde. Chirac, ajoute un ancien ministre, « a de gros besoins, alors la quantité, ça compte[1] ».

Le couple illicite traverse orages et turbulences et a bien failli exploser en vol. Jacques Chirac a promis à Jacqueline Chabridon de divorcer, mais ne tient pas parole. Bernadette a envisagé aussi la séparation, mais les enfants, les traditions familiales et son intérêt bien compris l'ont dissuadée de mettre ses mises en garde à exécution. « Vous me prenez pour une conne. Vous ne serez jamais président si je ne suis pas avec vous. » Elle cite Napoléon, qui « a tout perdu le jour où il a abandonné Joséphine ».

Le sens de l'humour, souvent féroce, qu'elle partage avec Jacques a sans doute aidé Bernadette : « Cette Panafieu, j'ai dû faire attention et l'enjamber sur le palier. » À propos d'Élisabeth Friederich : « Vous savez que mon mari me trompe[2] ? » Quand *Paris Match* publie des photos de vacances où l'on ne voit que Jacques, Claude et son fils Martin, elle y va de son sarcasme : « Le président est veuf ! » Lors d'une tournée en Corrèze, elle fait mine

1. Entretien avec l'auteur.
2. *Madame Figaro*, novembre 1985.

de s'étonner : « Pourquoi toute cette presse ? Je ne suis pas Claudia Cardinale[1] ! »

Bernadette a peut-être tenu en se souvenant de ce talisman paternel : « Vous êtes son point fixe. » Ce que reconnaissait Jacques Chirac avec malice : « Un homme politique ment à sa maîtresse pour dîner avec sa femme. » Ou avec son humour plus rustaud : « Nous sommes des hommes de Cro-Magnon. Toujours à chasser et courir la gueuse. Mais, à la fin, il faut retourner à la grotte[2]. » Que reste-t-il de cet amour, de cette histoire en millefeuille ? Cet hommage final en légende d'une photo du tome II de ses *Mémoires* où tous deux présentent l'image du bonheur parfait : « Bernadette est la femme de ma vie. Nous avons tant accompli ensemble. » Doux euphémisme. « Traversé tant d'épreuves » correspondrait mieux à la vie de ce couple hors du commun.

« *Babouchkas* »

Entre eux, des collaborateurs du président s'en amusaient : « Tiens, une babouchka ! » C'était leur nom de code pour un nouveau, un pieux, un petit ou un gros mensonge du patron. Un jour, Gerhard Schröder rentre de Moscou et raconte à Jacques Chirac que les Russes ne comprennent pas l'élargissement de l'Otan aux pays de l'Est. « Pourquoi vouloir bombarder la Russie ? » lui ont-ils demandé. Une semaine plus tard, Chirac réécrit l'Histoire : « J'étais l'autre jour à Moscou et des

1. Allusion aux rumeurs de liaison de son mari avec l'actrice.
2. Franz-Olivier Giesbert, *Derniers carnets*, *op. cit.*

babouchkas m'ont demandé pourquoi on voulait les bombarder avec l'Otan ! » « Babouchka », le mot est resté, à l'insu de son auteur qui continue d'alterner les versions : « J'ai reçu une délégation russe qui m'a dit... » Et encore, peu après : « Des Russes, sortis d'un car, m'ont reconnu et m'ont demandé pourquoi... » Avec lui, si le fond de l'histoire reste juste, la mise en scène varie à l'infini.

Florilège de babouchkas. En tant que ministre de l'Intérieur, en 1974 : « Aucun homme politique, aucun journaliste ne sera espionné par mes services : je ne suis pas un voyou ! » Sans rire : « Je dis aux Français : vous n'êtes pas dans un pays où la corruption règne ! » À propos du nucléaire en Irak : « Je ne m'en suis pas occupé. » Quelques babouchkas sur la santé. La sienne, après son AVC qui a laissé des traces : « Alors, comme ça, il paraît que je suis gâteux ? » lance l'éternel hâbleur pour balayer la rumeur qui le disait atteint de la maladie d'Alzheimer. « Je me porte comme un charme ! Je vous donne l'impression de ne pas aller bien ? Rien d'autre de particulier ? Bon après-midi, bonne journée ! Ne restez pas dehors, il fait froid, vous avez peut-être remarqué[1]. » En mars 1974, peu avant la mort de Pompidou : « Il est en excellente forme. » À New York, le journaliste vedette Larry King lui demande des nouvelles de François Mitterrand : « *He looks very well*[2]. » Le président meurt moins de trois mois plus tard.

Une babouchka politique dont VGE ne s'est jamais remis. Lorsqu'il démissionne de Matignon, le Premier

1. Le 30 janvier 2011, devant l'immeuble du quai Voltaire, où il a élu domicile à sa sortie de l'Élysée.

2. Visite aux États-Unis les 22 et 23 octobre 1995.

ministre promet : « Vous n'entendrez plus parler de moi[1]. » Dans la foulée, il lance le RPR et son appel de Cochin contre le « parti de l'étranger », celui de VGE. Il affirme l'avoir signé « sous le coup de l'anesthésie », après son accident de voiture. En 1985, avant de rejoindre Matignon pour la première cohabitation de la Vᵉ République, il assure n'avoir « aucune intention d'assumer les fonctions de Premier ministre de monsieur François Mitterrand ».

Plus anecdotique et souriante, celle-ci, de « Chirac le Japonais », à propos de sa cave à saké à l'Élysée. « Il m'affirme, raconte un collaborateur, qu'il a mis des années à la constituer. J'ai droit à un cours sur les sucs, la fermentation. Quelques jours plus tard, je vois passer une facture. Il venait d'acheter la cave et d'apprendre la notice par cœur[2] ! » Même la tête de veau qui a forgé sa réputation y a droit. Tu l'aimes ? On te la sert. Mais, en privé, cela donne parfois : « J'espère que ces connards ne m'en ont pas encore préparé une. »

Autant de babouchkas lancées au culot, que Bernadette met sur le compte de « l'aplomb insensé des fils uniques[3] ». Elle n'a jamais été dupe : « Je ne suis pas comme mon mari quand il dit qu'il fait semblant de boire. Moi, je dis toujours la vérité. » D'anciens fidèles ont moins goûté ces plaisants arrangements avec la vérité. « Le Chirac attentif aux autres est une posture, tranche l'un d'eux. Il a joué son personnage sympa et direct, mais il a aussi été un tueur retors, un menteur qui promet en sachant qu'il ne

1. Le 25 août 1976.
2. Entretien avec l'auteur.
3. Bernadette Chirac, *Conversation avec Patrick de Carolis*, *op. cit.*

pourra pas tenir parole. Son système de défense, c'est la fermeté dans le mensonge. Forcément, ça déstabilise[1]. » Dans ses *Souvenirs dérangeants d'un godillot indiscipliné*[2], Hector Rolland va dans le même sens : « Si l'on pouvait se nourrir avec les promesses de cet homme, il y aurait de quoi mettre un terme à la famine du tiers-monde. »

Tout le monde n'a donc pas été dupé. Raymond Barre : « Quand Chirac dit la vérité, il rougit ! » Marie-France Garaud, citant un humoriste anglais : « Il ment tellement que l'on ne peut même pas croire le contraire de ce qu'il dit. » Pierre Joxe, pourtant si mitterrandien : « C'est un homme sans foi ni loi. Même pas menteur, car il croit tout ce qu'il dit. » Alors, Chirac, roi des menteurs ? « Peut-être, dit Jean-Louis Debré, mais chez lui ça se voit[3]. »

Gaffeur, mais sympa

Aux Antilles, lors des législatives de 1986 : « 10 % des agents de la Mairie de Paris sont antillais. En tant que président de la République… euh, de l'Assistance publique. » L'Élysée, ce sera neuf ans plus tard. « Au fil de ma carrière, j'ai porté plusieurs cassettes[4] » (au lieu de « casquettes »). Lors d'une balade dans le safari-parc d'Ardèche, en compagnie du vicomte Paul de

1. Entretien avec l'auteur, *Chirac, quelle histoire !*, *op. cit.*
2. Albin Michel, 1990.
3. Xavier Panon, *Chirac, quelle histoire !*, *op. cit.*
4. *Le Monde*, 23 septembre 2000. Lapsus révélateur ? Voir p. 229, à propos du mot « abracadabrantesque ».

La Panouse : « La panthère, là... — C'est un guépard. — Et les ours, ils ne mangent pas les canards ? — Non ils s'envolent avant[1]. »

« C'est un type qui a du cœur, un excès de gentillesse », confie Pierre Mazeaud. « Peut-être pas un grand homme d'État, ajoute un ami, mais un vrai saint-bernard. » En 1979, il adopte une jeune Vietnamienne, Anh Dao, aperçue à l'aéroport, et accueille à Paris mille cinq cents boat people. « Je l'ai vu, raconte Jacques Godfrain, traverser Paris pour visiter des malades, téléphoner chaque jour à des cancéreux, faire des gestes qui lui coûtent du temps sans rien lui rapporter. Mon père est décédé à 5 heures. Il m'a téléphoné à 7 heures. »

Son attention aux autres ne connaît pas de limites. Il a du métier. Roselyne Bachelot peut en témoigner. « J'étais souvent assise à sa droite, et rien ne m'échappait. Caché sous sa serviette, un bristol indiquait le plan de table avec les prénoms, mais aussi les surnoms et les diminutifs, ainsi que le principal sujet de préoccupation familial ou politique de l'élu. "Alors, mon Lulu, comment va Suzette ? Elle se remet de sa mauvaise grippe ? Tu l'embrasses bien pour moi, hein ? Je te connais, ce n'est pas la seule que tu embrasses ! Et ton centre social ?[2]" »

Ce cœur qui parle tant, est-il désintéressé, ou est-ce la simple marque d'un cynisme prédateur ? Doute cruel. « Une seule chose compte pour lui, son projet personnel, avoue un ex-collaborateur et ministre. Tout son système était orienté vers la présidence. Pour la gagner, il a pris

1. Ghislaine Ottenheimer, *L'Impossible Victoire*, Robert Laffont, 1995.
2. Roselyne Bachelot, *La Petite Fille de la Ve*, *op. cit.*

tous les risques, a utilisé tous les registres. » Attention aux autres ou indifférence, empathie ou manipulation : à chacun de s'y retrouver dans ce jeu de cache-cache.

Valérie Pécresse, en tout cas, n'a pas oublié la leçon de campagne électorale de « son » Jacques Chirac du temps de l'Élysée : « Serre-moi la main... Non, pas comme ça, regarde les gens dans les yeux. Pas comme Juppé ! Maintenant, embrasse-moi. » Elle avait claqué une petite bise. « Mais non, comme ça. » Et le président l'avait étreinte à bras-le-corps : « La politique, c'est embrasser, serrer les mains[1]. »

Cinglant

L'une de ses condisciples à Sciences Po se souvient d'un propos de Chirac : « Je suis con, mais ma force c'est que je le sais et que je vous aurai tous. » C'est ainsi, observe Denis Tillinac, qu'il a éliminé pas mal de gens qui le prenaient pour un imbécile, en feignant de leur donner raison. Balladur n'était pas dupe : « L'image de ce garçon souffre du tranchant de son expression, d'une certaine pauvreté de vocabulaire, de ses stéréotypes de langage. Mais il est très intelligent. Même s'il n'a pas l'air brillant, il assimile très vite les dossiers. Sur le plan politique, il est très finaud. » À tel point que le finaud l'a emporté sur « Sa Suffisance ».

Et sur bien d'autres qui l'avaient pris de haut. Par exemple Patrick Devedjian, lors de la dissolution de 1997 : « On était dans un appartement avec une fuite de gaz. Chirac a craqué l'allumette pour y voir clair. »

1. Entretien avec l'auteur, cité dans *Chirac, les cinq visages d'un président*, L'Archipel, 2012.

Dégagé ! Ses plus proches conseillers sont eux aussi passés à la trappe. Pierre Juillet, auteur d'une superbe repartie après avoir reçu les remerciements du nouveau maire de Paris : « C'est la première fois qu'un cheval remercie son jockey. » Il regrettait de lui « avoir taillé un costume trop grand. Il n'a pas su partir pour Londres ». C'est lui qui a été renvoyé à ses moutons.

Exit aussi Marie-France Garaud, *alias* « Cruella », sur injonction de Bernadette, ulcérée de constater sa trop grande emprise sur son Jacques. Assise dans le fauteuil du maire de Paris, elle lui faisait la leçon : « Jacques, ce que vous dites est idiot. » Ou maniait le sarcasme. Et d'une : « Chirac est un formidable jockey qui saute bien les obstacles. Le seul ennui, c'est que lorsqu'on enlève les obstacles, il continue de sauter. » Et de deux : « Il y a longtemps que j'ai compris que vous n'aviez pas l'étoffe d'un président de la République. » Trois : « Je croyais qu'il était du marbre dont on fait les statues, en réalité, il est de la faïence dont on fait les bidets. » Quatre : « Mitterrand a détruit la Ve République par orgueil, Valéry Giscard d'Estaing par vanité, et Jacques Chirac par inadvertance. »

Peut-être aussi connaît-il ses propres limites. Il affecte de se moquer du qu'en-dira-t-on et d'autres méchancetés prononcées à son encontre. « J'ai très vite cessé de m'intéresser à ce que les journalistes peuvent écrire de bien ou de mal me concernant. » Version officielle mais fausse. En 1994, Étienne Leenhardt demande à Jacques Chirac s'il présente son programme de maire, de candidat ou de président du RPR. Réplique cinglante : « C'est Jacques Chirac qui parle, avec une certaine expérience. Je sais que vous êtes un jeune journaliste, mais je pensais que cette information était parvenue jusqu'à vous. » Échange hilarant à fleurets mouchetés, l'année suivante, lors de la sortie de son livre *La France pour tous*. Jacques Chirac : « Ne caricaturons pas. Vous êtes vous aussi contaminé par le politiquement correct. Réfléchissez deux minutes… ce n'est pas excessif ! — Deux minutes, c'est le temps qu'il m'a fallu pour lire votre livre. — Dans celui que je vous ai envoyé, je n'avais pas mis les images à colorier, je suis désolé. » Rires et applaudissements de l'assistance. Jean-Pierre Elkabbach a eu droit à sa bordée : « Bordel de merde, vous recevez le Premier ministre et vous n'ouvrez pas vos infos sur la baisse historique du chômage ! Vous vous foutez de ma gueule ! »

Cash

Dans son sac à insultes, toujours plein et à portée de voix, il y a de préférence les cons. Le nombre des bénéficiaires est considérable. « J'en ai plein le cul de travailler avec des cons » ; « Pas question de m'emmerder avec le gros con (Philippe Séguin) » ; « Il est casse-bonbons, le gros ». Le 29 novembre 1974, un député s'en prend à Simone Veil lors d'une séance de nuit sur l'IVG. Le Premier ministre rapplique dare-dare : « Mon pauvre ami, tu es con comme une valise et en plus une valise sans poignée ! » Dans sa liste également, les médiocres, les sectaires, les snobinards, les paresseux…

Balladur, ce « remède contre l'amour », dit notre expert, est « comme les poteries chinoises : ça supporte les décorations, mais pas le feu ! ». Avec Nicolas Sarkozy, le passé a mal passé. Fini le temps où le jeune maire de Neuilly, décidé à devenir « ministre de n'importe quoi », fréquentait les Chirac et leur fille Claude. Trop de cadavres et d'affaires ont brouillé le jeu. Certes, l'aîné reconnaît les qualités de son successeur à l'Élysée. « Sa force de travail, son énergie, son sens tactique, ses talents médiatiques font de lui, à mes yeux, l'un des hommes politiques les plus doués de sa génération. » Mais il ne juge pas assez fiable ce « Naboléon », ce « petit Nicolas » trop « nerveux, impétueux, débordant d'ambition, ne doutant de rien et surtout pas de lui-même[1] ». « Il est fou », dit-il à son ami Jérôme Monod, qui corrige : « Non, il n'est pas fou, juste maniaco-dépressif. » Le 14 juillet 2004, le président recadre son ministre des Finances qui piaffe à l'approche de la présidentielle de 2005. Sa sentence fait date : « Je décide, il exécute. » Puis, tout fier de la fessée administrée : « Vous avez vu ce que je lui ai mis, au petit ? » Sarkozy, publiquement humilié, répond aussitôt par le mépris : « Je préfère regarder le Tour de France plutôt que de polémiquer. » Il ajoute quand même : « Si j'exécute, c'est que je suis d'accord. » Retour de bâton pour 2012. « Je peux dire que je voterai Hollande », lâche l'ancien président en visite dans son musée de Sarran, en compagnie de celui qu'il avait jugé des années plus tôt « moins connu que le labrador de Mitterrand ». Humour corrézien, plaide la famille.

VGE, lui aussi, a eu droit très tôt à la dague chiraquienne. Dès le référendum de 1969 qui a conduit à la démission du général : « Giscard n'a été exceptionnel que dans la trahison[2]. » Laurent Fabius, Premier ministre,

1. *Mémoires*, tome II, *op. cit.*
2. *L'Essor du Limousin*, mis par Marcel Dassault à la disposition de Jacques Chirac pour son parachutage en Corrèze.

en prend pour son grade le 28 octobre 1985 en plein débat télévisé : « Cessez d'intervenir incessamment, un peu comme le roquet ! » Le mot est resté.

Avec François Mitterrand, le temps a fait son œuvre. Féroce hostilité : « Personnage sans foi ni loi, flou, ambigu, foncièrement machiavélique », cumulant « lâcheté, combine, bassesse ». Le 26 mai 1981, il dresse déjà le bilan : « On fait les cadeaux avant les élections et on décide les impôts tout de suite après. » Il met en garde son copain Rocard, qui lui succède à Matignon en 1988, au terme d'une cohabitation à couteaux tirés : « Méfie-toi de Mitterrand. C'est quand il te sourit qu'il te met son poignard dans le dos. » Puis vient le temps de l'encouragement mitterrandien pour 1995, face à Édouard Balladur : « C'est votre tour[1]. » De l'adoubement, face à Lionel Jospin : « Pour être élu des Français, il faut aimer la France, et que les Français sentent que vous les aimez[2]. » Une complicité apparente lors de la passation de pouvoir. Et l'hommage final, à la télévision, le soir de la mort de François Mitterrand, le 8 janvier 1996. « Respect pour l'homme d'État et admiration pour l'homme privé… » Jacques Chirac se hisse au niveau de ses prédécesseurs.

Killer

Françoise Giroud a écrit de Jacques Chirac : « C'est un émouchet (rapace, genre épervier) posé sur le poing

1. Hôtel de Ville de Paris, 25 août 1994.
2. Congrès des maires de France, porte de Versailles, 17 novembre 1994.

de Marie-France Garaud. De temps en temps, Pierre Juillet tire l'anneau pour que Chirac vole une heure. Et tue[1]... » Dans le tome I de ses *Mémoires*, Chirac précise qu'il ne « faut pas blesser une bête. On la caresse ou on la tue ». Il a rarement caressé ses adversaires.

Première victime dans sa longue carrière jalonnée de cadavres, Jean Charbonnel, en 1975. Rivalité locale et hostilité entre pompidoliens et gaullistes historiques. Chaban-Delmas tombe aussi sous les coups de Chirac, ministre de l'Intérieur. Feuille d'impôts, ralliement à Giscard d'Estaing. Si l'on cherche une trace d'humour, elle est peut-être dans ce verdict sarcastique : « On ne trahit pas ce qui n'existe plus. » Contre-exemple peu après avec VGE. Les trophées s'accumulent. Balladur, « l'étrangleur ottoman », rate son coup. « Pas de prisonniers », ordonne Chirac après sa victoire de 1995. Finalement, bon prince, il ne promet aux balladuriens que « les mines de sel » ! Charles Pasqua accumule, lui, les tracas judiciaires. Ses réseaux sont visés. « Ce n'est pas une vengeance. C'est de l'intérêt bien compris. Il s'agit d'empêcher ma candidature à la présidentielle de 2002[2]. » Dix ans avant, Chirac avait officialisé le faire-part de décès : « C'était un ami. »

Bernadette, elle non plus, ne pardonne pas à ceux qui lui manquent, ou qui manquent à son mari. Lui veut faire une croix sur le traître : « Je vais lui écraser la gueule du pied gauche, ça porte bonheur. » Traduit en langue chiraquienne par Dominique de Villepin, cela donne : « On va les mettre avec du gravier, ceux-là [les balladuriens]. » Mais Bernadette sait aussi jouer du

1. Françoise Giroud, *La Comédie du pouvoir*, Fayard, 1977.
2. Entretien avec l'auteur.

compromis quand l'intérêt commande. En l'occurrence l'intérêt judiciaire. Ainsi avec Nicolas Sarkozy : l'UMP épongera une partie de la condamnation.

Avec beaucoup d'autres, ce n'est pas la guillotine qui a fonctionné, mais « l'ardoise magique » de notre enfance, qui permet de tout effacer d'un trait. Pour éviter les « emmerdements », un cordon sanitaire est mis en place, qui coupe toute relation. Après trente-cinq ans de loyaux services, Denise Esnous est déplacée sans un mot de son patron. Jean Tiberi, exclu du RPR ; Bernard Pons, viré du XVIIe arrondissement ; Alain Juppé, lâché à son procès ; Michel Roussin, abandonné à son sort de traître balladurien dès que les ennuis judiciaires se sont abattus sur lui ; Philippe Séguin, remisé à la Cour des comptes. Ainsi va Chirac, avec son poison, la mort lente, le baiser de l'araignée, l'embrassade mortelle, selon Jean-François Probst. « Killer souriant. » Mais, ajoute Jean-Louis Debré, « quel est l'homme politique qui n'a pas écarté ou tué ? Depuis quarante ans, je vois les luttes pour le pouvoir. On ne peut être un agneau, sinon on se fait manger. Pour arriver, il faut se battre. Chirac a mené ses combats. Il n'est pas pire que Mitterrand[1] ». Toujours la référence. Chirac, le bel indifférent. On a beau donner acte à Paul Anselin que « la fidélité ne donne pas droit de tirage sur les prébendes de la République[2] », l'ingratitude n'en est pas moins troublante, comparée à ses manifestations de sympathie. Si Nicolas Sarkozy a raison, beaucoup de proches se sont trompés : « On croit qu'il est très con et très gentil. En fait, il est très intelligent et très méchant. »

1. Entretien avec l'auteur.
2. Entretien avec l'auteur.

Recordman… de surnoms

Dans son enfance, le garçon turbulent de Sainte-Féréole est appelé « l'Arbalète », mais aussi « le Grand », « Aigle musclé » – son totem chez les amateurs du magazine *Coq hardi* –, ou « Poisson égoïste » et « Bison égocentrique » chez les scouts. À Sciences Po, il est « l'Hélicoptère », à cause de ses bras qui moulinent l'air comme des pales. Georges Pompidou, qui remarque son abattage, en fait son « Bulldozer ». Il ne le ménage pas pour autant lors de l'achat du château de Bity : « il faut descendre au moins de Louis XV quand on veut acquérir un château pareil. » Son classement aux Monuments historiques, pour bénéficier d'avantages fiscaux, lui vaudra le surnom de « Château Chirac », suivi plus tard de « Jackpot » lors des affaires de financement politique. Au ministère de l'Agriculture, il est « Jacquou le Croquant ». Sur le terrain, il devient « Fend-la-bise », et serre tant de mains qu'il devient « Toque-manettes » et « Serre-la-louche ».

Le « Hussard noir » déclare un jour : « Il n'y a pas de place dans le monde pour la France de Mitterrand et de Jean-Jacques Servan-Schreiber »… « Facho-Chirac » est né ! Il est aussi « le Chi ». Selon le mot d'Henri Queuille, président du Conseil sous la IVe République, à Jérôme Monod : « Voilà un jeune homme qui mériterait d'être radical ! C'est un caméléon. » De fait, « Jacques Chirouette » ou « Triplepattes » change souvent d'avis, à l'instar d'un Jean Lecanuet, auteur du magnifique : « Je ne suis ni pour, ni contre, bien au contraire ! » Enfin, « Supermenteur » amuse les téléspectateurs des « Guignols de l'info ».

Le galant homme est crédité d'un temps canon : « Cinq minutes, douche comprise. » Certaines « journalistes d'investigation » *(sic)* ont payé de leur personne et en ont calculé plutôt... trois ! Il lui est aussi arrivé, comme les résistants en leur temps, d'agir sous pseudo : « Monsieur Walter », lors des négociations secrètes avec la CGT en 1968 (un revolver dans la poche au cas où !). « Monsieur Nicolas », pour les appels téléphoniques à sa maîtresse, Élisabeth Friederich, journaliste à l'AFP. Même pseudo pour réserver et payer cash en billets un vol discret à la compagnie Euralair.

Guignol

« J'aime beaucoup les marionnettes, surtout celles des autres », plaisantait Jacques Chirac, élu président en 1995. Mais il n'aura pas eu de raison de se plaindre de la sienne. Car sa marionnette des « Guignols de l'info » sur Canal+, avec la voix de l'imitateur Yves Lecoq, a finalement retourné l'opinion en sa faveur. À la différence des satires des chansonniers, railleries, sarcasmes, injures, ironie, pamphlets, qui ne l'épargnaient pas, l'humour du « Bébête Show », puis, à partir de 1990, celui des « Guignols », ce serait donc aussi, par procuration, son propre humour. La caricature confine au documentaire.

L'oiseau qui trépigne devant Kermitterrand, la grenouille narcissique, c'est bien lui. *Idem* pour la marionnette du maire de Paris obsédée par les déjections canines. Quand il ridiculise VGE, vieillard sourd et sénile, d'une question restée célèbre : « Le monsieur (PPDA sur TF1) te demande... », c'est toujours lui. *Idem* du « loser » qui erre dans sa mairie en survêtement et claquettes en attendant « mon boulot de dans deux ans » ou en jurant « Putain, deux ans ! » (la présidentielle de 1995). On le revoit modestement « content » du retournement des sondages, avant de plonger sous la table : « Putain, j'ai niqué Couille molle » (Balladur). Cheveux longs, silencieux à la main, il tente d'éliminer le sado-maso Philippe Séguin, fait mine de sympathiser avec Lionel Jospin, son Premier ministre après la dissolution ratée de 1995 (« Putain, mais quel con ! »). On s'y croirait.

De même quand « Supermenteur », habillé en Superman, réfute ses condamnations et porte secours à ceux qui ont besoin de mensonges extravagants. Roi en 2005, sous la présidence de « Petite crotte » (Sarkozy), avant de le ménager, il se réincarne en personnages successifs. Français moyen et très pauvre, dans la catégorie « Nous, les petites gens ». Mohammed VII qui a « confiance dans la justice de (s)on pays : le Maroc[1] ». En créole : « Corrèze ? Moi né îles, parler créole moi, jusqu'à quinze ans j'étais noir… » Il disait ne pas se reconnaître dans les portraits et jugements portés sur son « personnage, peut-être plus complexe qu'on ne l'imagine ». S'il riait quand même de sa marionnette, c'est sans doute qu'elle révélait sa vraie nature, cachée par les masques et la ruse…

1. Où il a effectué de nombreux séjours privés, à l'invitation des souverains chérifiens.

Nicolas Sarkozy

One man show

« Je ne suis candidat à rien ! »

Loin derrière François Hollande au prix Press Club, « humour et politique », Nicolas Sarkozy avait quand même été distingué en 2005 pour ce drôle de mensonge. Curieuse contre-vérité, d'ailleurs, puisque, à peine Jacques Chirac réélu pour cinq ans, il avait reconnu dès 2003, devant Alain Duhamel, son obsession de la conquête élyséenne : « Quand vous vous rasez, pensez-vous à la présidentielle ? — Pas seulement quand je me rase. » Un aveu, sur le mode de la plaisanterie, passé à la postérité comme la traduction symbolique de son ambition politique[1]. Assumée avec la franchise et le culot qui caractérise cet adepte d'une formule de Maurice Barrès, entendue souvent dans sa bouche : « Jeune, profondément sensible et peut-être humilié, tu es prêt pour l'ambition. »

1. Problème de rasoir dans le couple ! « Ça me rase », avait déclaré au même moment Cécilia, à l'idée de devenir Première Dame…

Drôle en privé

Les vexations et tribulations de sa vie politique agitée ont longtemps nourri chez Nicolas Sarkozy un narcissisme rageur, peu compatible avec la pratique de l'humour. Pourtant, confie Brice Hortefeux, « il est drôle en privé, quand il raconte des anecdotes, des scènes de vie à l'occasion de voyages ou de rencontres[1] ».

Dans la catégorie comique de situation, cette visite à Londres. La reine d'Angleterre joue la maîtresse de maison au château de Windsor, emmène son hôte dans l'appartement qui lui est réservé, ouvre elle-même le robinet du lavabo qui émet le bruit sourd d'une antique tuyauterie ! Gêne d'Élisabeth II. Fou rire discret du couple présidentiel. Peu auparavant, Nicolas Sarkozy, mort de soif, avise un verre d'eau glacée. Il l'avale d'un trait. Ce n'est pas de l'eau, mais du gin ! Le président, qui n'a jamais bu une goutte d'alcool, est sonné, mais, la bouche en feu tel « un dragon antique », il reste digne. Comme la reine quand elle est fatiguée : « *I never show it.* »

Au G8 de juin 2007, en Allemagne, il dispute avec Poutine l'assiette de chocolats placée devant eux. Bientôt, il n'en reste qu'un. Chacun tend la main en même temps : « Il y eut alors une situation cocasse où nous restâmes tous les deux la main suspendue au-dessus de l'assiette. » Ils éclatent de rire et laissent le chocolat. Pas de perdant. À quoi tient l'avenir de la planète ! Autre éclat de rire, plus tard, quand Poutine emmène le président dans sa propriété de Novo-Ogaryovo. Au bar, il tente de faire un café, s'acharne en vain sur la

1. Entretien avec l'auteur.

machine. Nicolas Sarkozy n'a pas plus de succès. Ils constatent « l'étendue de [leur] incapacité à se débrouiller seuls[1] ».

Retour en France. Il est ministre de l'Intérieur. Lors d'un déplacement en Haute-Loire, accueil du préfet en tenue. Ils passent la journée ensemble. Courte pause dans l'après-midi. Le préfet en profite pour changer de vêtement. Le voilà en civil. En descendant l'escalier de la préfecture, le ministre le salue : « Bonjour, monsieur. » Surprise : « Je suis le préfet qui vous accompagne depuis ce matin ! » Fou rire.

Il aime décompresser, confie Frank Louvrier[2]. « Il est venu chez moi, à La Baule, en septembre 2020 : sur une heure, on a passé la moitié du temps à rire de certaines personnes qu'on avait revues. »

S'il peut être lui-même drôle en privé, il préfère ceux qui le font rire. À défaut de bouffon du roi, rôle rempli par exemple par un Michel Charasse auprès de François Mitterrand, Nicolas Sarkozy s'accordait, pour lâcher prise de temps à autre, quelques moments de détente avec Pierre Charon[3], intronisé « conseiller rires et chansons » par le compère Brice Hortefeux.

« On écoute Pierre », c'était le feu vert du boss aux « imitations, anecdotes, potins, blagues et conneries » de l'ami humoriste. Christian Clavier a procuré de franches

1. Nicolas Sarkozy, *Le Temps des tempêtes*, Éditions de l'Observatoire, 2020.

2. Entretien avec l'auteur. Franck Louvrier est aujourd'hui maire de La Baule.

3. Il n'a pas daigné répondre à nos sollicitations. Une panne d'humour, sans doute !

rigolades à son ami, emballé par *Les Bronzés 3*. « Il a fait 14 millions d'entrées. Moi, j'ai vendu 400 000 exemplaires de *Témoignage.* »

En tête de son box-office du rire, Laurent Gerra, dans ses imitations grivoises du président en campagne pour un second mandat : « Je veux que les élèves sortent de l'école primaire avec le permis de chasse et ceux du collège avec le permis de pêche, car ils aiment bien avoir la gaule[1] ! » Enrico Macias : « Bonjour mon Nicolas, mon tout petit frère à moi, c'est Enrico (rires du président). Les amitiés, c'est comme les boulettes, faut pas les gaspiller, surtout quand il reste de la semoule et du bouillon… » Question : « Nicolas, vas-tu autoriser le remboursement des dents en or (fou rire) ? »

Il est aussi, plus rarement, drôle en public. Avec quelques exceptions. Comme cette grande et célèbre rigolade en 2001 avec Christine Bravo, en direct sur France 3 dans « On ne peut pas plaire à tout le monde ». L'animatrice montre au maire de Neuilly un passage salace de *La Vie sexuelle de Catherine M.* L'autrice est présente sur le plateau. Les voilà partis tous deux dans un fou rire interminable, devenu culte. « Ma carrière est foutue », pense Nicolas Sarkozy. Au contraire, constate l'animatrice : « Ce fou rire a changé la perception qu'on avait de lui. Il est très drôle. À Neuilly, on l'appelait Nique. » Lequel ajoute alors : « Même si elle n'a pas voté pour moi, qu'elle cesse de m'appeler Nique. » Il est apparu également hilare en récitant de mémoire le sketch de Luis Rego, « La journée d'un fasciste », en l'occurrence Jean-Marie Le Pen : « Je suis fasciste, je m'assume, je vous laisse vivre, foutez-moi

1. RTL, 20 avril 2012.

la paix, *Heil Hitler*[1] *!* » Fou rire également avec Emmanuel Macron, dans l'avion retour du plateau des Glières. Ils collent sur François Hollande une réplique des *Tontons flingueurs* : « J'ai pas entendu dire que le gouvernement t'avait rappelé. Qu'est-ce qui t'a pris de revenir ? »

Revanche

Prêt pour une double revanche, sociale et affective, sur son enfance chaotique dont il n'a pas la nostalgie « parce qu'elle n'a pas été un moment particulièrement heureux ». Élevé, après le divorce de ses parents, par sa mère « Dadu », énergique Juive sépharade grecque, le fils d'immigré hongrois, « petit Français de sang mêlé[2] », s'est dit « façonné par les humiliations de l'enfance ». Petite taille source de moqueries enfantines, mauvais élève dans un établissement huppé du XVIIe, bagarreur et même « vrai petit voyou » selon son frère Guillaume, il n'a droit qu'aux remontrances de son père distant : « Jamais tu ne réussiras en France. »

La passion du foot, du cheval et du vélo compense les frustrations de l'ado et lui permet de canaliser son trop plein d'énergie. Très tôt, celle, dévorante, de la politique, prend le dessus : il pressent qu'il trouvera à travers ce combat, sans surprise quand il s'agit d'ennemis, sans pitié au sein de son propre camp, la voie pour acquérir

1. Luis Rego, vedette avec Pierre Desproges et Claude Villers du « Tribunal des flagrants délires », dans les années 1980. Cité par Laurent Bazin et Alba Ventura, *Le Bal des dézingueurs, op. cit.*
2. Discours du 14 janvier 2007.

la reconnaissance sociale à la hauteur de ses frustrations. Quitte à avaler toutes les couleuvres, y compris celles de son mentor, Jacques Chirac, dont le « Je décide, il exécute » a fait date. « Ceux qui ne peuvent supporter d'être haïs ne doivent pas faire de la politique. Il n'y a pas de destin sans haine », avait-il écrit sur son site Présidentielle 2012. Prémonitoire, venant de celui qui fait tout tellement vite qu'il va aussi battre le record de vitesse en matière d'impopularité durant la Ve République. Au point de compromettre sérieusement ses chances de réélection.

Jean-Pierre Raffarin l'a pressenti dès février 2012[1]. « Le grand sujet, c'est sa relation affective avec les Français. Le cœur n'est pas déterminant, mais c'est un paramètre important. Or, Nicolas vit dans un univers rationnel. Il aime plus la politique que les Français. Il pense que l'affectif parasite l'efficacité, l'énergie, la puissance. C'est un point commun avec VGE : l'efficacité contre l'affectif. Il peut être chaleureux, mais peu en public ». Pour preuve de sa relation « insuffisante » avec les Français, l'ancien Premier ministre, sénateur provincial, raconte un président qui ne donne pas de son temps, par exemple lors de ses visites du mardi : « Petit déjeuner avec nous, départ vers 10 heures, retour à 14 heures, après des étapes de vingt-cinq minutes. Il ne dort pas en province. Les gens ne l'ont pas vu. Ils le regardent à la télé ! »

Nicolas Sarkozy, au contraire, « revendique haut et fort cette part d'humanité qui doit être celle du président de la République[2] » et revendique, dans ses

1. Entretien avec l'auteur.
2. *Le Temps des tempêtes*, *op. cit.*

livres, son souci constant de proximité avec les Français, quitte justement à être le premier président à abolir, par franchise, la frontière entre vie publique et vie privée. « Il est profondément sensible à la souffrance d'autrui, plus humain sans doute, dans la profondeur de sa personnalité, qu'aucun autre chef d'État de la Ve République[1]. »

Un « coq nain », selon Obama

Dans sa bataille d'ego, il a les ergots bien acérés et « la poitrine bombée comme celle d'un coq nain », selon le portrait peu flatteur de Barack Obama[2] : « Sarkozy était tout en emportements émotifs et en propos hyperboliques. Avec sa peau mate, ses traits expressifs, vaguement méditerranéens (son père était hongrois, son grand-père maternel juif grec), et de petite taille (il mesurait à peu près 1,66 mètre, mais portait des talonnettes pour se grandir), on aurait dit un personnage sorti d'un tableau de Toulouse Lautrec. » Ou encore : « Les discussions avec Sarkozy étaient ainsi tour à tour amusantes et exaspérantes, ses mains en mouvement perpétuel, sa poitrine bombée… »

Le coq ! Celui du Chantecler d'Edmond Rostand vient aussitôt sous la plume : « Je chante ! Et, tout à coup, / Je recule, / Ébloui de me voir, moi-même, tout vermeil, / Et d'avoir, moi, le coq, fait lever le soleil ! » Sur le

1. Maxime Tandonnet, *Histoire des présidents de la République*, *op. cit.*
2. Barack Obama, *Une terre promise*, Fayard, 2020.

monde et sur la France. Ne croyant qu'à « la dynamique de l'optimisme[1] », le coq gaulois mouille plumes et crête pour agir à tout prix. Jamais en retard d'une autopromo, il se compare : « Mitterrand s'est fait élire pour jouir du pouvoir. Chirac, pour faire tranquillement la sieste. Moi, c'est pour agir. »

Et là, ça ne rigole pas. « Nicolas n'est pas drôle dans la vie professionnelle », admet Brice Hortefeux[2]. Du Premier ministre au plus modeste collaborateur, tous l'ont constaté, parfois à leurs dépens. Ses colères sont souvent accompagnées d'un « Vous êtes tous nuls ». Pierre-René Lemas, secrétaire général de l'Élysée sous François Hollande, rencontre à son arrivée des secrétaires et huissiers encore sous le choc des hurlements, cris, insultes : « Les dossiers volaient, les gens avaient peur… Le système de gestion de Sarko est fondé sur le stress, il l'a presque théorisé[3]. »

Dans les moments de pression qui nécessitent de la concentration, note Franck Louvrier, « il n'aime pas être distrait. Il ne prend rien à la rigolade ». Mais n'oublie pas de clore en ces termes ses innombrables conseils restreints : « N'oubliez jamais : mort aux cons. Les cons, je les sens venir. » Audiard à l'Élysée.

Il assume fièrement son label d'omniprésident : « Oh, je préfère qu'on dise ça plutôt que roi fainéant. » Allusion à Jacques Chirac, accusé d'avoir laissé filer sa longue présidence. « Ça, au moins, à force d'écrire que j'en fais

---

1. Jean-Michel Goudard.
2. Qui, lui, ne manque pas d'humour ! Entretien avec l'auteur.
3. Gérard Davet, Fabrice Lhomme, *Un président ne devrait pas dire ça… Les Secrets d'un quinquennat*, Stock, 2016.

trop, on ne se pose pas la question de savoir ce que je fais. C'est arrivé dans l'histoire de notre pays. » Sous-entendu : Chirac.

Selon sa lecture de la Constitution, il gouverne tous azimuts, secondé par un Premier ministre qualifié de « collaborateur ». Seul, comme tout président, au moment de prendre une décision opérationnelle qui pourrait causer des morts, par exemple au moment de la libération des otages du Ponant, en avril 2008, ou de l'intervention en Libye après le lâchage américain[1]. « Je n'ai plus un poil de sec », confie-t-il dans le feu de l'action. Pour venir au secours de la Géorgie, amputée de l'Abkhazie et de l'Ossétie du Sud, deux provinces que convoitait la Russie.

Pour « sauver » le monde de la crise financière de 2008, il s'agite, déploie ses ailes, joue l'intox, bouscule les « collègues » américain, allemand, chinois, britannique et les autres, renverse la table de la loi budgétaire, fait cracher au bassinet, mate la crise. « Si ce n'est pas la moralisation et la refondation du capitalisme, qu'est-ce que c'est ? » Lui, en tout cas, y croit, ou fait mine. Virage à 180 degrés, sans états d'âme. Au diable le credo libéral de son élection, la toute-puissance du marché, la spéculation sans limites, le capitalisme outrancier. Vive l'interventionnisme de l'État et le dirigisme[2]. Bravo Nicolas, concèdent Obama et Merkel, qui connaissent bien leur coq, tandis que le chœur des courtisans jacasse.

---

1. Suivi du lâchage de Barack Obama sur les armes chimiques en Syrie, sous François Hollande, et du retrait de Kaboul en août 2021, sous Emmanuel Macron.
2. Discours de Toulon, 25 septembre 2008.

« Capitaine courage », applaudit Laurent Wauquiez, à l'époque secrétaire d'État.

En France, c'est la même chose. « Je dois tout faire moi-même », répète-t-il, jamais avare d'une humiliation du Premier ministre et de ses carpettes ministérielles. Il est direct avec tout le monde, sans se cacher derrière des finasseries langagières. Il vide son fiel sarcastique devant banquiers et assureurs, reçus le 30 septembre 2008 : « Vous qui avez fait les grandes écoles et êtes tous à bac + 24 ou plus, ça fait des années que vous achetez n'importe quoi aux États-Unis. Aujourd'hui que ça va mal, vous venez tendre la sébile à l'État. »

Régime ceinture !

Obsédé par le résultat, il ne cesse de courir, à la fois lapin Duracell et Forrest Gump : « Je suis comme lui. Il y a tout le temps en moi une petite voix qui crie : cours, Forrest Gump. Alors je cours[1]. »

Il s'entraîne et se nourrit comme un compétiteur sportif. Premier président à pédaler et à jogger en tous lieux et à toute heure, même la nuit en Arabie Saoudite. Oubliée la blague de Jacques Chirac, « le sport est dangereux pour la santé », à la suite du conseil churchillien : « *No sport !* » Strict régime alimentaire et repas vite expédiés, selon Bernard Vaussion, ancien chef des cuisines élyséennes : crudités, poulet émincé, poisson, fromage blanc 0 %, pas de sauce, pas de fromage, jus d'orange pressée. « Jamais une goutte d'alcool. » En France ! « Pourtant,

1. Franz-Olivier Giesbert, *Derniers carnets*, *op. cit.*

les Français m'ont élu président », blague-t-il. « On a essayé le vin. Ce fut un grand échec », reconnaît Franck Louvrier, dépité mais amusé. Moins bon vivant que Pompidou et Chirac, « il aime quand même la vie. Il n'est pas gigot ni bourgogne, mais, avec Carla, il adore la cuisine italienne. Maintenant, les repas se prolongent le soir. Il reste à table, car il est bien en famille, avec les amis. Carla fait des pâtes. Tout le monde se sert, on discute, on rigole. Nicolas ne dit presque rien. Il est discret, attentif, il écoute ses invités[1] ». Il commet tout de même quelques entorses : truffes noires du Périgord, soupe aux artichauts et truffes, macaronis aux truffes, pâtes aux truffes à La Petite Maison, à Nice. Sans oublier ses passions des chouquettes et du chocolat qui prêtent à un pont aérien, comme en octobre 2003, à l'ambassade de France à Alger.

Les réformes

Le sentiment que le temps est compté le dope : « On agit plus et plus vite[2]. » En mouvement perpétuel, l'hyperactif veut « être partout où on ne [l']attend pas, prendre l'adversaire par surprise, à contre-pied. Jamais inerte. Diviser l'opposition ».

Son volontarisme s'exerce sur tous les fronts. Dès le 30 août 2007, il annonce la couleur devant l'Université d'été du Medef : « J'irai chercher la croissance avec les dents, je serai le président du pouvoir d'achat. » Suivent

1. Franck Louvrier, entretien avec l'auteur.
2. *Le Monde*, 17 juillet 2014.

quatre lois pour plus de liberté, plus de concurrence, plus de déréglementation : loi en faveur du travail, de l'emploi et du pouvoir d'achat (loi Tepa) de l'été 2007, surnommée « paquet fiscal » ; loi pour le développement de la concurrence ; loi pour le pouvoir d'achat, en janvier 2008 ; loi de modernisation de l'économie (LME) en août 2008, inspirée du rapport Attali. La crise va mettre à mal le dispositif et les espoirs. Il s'attaque à nombre de vaches sacrées sociales. Il impose un service minimum dans les services publics (enseignement, transports) : « Désormais, quand il y a une grève, plus personne ne s'en aperçoit… » Une provocation, mais pourquoi bouder son plaisir, aux yeux des syndicats, de la gauche et des partenaires européens. Ce n'est pas tout : retraite passée de 60 à 62 ans, réforme des régimes spéciaux, heures supplémentaires défiscalisées, révision générale des politiques publiques, RSA, baisse de la taxation des héritages, bouclier fiscal limité à 50 % d'impôts sur les revenus, fin de la taxe professionnelle, statut d'autoentrepreneur et protection du patrimoine des petits patrons, autonomie des universités malgré une très longue grève, Grenelle de l'environnement, emprunt national de 35 milliards pour les investissements d'avenir, jurés populaires en correctionnelle, suppression de cent soixante-dix-huit tribunaux d'instance, réforme constitutionnelle avec le mandat présidentiel renouvelable une seule fois, le président devant le Congrès, et une vraie nouveauté : la question prioritaire de constitutionnalité (QPC). Après l'échec du référendum européen, il fait passer son Traité simplifié, intervient en Libye, joue le médiateur dans la crise entre la Géorgie et la Russie de Poutine, sorti gagnant, fait revenir la France dans le commandement intégré de l'Otan.

Des réformes mises en place dans une verticalité du pouvoir revendiquée, même si elle apparaît en décalage avec l'horizontalité qui a cours aujourd'hui : « Pour moi, tout est verticalité. Le monde de l'horizontalité, je ne suis pas prêt à faire n'importe quoi pour ça. [...] On tire les gens au sort, c'est pas mon truc... On n'avance que par le leadership[1]. » À une condition, avouée avec humour : « Un peu de démagogie ne fait pas de mal. »

Les cocoricos non plus. « La France est de retour... Kennedy, c'était rien à côté. Je suis dans la presse internationale tous les jours », chante notre coq. Cette « ivresse de soi », détectée par Franz-Olivier Giesbert, « journaliste connivent » assumé[2], procède d'un déficit de surmoi, selon Jacques-Alain Miller : « Le problème de Nicolas Sarkozy, c'est qu'il est nature. Il ne manie pas sa personnalité comme un masque : il se confond avec elle. Il est envahissant pour les autres parce qu'il est envahi par lui-même, par ses pulsions. Il est tout le temps sur le qui-vive. En termes techniques, chez lui, le moi est mal différencié du *ça*. Quand le *ça* empiète sur le moi, il y a déficit de *surmoi*[3]. » Le déficit de « l'enfant-roi » qui « traîne toute sa vie une angoisse considérable[4] ». Et ne grandit pas comme il devrait, à en

1. « Quotidien », TMC, 10 septembre 2020.
2. Dans *Monsieur le président*, *op. cit.* Contrairement à d'autres confrères qui, sous le masque de l'« indépendance », ont survécu sous la Ve République. Plus rares furent ceux qui ont payé leur liberté de la vindicte des présidents.
3. *Le Point*, 20 mars 2008.
4. Aldo Naouri, *Éduquer ses enfants*, Odile Jacob, 2009.

juger par le raccourci du chansonnier Jacques Mailhot : « Ils avaient bien mis la farine, mais oublié la levure[1]. »

Champion des lapsus

À courir vite tout le temps, sans surmoi et « sans levure », comment ne pas commettre de délicieux lapsus, pépites d'humour involontaire d'un président sous haute tension ? « J'ai l'honneur de vous remettre le prix de la veuve Clito…[2] », déclare-t-il à Nicole Bru, PDG des laboratoires Upsa. Une cérémonie tout de même arrosée de vrai champagne Veuve Clicquot ! Candidat à la présidentielle de 2007, il promet de « mettre plus de moyens au service de l'injustice » ! À l'Élysée, un sommet social lui donne l'occasion de rassurer Laurence Parisot : il continue à « faire de la démagogie… euh, pardon, de la pédagogie ! ». Il n'a en revanche rien à dire à « Mme Soufflot » (Cécile Duflot) sur la taxe carbone. Le centre hospitalier Paul-Brousse a droit à ses félicitations pour sa « 2500e greffe de la foi (du foie) », tandis que, toujours sur le plan médical, « les tests ADN ne sont utiles ni en termes de droits pour les uns ni en termes de protection du tribu… du territoire français ».

Tribu… tribunal ? Le mot ne va plus lâcher Nicolas Sarkozy. Interviewé sur l'affaire Clearstream, il prend, quand il s'agit de ses adversaires, ses désirs pour des réalités : « Deux juges indépendants ont estimé que les

1. *La Montagne*, 11 mai 2008.
2. 13 octobre 1993. Il est alors ministre du Budget d'Édouard Balladur.

coupables (les prévenus en fait) devaient être traduits devant le tribunal correctionnel ». En novembre 2010, François Fillon est reconduit à Matignon après des mois de tergiversation. Pas de chance pour Jean-Louis Borloo, longtemps pressenti, mais « il rentrera… euh, il rendra de grands services à la France ». Il ne cache pas, au même moment, avoir des « moments de découragement, mais ils ne durent pas longtemps. C'est rude, mais (s)a détermination n'a rien changé [au lieu de "changé en rien"] ». Il a aussi des moments de grande confusion : « C'est pas parce que vous voulez renverser la table que vous descendez de la voiture dont vous vous abstenez de choisir le chauffeur[1] ! » Comprenne qui pourra…

En tout cas, comparaison n'est pas raison. En 2013, par exemple, quand il mélange viande de cheval et adoption par les couples homosexuels[2] : « Tout le monde veut savoir s'il y a du cheval dans ce que l'on mange, mais la traçabilité des enfants, qu'est-ce qu'on en fait ? » Le 5 septembre 2015, il se dit très attaché à une valeur : « La France a toujours été du côté des opprimés, du côté des dictateurs ! » Enfin, aucun complexe pour cuisiner à sa sauce quelques expressions : « C'est pas passe-moi la salade, je t'envoie la rhubarbe ! » au lieu de la classique « passe-moi la rhubarbe, je te passerai le séné[3] ». Quelques lapalissades pour faire bonne mesure : « Si nous ne réussissons pas, nous échouerons » ; « Mourir, c'est pas facile » ; « La nuit, il n'y a pas de soleil » (à propos des énergies renouvelables) ; « Si on ne dit rien, il n'est

1. *Le Point*, 17 décembre 2015.
2. Interview à *Valeurs actuelles*.
3. 7 décembre 2015.

pas étonnant que les électeurs ne nous écoutent pas[1] » ; « Entre l'Amérique et nous, il y a l'Atlantique[2] ».

À défaut du prix du lapsus du Press Club, pourtant amplement mérité pour l'ensemble de son œuvre, Nicolas Sarkozy a tout de même été honoré du Grand Prix de l'humour politique en 2015 pour cette saillie : « Pour désespérer de François Bayrou, encore faudrait-il que j'aie un jour placé de l'espoir en lui. » Une petite vacherie bien dans la veine sarcastique qu'il a toujours affectionnée.

La carapace de la tortue

Tueur, mais en quête d'amour, il cite toujours l'image de la carapace : « Les politiques sont comme les tortues. Elles ont une carapace, et comme dans toute carapace, il y a une faille[3]. » Dans son cas, ce pourrait être la sensibilité que confère la présence exclusive de femmes, dont celle de Dadu. Présence aliénante dont il a besoin, diagnostique le psychanalyste Jean-Pierre Winter. Sans une femme, il est perdu. C'est pourquoi il vit sous la contrainte de la séduction. Mais il en est conscient et l'assume, se comparant à DSK, pour qui « aimer les femmes c'était les posséder. J'ai toujours pensé qu'aimer les femmes, c'était aimer être aimé des femmes[4] ! »

Avec des effets dévastateurs dans sa vie intime, dès le début du quinquennat : « Mon élection aurait dû être

1. Olivier Clodong, *Bourdes de politiques*, *op. cit.*
2. Lexpress.fr
3. Cité par Brice Hortefeux. Entretien avec l'auteur.
4. *Le Temps des tempêtes*, *op. cit.*

le couronnement de ma vie, mais une partie de ma tête était ailleurs. Ma famille explosait[1]. » Pas question pour autant de faire son Mitterrand à la double (ou quintuple ?) vie : « Je ne voulais pas jouer la comédie d'un pouvoir froid et insensible. Je pressentais que celui-ci avait un besoin vital d'incarnation. Je voulais me présenter tel que j'étais, sans faux-semblants, sans artifices. » Une authenticité en réalité signe de faiblesse ? Il y voit plutôt le courage pour affronter la vérité. Celle que lui a imposée Cécilia. Et puis, n'est pas Mitterrand qui veut ! « Il ne sait pas faire avec les femmes. Il est toujours maladroit », tranchait en 2012 un ancien Premier ministre[2].

L'« erreur » et la « bêtise »

Son quinquennat démarre, reconnaît-il, sur une « véritable erreur » : le soir de son élection, le 6 mai 2007, il pense disposer de quinze jours pour gérer à sa guise sa vie privée avant la passation de pouvoirs à l'Élysée. Erreur doublée d'un « manque de bon sens », l'illusion qu'il pourra sauver son couple, « tourner le dos au passé… Il aurait fallu être deux. Or, j'étais seul[3] ». Cécilia le rejoint au Fouquet's où le gratin du Cac 40 à la française – Bernard Arnault, Vincent Bolloré, Martin Bouygues, Serge Dassault, Antoine Bernheim, Henri Proglio, Dominique Desseigne… – est venu saluer son

1. « Des paroles et des actes », France 2, 6 mars 2012
2. Entretien avec l'auteur.
3. Nicolas Sarkozy, *Passions*, Éditions de L'Observatoire, 2019.

vainqueur, accréditant aussitôt la réputation de « président des riches », pain bénit pour ses opposants. Les amis, ceux que Cécilia ne porte pas dans son cœur, sont restés à la porte. Le nouveau président sacrifie ses fidèles pour récupérer l'infidèle qui lui tient lieu de surmoi manquant. Jusqu'à leur divorce, en octobre… Cécilia nie toute responsabilité : la soirée au Fouquet's, ce n'est pas elle. « Vous vous êtes tous plantés. On me prêtait un rôle que je n'avais pas. J'ai accompagné un homme qui avait l'étoffe d'un homme d'État. Mais les Français n'ont pas élu un couple[1]. » Elle laisse entendre qu'elle a vécu la conquête élyséenne de son mari comme une dépossession : « Nicolas me voulait toujours à ses côtés, alors que lui n'était plus aux miens. » La belle vie en perspective ne pouvait combler le vide sentimental de cette femme libre, dotée, elle, d'un surmoi nourri de culture, d'élégance, de politesse, de foi en Dieu, des valeurs « pour se tenir droit jusqu'à la tombe », disait sa mère, petite-fille du compositeur espagnol Isaac Albéniz.

Après l'erreur, la « bêtise ». Il avait promis d'aller se recueillir dans une abbaye. C'est sur le yacht de Bolloré qu'il médite au large de Malte ! « C'était reparti, cette fois non sans raison pour le président des riches[2]. » À peine installé à l'Élysée, pas de temps à perdre : « Combien gagnait Chirac ? » demande-t-il à son cabinet ? La réponse le fait sursauter : 20 000 euros. Il s'augmente illico pour atteindre 19 331 euros et le fait savoir au Parlement. « Décision juste, équitable et transparente », écrit-il, et

1. Entretien avec l'auteur, *La Montagne*, 27 octobre 2013.
2. *Passions*, *op. cit.*

refus de ne pas s'appliquer ses « convictions intimes sur le travail et le mérite ». « Je n'ai pas cette forme d'hypocrisie. C'est sans doute une faiblesse[1]. »

Bonjour, tristesse ?

Une certaine sensibilité, faille dans la carapace du tueur protégé par une garde rapprochée et un « cabinet noir[2] », ne procède-t-elle pas de l'apaisement que lui procure sa subtile épouse Carla Bruni ? « La chanson la plus proche de mon mari, c'est sans aucun doute "Le Garçon triste"… Les gens disent de lui : "Il n'est pas du tout triste, il a tant d'énergie"… Bien sûr, c'est un homme de pouvoir qui aime la conquête. Mais je sens qu'il y a quelque chose derrière, comme une boîte de Pandore qu'il vaut mieux ne pas ouvrir… » « Je crois, moi, que les personnes qui vivent dans cette espèce d'énergie comme lui, dans cette espèce d'incandescence, toujours en action, toujours dans un mouvement, ne peuvent pas s'arrêter et s'approcher de leur tristesse en fait, car elle leur serait fatale. On ne les imagine jamais dans la tristesse, dans la mélancolie ou la nostalgie. On ne les voit jamais se pencher ou s'apitoyer sur eux-mêmes et, au contraire, on dirait qu'ils transforment toutes les tristesses en une envolée. C'est ainsi que j'ai écrit "Le Garçon triste" pour lui. C'est ce que je sens et ce que j'aime chez lui. Il est le contraire

1. *Le Temps des tempêtes*, *op. cit.*
2. Pour plus de détails, voir *Un président ne devrait pas dire ça…*, *op. cit.*, chapitre V.

de ce qu'il semble être. C'est très romantique ce que je viens de dire, non[1] ? »

Franck Louvrier ne le voit pas ainsi : « Triste ? Non, pas au sens d'inverse de gai. C'est qu'il s'évade dans ses pensées, pense soudain à autre chose, rentre en lui-même, s'isole. Pas comme Carla qui a toujours de la compagnie autour d'elle. Dans le Sud, ils sont toujours entourés de beaucoup de monde. Ils déjeunent souvent à six ou huit personnes. »

Mitterrand : « La ténacité, monsieur Sarkozy ! »

L'humour de Nicolas Sarkozy n'est pas, ne pouvait pas être de la même substance que celui de ses prédécesseurs, provinciaux, bourgeois ou de « la haute », nourris d'une solide culture « française », diplômés de grandes écoles ou, comme de Gaulle, figure historique. Certes, pour accéder à l'Élysée, ils ont tous « galéré » pendant des décennies, rappelait un jour François Mitterrand à Nicolas Sarkozy : « Savez-vous combien de temps j'ai dû passer avant de devenir président de la République ? Près de trente ans de préaux d'école, de sous-préfectures, de déplacements en voiture, en train, en avion. Trente années, c'est long ! Vous ne l'oublierez pas, vous qui êtes si pressé. Pour y arriver, il faut de la ténacité. Voyez Edgar Faure, il était plus intelligent que moi. Il n'y est pas parvenu. La ténacité, monsieur Sarkozy[2] ! »

---

1. *Madame Figaro*, 24 septembre 2020, et RTL, 8 octobre 2020.
2. *Passions*, *op. cit.*

Le fils d'immigré n'a pas mis trente ans pour y arriver, mais, plus que les autres, il a dû se battre pour surmonter le constant procès en illégitimité fait à cet ambitieux à la formation, à l'histoire et à l'identité qui tranche avec celle de ses prédécesseurs. La clé de sa conquête, c'est d'avoir aimé les tempêtes : « J'ai tout fait pour fuir les temps calmes et devenir un acteur de ces crises que j'appelais de mes vœux tout en les redoutant secrètement... Je les ai souvent cherchées, espérées, rêvées. Elles sont dans ma nature et constituent mon identité[1]. » Lucide, il assume cette stratégie des tempêtes, car il y a vu « le chemin le plus direct pour devenir enfin légitime aux yeux des autres ».

Malin, il a vite compris que peu d'ambitieux lui disputeraient cet appel de Chateaubriand : « Levez-vous, orages désirés ! » Toujours premier à « vouloir monter au front, à se rendre indispensable », à courir « au cœur du cyclone, au bord du précipice où l'on se sent le plus vivant », il y a puisé cette énergie qui a fait sa marque de fabrique. Jusqu'à aujourd'hui, où il demeure, dans le paysage national, une sorte de « tour Eiffel », dit-il lui-même non sans une pointe d'autodérision (ce n'est pourtant pas sa spécialité). Quelqu'un que l'on continue de consulter, car il a gardé sa capacité d'analyse politique, mais aussi de... nuisance, celle du tueur aux sarcasmes assassins. « Ne vous trompez pas sur moi, j'ai la politique dans le sang. Le fauve peut faire les yeux doux, mais il reste un fauve », répond-il, à demi blagueur, à une Indienne qui, lors du dîner d'État de la visite en Inde, insistait sur son éventuel mariage avec Carla[2] !

1. *Le Temps des tempêtes*, *op. cit.*
2. *Ibid.*

Comme à la pêche à la palourde, il faut creuser, parfois profondément, pour dénicher son humour particulier de revanchard sur une enfance et sur une vie qui ne l'ont pas toujours gâté. Sans pour autant le faire passer pour le Petit Chose, encore moins pour Cosette ou le comte de Monte-Cristo…

« Casse-toi, pauv' con ! » Avec l'alchimie du temps, qui peut transformer du plomb en or, sa célèbre et grossière réplique témoignerait presque d'une forme d'humour de l'irascible président[1]. À force d'être traduite et diffusée dans le monde entier à la vitesse des réseaux sociaux, utilisée à toutes les sauces, de pancartes de manifs aux tee-shirts et autres gadgets, l'insulte a fini par perdre de son agressivité initiale. Chacun se l'est appropriée et la détourne à tout propos pour plaisanter. Tel le sparadrap du capitaine Haddock, elle continue à lui coller à la peau et contribuera peut-être à sa postérité, même s'il ne se fait pas trop d'illusions à cet égard. Après s'être justifié, arguant qu'un président ne doit pas se laisser marcher sur les pieds, il a reconnu que « c'était une erreur et une bêtise de tomber à pieds joints dans un piège aussi grossier[2] ». Au risque de dégrader la fonction présidentielle…. De la même façon, ses fautes de français et l'emploi constant des « ça », « on », « faut pas », « c'est pas », « je veux pas » ont fait basculer le verbe présidentiel dans le registre populaire, là où ceux de ses pairs, par le passé, étaient de plus haute tenue. Ce n'est pas le moindre des paradoxes de ce type de reparties, tellement agressives

1. « Ah non, touche-moi pas ! Tu me salis ! » lui avait lancé un visiteur du Salon de l'agriculture, le 23 février 2008.
2. *Le Temps des tempêtes*, *op. cit.*

qu'elles finissent en effet, là encore grâce au temps, par devenir relativement drôles.

Au Kärcher…

D'autant que, sur ce créneau trash et cash, Nicolas Sarkozy était un multirécidiviste, politicien transgressif, sans tabou ni respect des conventions, revendiquant sa franchise, quitte à cliver l'opinion et la classe politique. Ses prédécesseurs mettaient un point d'honneur à respecter le code selon lequel « un président ne doit pas montrer ses sentiments », mais Nicolas Sarkozy, lui, juge cette posture dépassée à son entrée à l'Élysée. Après le culte du secret que partageaient François Mitterrand et Jacques Chirac, il prône « un peu de sincérité, d'humanité et de transparence pour favoriser le rapprochement qu'[il] souhaitai[t] entre les Français du quotidien et le président de la République… Être humain nécessitait à [s]es yeux, au minimum, qu'[il] p[ût] exprimer [s]es sentiments ».

Preuves à l'appui. Il reçoit et rend discrètement visite à des familles de victimes, malgré l'accusation qu'on lui fait d'utiliser les drames de l'actualité. Il est sous le choc quand, aux obsèques d'un gendarme tué en service, son garçon lui tire la main et demande : « C'est quand qu'il va sortir de la boîte ? » Ou envahi par l'émotion, sous la pluie, dans la boue, à la rencontre des victimes de la tempête Xynthia, en février 2010. « Il est la même personne en public et en privé, analyse Gaspard Gantzer[1].

1. Communicant de François Hollande à l'Élysée. Entretien avec l'auteur.

Il faut faire crédit de sa sincérité à cet animal politique, là où les hommes politiques sont tellement insincères… Cette absence de filtre public-privé le rend séduisant. Son côté premier degré, une part de folie, mais nature, est une arme en communication. »

Les années et l'expérience aidant, une fois sa soif de pouvoir étanchée, il a fait son autocritique et s'est bonifié : « Il n'est jamais bon d'être trop sûr de soi. » Il concède « avoir été maladroit en bien des occasions », évoque des initiatives « déplacées », quelques « vaines vanités sans légitimité ni politique ni morale », comme celle de désigner lui-même son successeur à la mairie de Neuilly. Il maintient toutefois que « les pires travers en politique, ceux que les Français pardonnent le moins, sont l'arrogance et le mensonge[1] ». Erreur et emportement sont vite oubliés, ajoute-t-il, « pour peu qu'ils soient reconnus et fassent l'objet d'excuses circonstanciées ». Il s'y est d'ailleurs parfois employé.

En réalité, il y avait eu un précédent au « Casse-toi… ». Le 20 juin 2005, en visite à La Courneuve après un affrontement entre bandes rivales, il avait promis de « nettoyer au Kärcher la Cité des 4000 ». La formule avait fait florès, et contribué sur le coup au succès médiatique du ministre de l'Intérieur. Le « Tartarin » de la sécurité en avait rajouté une couche, en octobre, en répondant à l'habitante d'une tour HLM, à Argenteuil : « Vous en avez assez de cette bande de racailles ? Eh bien, on va vous en débarrasser. » En avril 2006, lors d'un meeting sur « la France d'après », il avait prévenu : « S'il y en a que ça gêne d'être en France… qu'ils ne se gênent pas

1. *Le Temps des tempêtes, op. cit.*

pour quitter un pays qu'ils n'aiment pas. » Propos repris sous ce slogan : « La France, tu l'aimes ou tu la quittes », qui fit le succès de nombreux rappeurs et d'hommes politiques comme Philippe de Villiers. Autant de formules à l'emporte-pièce, utilisées ensuite au deuxième degré, ou détournées, qui ressemblent à des grenades dégoupillées, mais finalement amusantes.

Le « glaive » de l'humour

Elles ne font pas, pour autant, passer leur auteur pour un maître de l'humour. D'ailleurs, admet l'un de ses proches, Nicolas Sarkozy « n'est pas perçu comme quelqu'un qui aime l'humour ». Un euphémisme pour reconnaître, avec son ami Brice Hortefeux[1], que « sa conception grave du pouvoir n'est jamais joyeuse. Elle n'est pas ludique ». Personnage hors norme par sa capacité à gérer une pression permanente, au premier degré, sans masquer ses joies ou ses colères, il conçoit la politique comme « un rapport de force, un combat au corps à corps, sans distanciation ». Or l'humour crée au contraire une distance et procède également d'une distance, comme l'a tant marquée François Mitterrand dans sa volonté de maîtriser les hommes et les événements. « Pour Nicolas, ajoute Brice Hortefeux, l'humour n'est pas un bouclier, comme pour les autres, mais un glaive. »

Ce n'est pourtant pas l'image qu'il voulait donner de lui entre les deux tours de la présidentielle de 2007, en dressant son futur autoportrait : « Pour être président

1. Entretien avec l'auteur.

de la République, il faut être calme, et utiliser des mots qui ne sont pas des mots qui blessent, parce que quand on emploie des mots qui blessent, on divise son peuple, alors qu'il faut le rassembler[1]... »

Une sagesse post-élyséenne toute neuve, semble-t-il, à en juger par ses écrits où un peu de détachement et d'humour, souvent caustique, affleurent tout de même sous sa plume. Une sérénité acquise auprès de Carla, qui l'apaise et que lui-même protège. Ainsi, en Afrique du Sud, quand il s'avance à sa place pour lui éviter d'être emportée dans des scènes de danses où elle n'aurait peut-être pas été à son avantage !

Enfin heureux ? « Je suis le premier président qui n'a pas renoncé à son droit au bonheur, mais je n'ai pas le droit de le dire trop fort... Oui, heureux. C'est tellement difficile, ce métier. Présider, c'est une école d'humilité. Tous les jours, on reçoit des seaux d'ordures à la figure[2]. »

Mais, pendant longtemps, c'est François Ier qui aurait visé juste : souvent Nicolas varie, bien fol qui s'y fie ! Peu après, le 6 novembre 2007, son échange musclé sur le port du Guilvinec fait apparaître sa touchante promesse préprésidentielle pour ce qu'elle était, une blague électorale. Traité d'« enculé » par un des trois cents marins pêcheurs en colère contre la hausse du prix des carburants, il laisse parler son tempérament, avec le courage que lui procure son goût des situations chaudes : « Toi, si t'as quelque chose à dire, tu n'as qu'à venir ici. » Un autre marin s'attire la même dérisoire menace : « T'as qu'à descendre. » Il plaide qu'en allant au contact, « en réagissant

1. 2 mai 2007.
2. Dîner avec des journalistes, en Guyane, le 12 janvier 2012.

humainement aux souffrances des pêcheurs comme à leurs insultes, [il a] voulu montrer qu'[il] n'étai[t] pas en cire, qu'[il] ne jouai[t] pas un rôle, qu'[il] pouvai[t] être touché [lui] aussi. Comment créer, autrement, une relation authentique ? Comment éviter la violence qui naît souvent d'un sentiment de mépris ? Comment ne pas être pris pour un pantin politique sur lequel rien n'a de prise puisqu'il vit dans un autre monde[1] ? » Tout bien réfléchi, concède-t-il avec le recul, sa prétention à régler les problèmes là où les autres avaient échoué « constituait un incontestable péché d'orgueil[2] ».

Cinq ans plus tard, le 15 mars 2012, le candidat à un deuxième mandat perd de nouveau son calme quand un journaliste l'interroge sur une manifestation de salariés d'ArcelorMittal dispersée à coups de gaz lacrymogène : « Qu'est-ce que vous voulez que j'aie à foutre de ce que vous me dites ? Couillon, va ! » Quand il écrit, sa plume le présente sous un autre jour !

Le stand-upper

Le général de Gaulle, en conférence de presse, aura été le premier président de la Ve République à faire des one-man-show. Le spectacle prend une autre dimension avec Nicolas Sarkozy, qui rejoint la famille des stand-uppers, section politique. Il inaugure la nouvelle tendance à la confusion entre vie publique et vie privée : « Avec Carla, c'est du sérieux ! » Il se produit sur scène comme un de ces

1. *Le Temps des tempêtes*, *op. cit.*
2. *Ibid.*

professionnels du cabaret dont il a observé les mimiques, les silences. Il mouille la chemise, au figuré mais aussi au sens propre, au point de l'enlever à la fin du spectacle et de la tordre : « T'as vu, j'ai fait mieux que Johnny ! »

Il est même adoubé par un Jamel Debbouze narquois : « Monsieur Sarkozy, si vous m'écoutez, une star de stand-up comme vous, y'en a pas beaucoup, je vous produis demain[1] ! » Nicolas Sarkozy réplique sur le même ton moqueur : « Sur les sujets graves, il est difficile d'expliquer : il faut être clair sans être simpliste, dire la vérité sans mentir, sans affoler. Peut-être qu'un jour Jamel Debbouze fera de la politique en enlevant son masque. Je suis sûr qu'il sera très utile à la démocratie française[2] ! » Peu auparavant, Patrick Timsit avait raillé son « collègue » ex-président : « Il a toujours eu beaucoup d'humour : déjà son programme ! Il a toujours été drôle, même si un stand-upper ne doit jamais commettre l'erreur de rire de ses blagues. Mais je le défendrai toujours : c'est mon fonds de commerce, mon parachute doré[3]. »

L'humoriste Sarkozy, président de l'UMP, à Vélizy, le 6 octobre 2014 : « La sécurité en France, ça va très bien. Si on n'a que moi comme délinquant… Je suis très heureux de donner du travail à tant de gens ! » Deux jours plus tard : « L'autre jour, je parlais avec un ami du Massif central. Il me dit : "Tu sais, maintenant, on est avec la Haute-Savoie." Je dis : "Qui a imaginé un truc comme ça ?" Il m'a répondu : "Eux." Je dis : "Ne précise pas. J'ai compris !" »

1. RTL, 24 juin 2015.
2. TF1, 8 juillet 2015.
3. 23 octobre 2014, « C à vous », France 5.

Il est en scène à Belfort, le 12 mars 2015 : « François Hollande, il aime pas les riches, il aime pas les pauvres. Qu'est-ce qu'il aime ? Lui, oui, c'est incontestable. Il s'aime… En 2013, le chômage allait baisser, c'était sûr. Eh bien, vous aviez mal entendu. Il avait voulu dire 2014. En 2014, le chômage allait baisser. Certain. Vous avez des problèmes d'audition. Le chômage baissera en 2017, quand vous partirez… C'est lui le président, ce n'est pas… Valls, Premier ministre. J'ai beaucoup d'inquiétude pour lui. Il va craquer. Heureusement que le bouton nucléaire, c'est le bureau d'à côté. »

Il fait rire son public au détriment de *La Princesse de Clèves*, considérée comme le premier roman moderne, et des institutions : « L'autre jour, je m'amusais, on s'amuse comme on peut, à regarder le programme du concours d'attaché d'administration. Un sadique ou un imbécile, choisissez, avait mis dans le programme d'interroger les concurrents sur *La Princesse de Clèves*. Je ne sais pas si cela vous est souvent arrivé de demander à la guichetière ce qu'elle pensait de *La Princesse de Clèves*… Imaginez un peu le spectacle[1] ! » Ce disant, il ne mesure pas la connotation méprisante envers « ceux d'en bas ». De même lorsqu'il déclare que « le drame de l'Afrique, c'est que l'homme africain n'est pas assez entré dans l'Histoire[2] ». À sa suite, François Hollande, avec son allusion aux « sans-dents[3] »,

1. Meeting de Lyon, 23 février 2006. Ce propos, mal compris, a contribué à lui forger une réputation d'inculte, ce qui a ensuite paru excessif au vu de ses lectures.

2. Ce « discours de Dakar », le 26 juillet 2007, lui vaudra une volée de bois vert.

3. Citation vengeresse, hors contexte, de Valérie Trierweiler.

puis Emmanuel Macron à « ceux qui ne sont rien », n'ont fait qu'aggraver ce sentiment de mépris et d'injustice, carburant des révoltes sociales.

On peut être retraité et rester sur le pont. Toujours soucieux de ne pas quitter la scène politique française, il ne se limite pas à quelques meetings, aux coups de fil aux élus, aux photos au zinc d'un bistrot[1]. Aux remises de décorations, comme le 30 janvier 2014, au maire de Châtelaillon : « Il n'y a pas de journalistes ? C'est sûr ? »

Il adresse aussi des « cartes postales » aux Français, à tout propos : concert de Carla, hommage à Jacques Chaban-Delmas à l'Assemblée. Histoire de se rappeler à leur bon souvenir, au cas où... Bien sûr, ils l'avaient zappé en 2007, mais la roue tourne ! Brice Hortefeux qui accompagnait son ami en Haute-Savoie, en septembre 2013, avait expliqué la démarche : « Imaginez une petite carte postale. Au dos de la photo, on pourrait lire : "Bons baisers d'au-dessus de la mêlée." » Un peu comme la stratégie des « petits cailloux » de DSK avant la grosse tuile du Sofitel !

Moyennant quoi, tout le monde n'apprécie pas les sketches du stand-upper : « Son jeu de scène est quand même troublant », confie Jean-Pierre Raffarin[2]. François Fillon lui met une pelletée, avant d'être lui-même enseveli : « Les Français ont besoin d'élus modestes et courageux. Pas de bateliers de foire[3]. » NKM, en décembre 2015,

1. Tournée de vœux aux commerçants, le 21 janvier 2014, sur Instagram.

2. Le 15 juin 2015, Laurent Bazin, Alba Ventura, *op. cit.*

3. Université d'été des Jeunes Républicains, La Baule, le 5 septembre 2015.

n'est pas en reste : « Formidable comme politique, pathétique comme homme… Au bureau politique, personne ne moufte. Tous ces mecs, il faudrait leur greffer des couilles. » Luc Chatel le traite d'« agité du bocal ». Bruno Le Maire anticipe son échec : « Il croit qu'il est seul, mais il manque de lucidité. Les Français sont en train de tourner la page. Il n'est plus raccord avec la société française[1]. »

En fait, il a du mal à rester au-dessus de la mêlée. Ses conférences, ses déplacements en jet privé, même pour un meeting au Havre, son absence à la cérémonie du 27 mai 2015 au Panthéon à la mémoire de quatre grands résistants, passent mal. Comme sa comparaison à une « fuite d'eau » à propos de migrants[2]. Ou son incitation aux Républicains à ne pas soutenir l'union nationale de François Hollande après les attentats de novembre 2015.

Dans son viseur : François Hollande

Comme Babette, Nicolas Sarkozy s'en va toujours en guerre. « Il a l'attaque féroce. Dans ce cas, il ne blague pas », reconnaît Franck Louvrier qui, bon prince, nie toute méchanceté de la part de son ex-patron ! Un vrai tueur pourtant : « Quand un adversaire est à terre, il faut lui mettre une balle entre les deux yeux[3] ! » Souligné par Brice Hortefeux, son sens de la repartie, moquerie, sarcasme, raillerie, dérision, boutade… s'exerce avec l'efficacité « du gros rouge qui tache ».

1. Le 30 janvier 2015, Laurent Bazin, Alba Ventura, *op. cit.*
2. En meeting à L'Isle-Adam, le 18 juin 2015.
3. Laurent Bazin, Alba Ventura, *op. cit.*

Cible de choix : François Hollande. On les a pourtant vus rire ensemble. Une seule fois, et à la une de *Paris Match* ! Mais c'était pour les besoins de la cause européenne, lors des élections de 1999. Car, entre eux, ce n'est que duel au revolver, celui de l'ironie, plus sarcastique chez l'un, plus malicieuse chez l'autre. On devine qui est qui. Leurs échanges sarcastiques avaient commencé avant la présidentielle de 2012. Le candidat de droite, accusé d'être « le président des riches », contre-attaque en dénonçant l'« hypocrisie », les « mensonges » et les « tartufferies » de la « gauche caviar » et de François Hollande, qui s'offusque mais tolère les rémunérations de leurs « amis », comme Élisabeth Badinter, actionnaire de Publicis, dont le président a touché des bonus jugés scandaleux.

Les choses empirent lors de la passation de pouvoir de 2012, quand François Hollande ne raccompagne pas son prédécesseur en bas du perron de l'Élysée et, pire encore, l'exécute perfidement, dans son hommage à ses prédécesseurs. Il lui présente ses « vœux pour la nouvelle vie qui s'ouvre devant lui » ! Comprendre : bon débarras ! Un « manque de courtoisie républicaine » souligné par le mari de Carla Bruni, laquelle se venge dans sa chanson « Le Pingouin » : « Il prend son petit air souverain, / Mais j'le connais, moi, l'pingouin, il a pas des manières de châtelain, non, / (...) Eh, l'pingouin, si un jour tu recroises mon chemin, / Je t'apprendrai le pingouin, je t'apprendrai à m'faire le baisemain. »

Dès l'été 2012, l'éruptif Sarkozy envoie une première salve assassine contre le président et sa compagne Valérie Trierweiler, dont le comportement trouble le jeu élyséen : « Le monde s'écroule et eux ne trouvent rien d'autre à faire que de se promener en short sur la plage du Lavandou. On dirait les Bidochon en vacances. » Dans un communiqué, il réclame une action de la communauté internationale « pour éviter des massacres en Syrie », sous-entendant que le président « ne fait rien ». En privé, il ne cache pas qu'en fait « c'est de la politique intérieure » et se félicite : « Au moins, je lui aurai pourri ses vacances à Brégançon. » L'intéressé « met cela sur le compte des chaleurs de l'été », tandis que Laurent Fabius retourne un missile : « Le seul souvenir que j'ai de l'action de Nicolas Sarkozy sur la Syrie, c'est d'avoir invité Bachar el-Assad en 2008 à Paris. » Il ne mentionne pas le déjeuner à l'Élysée avec le dictateur et son épouse Asma, en décembre 2010, peu avant le soulèvement du peuple syrien.

Et ce n'est qu'une mise en bouche. Railleries et sarcasmes pleuvent sur François Hollande ! « Vous savez comment il est. Très sympathique devant… » « Il pense le plus grand mal de moi, je ne pense rien de lui. » « S'il se baladait dans la rue, on ne le reconnaitrait pas, hein… » « Tu l'as vu, ce petit gros ridicule qui se teint les cheveux ? T'en connais, des hommes qui se teignent les cheveux[1] ? » « Il est mal fagoté, il mange des frites. Quand on fait un métier public, il faut faire attention. » « Tout ce que touche Hollande, il le transforme en plomb. » « Il n'est pas bon et ça commence à se voir. Il est nul. » « On se demande jusqu'où M. Hollande va abaisser le pays[2] ? » Il « terminera avec du goudron et des plumes. »

1. *L'Express*, 2 juillet 2013.
2. *L'Express*, 23 juin 2014.

« J'ai rendu service à Hollande » !

En 2013, le refus de François Hollande de l'associer au retour de Florence Cassez, détenue au Mexique, alors qu'il avait œuvré à sa libération, ajoute à la détestation sarkozyste. Tous deux marquent une très courte pause « républicaine » d'un jour, le 10 décembre 2013, à Soweto, où ils sont venus rendre un dernier hommage à Nelson Mandela. « Nous sommes restés ensemble plusieurs heures, y compris en voiture. Les conseillers de l'Élysée ne savaient pas comment faire avec moi. Leur stress m'a bien amusé. François Hollande essayait d'être drôle. Je lui ai parlé de Bernadette Chirac, dont le canton était supprimé dans le nouveau découpage. J'ai plaidé pour cette vieille dame, son passé… Il a éclaté de rire. » Petite vengeance du temps où Bernadette avait été missionnée pour empêcher François Hollande de défier la Chiraquie en Corrèze.

Nicolas Sarkozy joue en Afrique du Sud le chevalier servant de Valérie Trierweiler, délaissée par celui qui l'avait présentée, trois ans plus tôt dans *Gala*, comme « la femme de sa vie » ! Elle refuse d'abord de monter en voiture avec lui, mais finit par accepter sa conversation, bien qu'il porte sur elle un jugement sévère. « J'ai rendu service à Hollande », lequel remercie en persiflant : « Vous vous rendez compte, à Soweto, il ne m'a parlé que d'argent, de ses cachets de conférencier à cent ou deux cent mille euros, voyages pris en charge ! Il est obsédé par l'argent. »

Le mois suivant, reprise des hostilités quand paraît la photo dans *Closer*, le 10 janvier 2014, du président de la République, casque intégral sur la tête, sur un scooter trois roues à quelques mètres de l'Élysée, devant le domicile de Julie Gayet, sa nouvelle compagne. « Lamentable, minable », assène Nicolas Sarkozy, qui est au courant de ces escapades motorisées depuis plusieurs mois. Facétieux et cruel, il pose à son tour dans *Paris Match* avec Carla sur un scooter et sans casque !

Le persiflage continue. « Pour gouverner un pays, on ne prend pas en général un leader qui voit moins loin, moins vite. Enfin, ça dépend, il y a des pays[1]... » « En France, quand le président est faible, c'est un problème... Moi, il y a plein de gens qui ne m'aimaient pas, mais on n'a jamais dit que j'étais faible[2]. » « C'est un homme qui ment tout le temps. Il n'y a rien de ce qu'il dit que vous pouvez considérer comme vrai. Rien. Dans sa vie personnelle comme dans sa vie professionnelle. »

Reçu à l'Élysée le 4 janvier 2015, il raille méchamment un François Hollande « immonde de près. Ses cheveux sont mal teints. Il a l'air d'un ministre chinois. La graisse dégouline sous sa chemise, et, en dessous, il a des petites jambes d'enfant ». Finalement, il se félicite de la dégringolade de François Hollande, dont « il ne reste rien de ses “Moi, président” et rien de sa république exemplaire ». Si bien qu'il n'exclut pas qu'« un jour le devoir m'appelle. [S]a meilleure attachée de presse, c'est François Hollande ! ».

1. Conférence à Monaco, le 18 juin 2014, devant le cabinet Deloitte. Prestation estimée à 100 000 euros.
2. Septembre 2014, *Le Parisien*, 4 novembre 2014.

Chirac : « dégager le vieux con »

Entre Jacques Chirac et Nicolas Sarkozy, c'est un « Je t'aime, moi non plus » très violent. Le courroux chiraquien est d'autant plus puissant qu'après vingt ans d'amitié politique, personnelle et familiale, le « traître » Sarkozy s'est rallié à Édouard Balladur. Sans états d'âme. Son diagnostic en 1994 quand les sondages sont encore favorables à Balladur : « L'électroencéphalogramme de la Chiraquie est plat. Ce n'est plus l'Hôtel de Ville, c'est l'antichambre de la morgue. Chirac est mort, il ne manque plus que les trois dernières pelletées de terre. » Même sa passion pour le Japon et les combats de sumo sont frappés de la dérision sarkozyste : « Comment peut-on être fasciné par ces combats de types obèses aux chignons gominés ? Ce n'est vraiment pas un sport d'intellectuel. Mitterrand, lui, au moins, avait du goût. » Quelques années plus tard, éclate l'affaire Clearstream qui éclabousse Nicolas Sarkozy. L'humour s'efface sous les insultes. Il traite son ancien mentor de « gâteux », « débile », « fou », « vieux con à dégager le plus vite possible de l'Élysée[1] ». Il rappelle que malgré leur « combat frontal », il a accepté de régler ses factures[2].

Ce n'est pas mieux avec Dominique de Villepin. Le feuilleton Clearstream de ce duel fratricide commence en 2004, sous la seconde présidence Chirac, avec la publication d'un listing falsifié de personnes, dont Nicolas Sarkozy, impliquées dans le scandale de commissions touchées lors

1. Devant des journalistes de *Marianne*.
2. En 2010, l'UMP a remboursé 1,7 million d'euros à la Mairie de Paris.

de la vente des frégates de Taïwan ! Le mis en cause a toujours l'insulte menaçante : « Un jour, je finirai par retrouver le salopard qui a monté cette affaire et il finira sur un croc de boucher. » Le « croc » est resté lui aussi célèbre. Entre les deux, toutefois, l'humour descend au-dessous de la ceinture. Dominique de Villepin, bravache sur le mode de son patron Chirac : « Nous sommes en 14, c'est la guerre des tranchées, moi j'ai des couilles. » À quoi son adversaire réplique : « En France, ce ne sont pas les couilles que l'on coupe, mais la tête. » Grandeur du débat politique ! En 2009, l'ex-Premier ministre est condamné pour complicité de dénonciation calomnieuse : « Nicolas Sarkozy avait promis de me pendre à un croc de boucher, je vois que la promesse a été tenue. » Finalement, non. Il est relaxé peu après, contrairement aux autres prévenus. Nicolas Sarkozy lâche rarement : « Une dissolution ratée, une législature ratée et un référendum perdu. Tu parles d'un CV. C'est grande gueule et petites couilles. » Quand il est élu président en 2007, Nicolas Sarkozy téléphone à son ennemi encore Premier ministre avant la passation de pouvoir. Il s'invite à Matignon pour un petit déjeuner : « J'ai formé mon gouvernement et choisi François Fillon comme Premier ministre. — Ah bon, pourquoi ? demande Villepin. — J'ai eu un chien, un labrador, très beau, très intelligent, mais méchant. Un mâle dominant. Voyez-vous, Dominique, j'en suis arrivé à la conclusion qu'il ne faut jamais mettre deux mâles dominants dans la même pièce. Et aujourd'hui, le mâle dominant, c'est moi. — Et le labrador ? — Je l'ai fait piquer[1]. »

1. Dominique de Villepin, « On n'est pas couché », France 2, 13 novembre 2010.

Personne ne trouve grâce aux yeux de Nicolas Sarkozy, dont la férocité stimule la créativité sarcastique. Pas même son parti, l'UMP, « ce ventilateur à merde » ! À droite, Jean-Louis Debré est en pole position de la dérision sarkozyste. « Il m'a toujours voué une haine tenace fondée sur une jalousie irrationnelle, mais assez fréquente chez cet homme. Sentiment très étrange pour celui qui connut une carrière inespérée vu son peu d'intérêt pour les débats intellectuels ou programmatiques[1]. » Jean-François Copé : « C'est bien gentil d'avoir de grandes ambitions, mais avant de sauter 2,10 mètres, il faut savoir sauter 1,40 mètre. » En septembre 2013, il l'honore de ce sarcasme : « Il fait bien le job à la tête du parti. On devrait s'en réjouir, parce que, pendant ce temps-là, il ne fait pas autre chose ! » Alain Juppé : « Je ne peux rêver de meilleur rival : il me fait passer pour jeune. »

Fillon, un « sans-couilles »

François Fillon, son Premier ministre pendant cinq ans, devient dans la bouche de son président : « Le « collaborateur » ; « Mister Nobody » ; un « planqué » ; un « sans-couilles » ; « un croque-mort » ; « On croit qu'il est intelligent et gentil, il n'est ni l'un ni l'autre » ; « En voilà un qui, quand il entrera dans le néant, se sentira chez lui » ; « Il ne suffit pas d'avoir de gros sourcils pour être Pompidou » ; « Ne le grattez pas, dessous il y a une teigne » ; « Quand c'est la guerre, il n'est pas là » ; « Il paraît qu'il a beaucoup souffert pendant cinq

1. Nicolas Sarkozy, *Le Temps des tempêtes*, *op. cit.*

ans (à Matignon). Peut-être aurais-je dû abréger ses souffrances… » « C'est moi qui l'ai sorti du caniveau », glisse-t-il à des journalistes en 2008. Il ne le rate pas, le 27 septembre 2013, à propos de la compétition pour la présidence de l'UMP : « Il avait tout pour gagner. Il lui aurait suffi de dire du bien de moi. Parce qu'il a été mon Premier ministre pendant cinq ans, il aurait dû être le premier des sarkozystes. » Mais François Fillon jouait plutôt la partition du droit d'inventaire, comme d'autres anciens ministres : « Je vois, je lis, j'entends que beaucoup de mes ministres ont souffert en silence. C'est étrange, personne ne m'a demandé de partir. Mais parce que je suis un bon chrétien, je veux leur promettre que plus jamais ils ne souffriront avec moi à l'avenir. »

Xavier Bertrand en prend aussi pour son grade quand il se déclare candidat à la primaire de l'UMP, le 16 septembre 2012 : « Ce bon à rien », « ce petit assureur » ; « un médiocre » ; « Qui l'a fait ministre ? c'est moi. Ce n'est pas la reconnaissance qui l'étouffe » ; « Lui, ce sera pieds nus avec des plaies ouvertes dans les mines de sel[1]. » Tout comme Bruno Le Maire, surnommé « Bac + 18 », candidat contre Nicolas Sarkozy à la présidence de l'UMP : « Ce connard que j'ai fait ministre[2] » ; « Quand les gens le voient à la télé, ils zappent » ; « Le pauvre : il écrit des livres en allemand que personne ne lit. Ah si, il y en a un que j'ai lu, c'est celui où il se masturbe[3] » ; « Il finira

1. Nathalie Schuck, Frédéric Gerschel, *Ça reste entre nous, hein ?*, Flammarion, 2014.

2. *Le Canard enchaîné*, 15 octobre 2014.

3. Dans *Le Ministre*, il raconte une scène dans le bain où son épouse « lui caresse doucement le sexe »…

en slip kangourou[1] ». François Baroin « a du talent. Pour quelqu'un qui ne travaille pas, il a fait une belle carrière ». Renaud Dutreil, ministre du Commerce de Jacques Chirac, estime « qu'on ne peut courir deux lièvres à la fois », cumuler un poste de ministre et président de l'UMP. « Question de compétences », tacle son collègue.

Sur Marine Le Pen : un « déménageur… C'est une masse. Elle fait hommasse[2] » ; « C'est son père, la culture en moins[3]. » Sur François Bayrou : « Son tempérament profond le portait à une détestation de tous ceux qui avaient réussi là où il avait lui-même échoué. Emmanuel Macron en fera à son tour, avant la fin de son quinquennat, l'amère expérience… François Bayrou a toujours trahi ceux qu'il a choisis. » Il compare aussi le maire de Pau à l'abbé Frollo qui, dans *Notre-Dame de Paris*, prêche rigueur et morale, tout en faisant le contraire.

Socialistes, journalistes…

Au sujet de Lionel Jospin : « Zapatero n'est peut-être pas très intelligent, mais j'en connais qui étaient très intelligents et qui n'ont pas été au second tour de la présidentielle[4]. » « Les socialistes, ils ne sont pas mauvais, ils sont nuls. » DSK est comparé à la pizza calzone,

---

1. *Le Canard enchaîné*, 5 décembre 2014.
2. Nathalie Schuck, Frédéric Gerschel, *Ça reste entre nous, hein ?*, *op. cit.*
3. Devant des journalistes, le 6 juillet 2011.
4. Déjeuner avec des parlementaires, le 16 avril 2009. Propos polémique sur Zapatero démenti par les uns, confirmé par d'autres qui, tel François de Rugy, plaident que Nicolas Sarkozy se voulait « ironique ».

car il est, dit-il, « gros et bouffi d'orgueil ». Il regrette de l'avoir soutenu pour la direction générale du FMI. La dérision n'épargne pas Ségolène Royal. Lors des obsèques d'Aimé Césaire en Martinique, elle s'offusque, avec « ce ton péremptoire qui la rend si sympathique », que le préfet soit vêtu de blanc. « Madame, sans doute l'ignorez-vous, le blanc est l'une des couleurs du deuil en Martinique. » Il rend hommage en revanche à Claude Allègre et Michel Rocard, pour leur intelligence, leur drôlerie et leur absence de sectarisme.

Les journalistes, qui ne l'épargnent pas, ont droit à ses railleries. Christophe Barbier, qui, « pour être certain qu'on le remarque, arrive, toujours affublé, hiver comme été, d'une écharpe rouge ». À propos de son commentaire sur son mariage avec Carla : « Sa pudeur s'était effacée devant le besoin irrépressible de donner son avis sur tous les sujets, surtout sur ceux qu'il ne maîtrisait pas. » Airy Routier et *Le Nouvel Obs* sont alignés pour la mention du SMS, fameux mais faux, de Nicolas à Cécilia : « Si tu reviens, j'annule tout[1]. »

Il a le tutoiement facile avec les journalistes, tout en les jugeant globalement médiocres : « Ça fait plaisir de te voir, dit-il à Gérard Leclerc avant une interview. Tu es resté combien de temps au placard ? J'avais protesté[2] ! » Fausse connivence, et plus si affinités ! Martin Bouygues, Bernard Arnault, François Pinault, Arnaud Lagardère ont été soumis à de fortes pressions pour virer tel ou tel insolent. Alain Genestar, directeur de *Paris Match*, coupable d'avoir publié une photo de Cécilia dans la tendre

1. *Le Temps des tempêtes, op. cit.*
2. Le 30 juin 2008, au « 19/20 » sur France 3.

compagnie de Richard Attias, à New York, est convoqué place Beauvau : « Je n'oublierai jamais le ton méprisant et violent qu'il a eu ce jour-là[1]. » Patrick Poivre d'Arvor avait jugé le président au G8 « un peu excité, comme un petit garçon en train d'entrer dans la cour des grands ». Viré de TF1[2]. « Tu aurais quand même pu m'appeler », regrette PPDA. « Si je t'avais appelé, ça aurait fait comme l'assassin qui revient sur les lieux de son crime. » Bel aveu, joli lapsus selon Franz-Olivier Giesbert, qui a lui aussi essuyé les foudres de l'impétrant. De même, l'humoriste Didier Porte et bien d'autres. Nicolas Sarkozy suit l'exemple de ses prédécesseurs.

« On a le droit de dire "singe" ? »

Il ne fait qu'une bouchée du politiquement correct. En meeting, à l'aide de gimmicks, d'histoires, anecdotes, et autres formules, il tourne en dérision l'adversaire de gauche et la police de la pensée qui proscrit certains mots. Toujours transgressif, il assimile par exemple les mots « singes » et « nègres », par allusion implicite seulement. À l'occasion de la sortie de son livre *Le Temps des tempêtes*, il critique « cette volonté des élites, qui se pincent le nez, qui sont comme les singes qui n'écoutent personne ». Il marque un temps et reprend, ironique : « Je ne sais

1. *Le président*, *op. cit.* Alain Genestar quittera *Paris Match* en juin 2006.
2. Nicolas Sarkozy, un peu plus tard : « Ce que j'aime bien chez toi, c'est que tu ne me ménages pas. Je déteste les journalistes qui me lèchent ! »

plus si on a le droit de dire “singe” ? Parce que… on n’a plus le droit de dire les… On dit quoi ? *Les Dix Petits Soldats*, maintenant ? C’est ça ? Ouais… Elle progresse, la société[1] ! » Tempête sur les réseaux sociaux. « Naufrage raciste », dénonce Yannick Jadot, eurodéputé écologiste. En 2012, il fustigeait déjà « la guerre au dictionnaire » lancée selon lui par François Hollande, qui avait proposé de supprimer le mot « race » : « Alors, supprimons le mot “chômeur” pour supprimer le chômage, le mot “criminel” pour supprimer les crimes… »

Une blague sur le changement climatique : « Il y a maintenant une jungle à Calais[2]. » Rien de tel que la dérision pour gagner son public, surtout sur le dos d’une jeune fille, en l’occurrence Greta Thunberg, très jeune militante écolo suédoise : « Cette jeune si sympathique, qui a l’air si ouverte, et qui nous annonce un avenir radieux[3] ! » Alors que François Hollande se prononce pour la fermeture de la centrale de Fessenheim, il compare avec la catastrophe de Fukushima au Japon : « On a peur de quoi ? Un tsunami sur le Rhin ? »

Le fana de vélo et de Tour de France ne pouvait laisser passer les attaques des maires écologistes contre la Grande Boucle et son empreinte environnementale : « Si quelqu’un demain voulait construire la tour Eiffel, ceux qui défendent les crapauds à points jaunes et à pois bleus s’y opposeraient ! Jamais je n’aurais imaginé qu’on attaquerait les organisateurs du Tour et les coureurs et

1. Allusion au roman policier *Dix petits nègres* d’Agatha Christie, « Quotidien », TMC, 10 septembre 2020.
2. Vœux parlementaires, 7 janvier 2009.
3. Université d’été du Medef, 29 août 2019.

qu'on les mépriserait, en les traitant de pollueurs et de machistes[1]. » Il se moque de certaines idées de réforme éducative : « Si on remet des délinquants endurcis dans des lycées, c'est comme si on enfermait à la SPA un lion affamé dans une cage de chihuahuas. »

Autre gimmick de meeting : le sketch sur le travail du dimanche. Il raconte ses courses sur les Champs-Élysées, avec des magasins ouverts d'un côté et fermés de l'autre. Martine Aubry est elle aussi souvent raillée pour la remise en cause de la laïcité dans les piscines alors que les horaires réservés aux femmes, datant de Pierre Mauroy, ont cessé en 2008. Tout aussi fausse, l'accusation récurrente contre la CGT qui aurait empêché la parution d'*Ouest-France* publiant une interview du président candidat.

« Je veux une République irréprochable »

Nicolas Sarkozy n'est pas à un détail près quand il s'agit de se mettre à son avantage. D'aucuns diraient qu'« il change d'avis comme de chemises. Menteur ? Plutôt opportuniste. Il avait promis en 2007 une « République irréprochable », une « démocratie irréprochable », un « État respectable ». Promesse prise d'un air martial : « Je ne transigerai pas. » Après les présidences Mitterrand et Chirac, jalonnées d'affaires en tous genres, celle de Nicolas Sarkozy n'est guère plus vertueuse. Cinq ministres doivent démissionner, deux sont confrontés à la Cour de justice de la République, des proches du président sont mis en examen, l'accusation de népotisme

1. *Le Parisien*, 16 septembre 2020.

atteint le président[1], par ailleurs poursuivi dans plusieurs affaires par la justice.

Sans surprise : « Quand on monte au sommet de l'arbre, il ne faut pas s'étonner qu'il y ait plus de vent. » Mais les tempêtes judiciaires ne le font pas taire. Il traite les juges de « petits pois, même couleur, même gabarit, même absence de saveur », stigmatise les magistrats pour leurs « fautes » dans certaines remises en liberté de récidivistes, menace de supprimer le juge d'instruction. La justice suit son cours. Affaire Bettencourt, sous l'accusation d'avoir touché des enveloppes d'argent. Le 21 mars 2013, devant le juge Gentil : « Il porte bien son nom, celui-là. En 22 heures d'interrogatoires, on ne m'a même pas proposé un verre d'eau. » Sa mise en examen ? « Une injustice. — Vous n'avez pas à dire ça. — Pourtant, je le dis. — C'est terminé. — Non, ce n'est pas terminé, c'est un scandale, je ne vais pas me laisser faire. » Le 7 octobre, il bénéficie d'un non-lieu : « J'espère que ce ne sera pas le dernier. » Rires dans la salle d'audience.

Procès Bismuth, dit « des écoutes », sous l'accusation de « corruption et trafic d'influence ». L'occasion d'une raillerie : « Vous avez devant vous trois prévenus bizarres. Si vous additionnez nos trois casiers judiciaires, l'addition est vite faite : 0 + 0 + 0, ça fait 0. Non, ça fait la tête à Toto ! Et on ose parler de délinquants chevronnés ! » Il veut être « lavé de cette infamie ». Le 1er mars 2021, il est condamné à trois ans de prison, dont un ferme. À suivre, un deuxième procès dans la même affaire Bygmalion sur

1. Il voulait nommer son fils Jean à la tête de l'Epad (Établissement public pour l'aménagement de la région de La Défense), mais doit y renoncer face au tollé.

les frais de sa campagne de 2012[1] et les enquêtes sur un éventuel financement libyen.

Au cœur de tous ces tracas judiciaires, l'argent. « Quand je ne serai plus président, vous savez ce que je ferai ? Du fric et encore du fric. » Ses conférences dans le monde sont grassement rémunérées : « Ça me plaît beaucoup, mais je paie des impôts dessus. Est-ce que j'en ai honte ? Non. Est-ce que je dois m'excuser ? Non. Je suis entré dans le book des conférenciers internationaux. Je suis au niveau de Clinton. J'adore ça ; ça me change du bureau politique de l'UMP[2] ! »

Et l'autodérision ?

Finalement, Nicolas Sarkozy, ironique, moqueur, souvent sarcastique, voire insultant, parvient à cocher lui aussi nombre de cases de l'humour, sans parvenir au niveau d'un de Gaulle ou d'un François Hollande. Notamment pour l'autodérision, signe du véritable sens de l'humour. Avis partagés. « Non, pas d'autodérision chez lui », tranche un ami. « Il est drôle, sauf à son sujet », opine un ancien ministre. Pas du tout, objecte Maxime Tandonnet : « Il est prompt à l'autodérision sur son physique, sur son caractère, et répète souvent : je suis comme vous tous. Un jour viendra où tout cela prendra fin. Et tant mieux. »

1. Reconnu coupable de « financement illégal », il a été condamné le 31 septembre 2021 à un an de prison ferme, peine aménagée en détention à domicile sous surveillance électronique. L'ex-président a fait appel.
2. Laurent Bazin, Alba Ventura, *op. cit.*

François Hollande, encore lui, participe le 14 avril 2016, à « Dialogues citoyens », sur France 2. Une polémique éclate à propos du panel de Français anonymes. Nicolas Sarkozy, en voyage en Inde, évoque l'émission similaire « Des paroles et des actes », à laquelle il avait participé. « Moi, mon panel était très équilibré : 50 % me détestaient depuis toujours et les 50 % restant me détestaient aussi, mais seulement depuis 2012… On ne pouvait pas compter sur le soutien de Michel Field. » Il conclut, assassin : « De toute façon, vous pouvez faire toutes les émissions que vous voulez, si vous n'avez pas de message… François Hollande n'a aucune chance de briller face à des gens inquiets qu'il a déçus et trahis. »

Il se revoit tout jeune dans l'extrait d'une interview par Catherine Ceylac. Il se cache le visage dans les mains, rit de lui et ajoute : « Heureusement qu'il y a la robe de Catherine Ceylac. J'avais l'énergie pour enfoncer les portes ouvertes… »

Le 18 janvier 2011, il adresse ses vœux au monde rural à Truchtersheim, dans le Bas Rhin : « Je n'accepte pas les distorsions de concurrence avec l'Allemagne. Je ne le dis pas parce que je suis en Allemagne… euh, en Alsace. » Il se rattrape auprès des Alsaciens par ce zeste d'autodérision : « C'est là que vous voyez que j'ai raison de m'investir dans le chantier de la dépendance ! »

Il concède à Jack Lang qu'il est « un peu fêlé » et se moque de son agitation comme de ses virages de bord politiques : « Il y en a qui vont avoir des torticolis à force de me voir rebondir ! » Pour finir, il espérait tout de même vaincre l'antisarkozysme en 2012 avec cette image de l'animal politique qu'il fut : « On ne change pas les zébrures du zèbre, mais on s'améliore. »

François Hollande

« Gouverner, c'est pleuvoir »

« Gaspard, le scooter, indispensable pour réussir dans la vie ! » En accueillant ainsi Gaspard Gantzer, pour sa première journée de responsable de sa communication à l'Élysée, le président Hollande se moque bien sûr de sa propre histoire de scooter et de casque intégral qui lui a valu tant de railleries[1] ! « L'humour, selon Roselyne Bachelot, c'est être capable de se moquer de soi. Je n'en connais aucun, à l'exception notable de François Hollande, capable de se moquer de lui-même[2]. » Michel Sapin, un de ses plus anciens camarades, sait d'expérience « qu'il y a des choses qui vous échappent si vous n'avez pas d'humour par rapport à vous ». Rien à craindre de ce côté-là pour son ami, à l'abri du rire, son

1. La photo dans *Closer*, le 10 janvier 2014, de François Hollande à scooter, casque intégral sur la tête, pour cacher ses rendez-vous chez Julie Gayet, à deux pas de l'Élysée, n'avait pas rehaussé la fonction présidentielle.
2. Après avoir été pris, confirmé, reporté, l'entretien avec l'auteur a finalement été annulé, dès réception de questions sur l'humour d'Emmanuel Macron !

bouclier[1]. Mais les sourires et l'esquive de son humour caustique n'ont pas suffi à le mettre en situation pour un second quinquennat. Plombé par un certain Emmanuel Macron, son secrétaire général adjoint, salué à son départ de l'Élysée d'un « On se reverra ! ». Cela n'a pas tardé, en effet, mais pas comme le président l'avait imaginé. Son humour n'a pas suffi à lui faire avaler la « trahison » de son « ami sûr », « un garçon gentil, simple et qui m'est totalement fidèle[2] ». François Hollande, plombé aussi par son impopularité record qu'il constate non sans un malicieux regret dans un éloge à l'académicien Jean d'Ormesson : « Vous avez réussi tout au long de votre vie à être aimé. Je me suis posé cette question : comment avez-vous fait ? Aimé de tous ! Ceux qui racontent l'Histoire ont plus de chances d'être aimés que ceux qui font l'Histoire[3]. »

L'autodérision, bien dans sa nature, n'en est pas moins ambiguë. Preuve d'audace par le regard critique qu'il porte sur sa présidence, mais également feinte et leurre. Comme le dribble au football, sa passion d'enfance qui ne le prive d'ailleurs pas de tacler les footballeurs, des « gosses mal éduqués » qui ont besoin de « musculation de cerveau[4] ». D'aucuns ont sanctionné ce persiflage d'un carton jaune du mépris.

---

1. Dans *Le Président* (Fayard, 2012), Serge Raffy le compare à Lion, héros du film *L'Épouvantail* de Jerry Schatzberg, dans lequel Al Pacino se sort avec humour des situations les plus périlleuses.
2. Antonin André, Karim Rissouli, *Conversations privées avec le président*, Albin Michel, 2016.
3. Le 27 novembre 2014, lors de la cérémonie de remise des insignes de grand-croix de la Légion d'honneur à l'écrivain.
4. Gérard Davet, Fabrice Lhomme, *Un président ne devrait pas dire ça…*, *op. cit.*

Ses traits d'humour, aussi subtils soient-ils, peuvent apparaître comme autant de faux-fuyants pour ne pas dévoiler son intimité et ne donner prise à rien. Sa pratique de l'ironie relève donc également de l'art de la dissimulation. C'est le réflexe de défense du combattant assez sinueux et impénétrable pour entretenir les doutes sur sa sincérité.

« Parfois les mous… »

De ses nombreux sobriquets, « Pépère », « Culbuto » pour son étonnante faculté à se relever toujours, « capitaine Pédalo », « Flanby » comme le dessert gélatineux, selon Arnaud Montebourg c'est le qualificatif « mou » qui l'a fait réagir avec sa malice coutumière. Véritable encyclopédie du football, il s'est souvenu du fameux but de Panenka avec un « ballon mou » au championnat d'Europe de 1976 : « Parfois les mous peuvent atteindre la perfection, la subtilité, l'élégance, la surprise[1]. »

Ses chevilles ne gonflent pas pour autant, car il a toujours fait preuve de lucidité sur lui-même. Sur son physique. « Trop petit, trop râblé, pas très costaud, avec une légère tendance à l'embonpoint. Et puis il y a ces fesses qui semblent toujours le projeter à l'arrière. Il le reconnaît lui-même, il a le cul bas[2] ». Aux Jeux olympiques de 2012 de Londres, il pose, tout petit, devant des sportifs français, dont le basketteur Boris Diaw, 2 mètres : « Vous le

1. 28 avril 2016.
2. *Le Président, op. cit.*

voyez derrière moi ? » demande-t-il, pince-sans-rire, aux photographes[1].

A-t-il été raillé, notamment par Nicolas Sarkozy, pour sa prétendue teinture de cheveux ! « Avec toute la pluie que j'ai reçue, ma teinture de cheveux aurait dû fondre ! » Rumeur infondée[2]. « Le coiffeur devrait en témoigner. Je ne me suis jamais fait teindre les cheveux. Jamais ! Jamais ! Mon père avait déjà les cheveux comme ça… C'est un mythe, oui, je vais demander une expertise ADN ! Cela fait partie des sujets qui me sont totalement indifférents… » La preuve que non.

Sur sa popularité. En visite au Caire : « Vos prières sont les bienvenues », pour équilibrer les mauvais sondages. Une opération com est prévue en 2014 pour révéler « le vrai » Hollande. « Vous êtes impopulaire », balance RTL : « Oui, je l'ai constaté, je le vois, je le sens… Ce qui me frappe, c'est la brutalité, dès le début de l'été 2012. Ça confirme qu'une partie de ceux qui ont voté pour moi n'ont pas voté par adhésion… Je prends cela avec fatalisme et surtout de l'indifférence. C'est important que je sois stoïque. Toute révélation de faiblesse sera retenue contre moi. »

À Angoulême, le 8 octobre 2014 : « Je suis toujours là. » Il constate, amusé, que « les gens viennent voir le président. Le candidat, ils s'en moquent ! Les gens sont fiers de me voir chez eux, dans leur ville… Ils sont gentils avec moi… Ils se déplacent par curiosité, c'est déjà ça, non[3] ? » Un autiste se plaint directement

1. *L'Équipe*, 31 juillet 2012.
2. *Un président ne devrait pas dire ça…*, *op. cit.*
3. Laurent Bazin, Alba Ventura, *op. cit.*

à lui : « Quand les gens m'énervent, je n'arrive pas à me calmer. » Conseil du coach président : « Moi aussi, beaucoup de gens m'énervent, mais j'arrive à me calmer. Fais comme moi : décide que rien ne t'agace. C'est ça, le secret. »

Devant l'affiche du gouvernement britannique qui, en 1939, s'inspirait de Sa Gracieuse Majesté : « *Keep calm and carry on.* » Traduction : « Restez calmes et continuez normalement. » François Hollande, blagueur, à la reine d'Angleterre : « Majesté, je n'ose en faire ma devise. »

« Charlot », puis « Charlie » !

Elle semble pourtant l'inspirer lors des attaques terroristes islamistes de 2015. *Charlie Hebdo,* le 7 janvier. Ces journées dramatiques, constate-t-il, « ont changé le pays, mais aussi le regard qu'il porte sur ma présidence, car une épreuve comme celle-là change également celui qui, au plus haut niveau de l'État, a dû l'affronter[1] ». Sans lui faire perdre son ironie : « Certains me prenaient pour un charlot. Ils me soutiendront comme un Charlie[2]. »

Mais il était dit que son quinquennat ne serait pas aussi normal que souhaité. Déjà, le 22 janvier 2012, lors de son fameux discours du Bourget, le candidat avait failli se prendre une chaussure dans la figure ! « Elle glisse devant moi, sur l'estrade. Imaginez qu'elle

1. *Le Monde*, 19 janvier 2015.
2. *Le Point*, 22 janvier 2015.

me touche à la figure, ça change totalement. C'est terminé ! On ne retient que l'incident de la chaussure… Il y a toujours des imprévus. J'ai souvent pensé à cette histoire[1]. »

Sans doute lui est-elle revenue à l'esprit, le 11 janvier 2015, quand un pigeon s'invite à la marche républicaine contre le massacre à *Charlie Hebdo*. Centre du monde ce jour-là, François Hollande serre dans ses bras l'urgentiste Patrick Pelloux et salue les proches des victimes. Moment d'intense émotion que le facétieux volatile détourne en lâchant une fiente sur l'épaule présidentielle ! Comme pour lui rappeler que son séjour à l'Élysée n'échappera pas à l'adage chiraquien : « Les emmerdes, ça vole toujours en escadrille ! » Une simple fiente pour remplir la fonction dévolue dans l'Antiquité romaine à un esclave placé auprès de l'empereur pour lui répéter : « Souviens-toi que tu n'es qu'un homme. » La petite crotte n'a pas échappé au dessinateur Luz : « Hollande pourrait intégrer *Charlie* parce que, malgré lui, il a fait rire toute l'équipe en cinq secondes[2]. » Le président, philosophe : « C'est la vie. Même dans le drame, il y a toujours une place pour le sourire. Je ne me suis pas rendu compte de ce qui m'était tombé dessus, j'ai trouvé que si j'avais pu faire rire Luz, c'était bien. Cela venait du ciel. Comme un symbole : un ange de *Charlie* s'était pris pour un moineau[3]. »

Le 13 novembre, en revanche, dans cette nuit tragique au Stade de France, au Bataclan et à quelques terrasses

1. *Un président ne devrait pas dire ça…*, *op. cit.*
2. *Les Inrockuptibles*, 11 janvier 2015.
3. *Society*, 20 mars 2015.

parisiennes, rien ne vient détourner sa réelle empathie avec les victimes. L'énormité de l'attaque le submerge. Il apparaît sincèrement bouleversé.

Un autre pigeon sollicite son autodérision. Celui de la dessinatrice Louison, qui pose cette question : « Hollande, candidat en 2017 ? » et fait dire à son volatile : « Si c'est oui, je voterai pour vous[1]. » François Hollande, blagueur : « Je vais essayer de retrouver ce pigeon, car je cherche vraiment tous les électeurs en ce moment ! »

Faute de les avoir trouvés, il fait une tournée d'adieux. Il visite l'usine Petit Bateau qui a investi pour s'adapter à la concurrence[2]. Une allusion au second degré qu'il affectionne tant, même si en l'occurrence l'autodérision a un goût amer : « Il y a des marques qui peuvent connaître un engouement pendant un temps, et qui, après, déclinent. Cela pour toutes les marques et pour toutes les personnalités, d'ailleurs. Il faut toujours essayer de renouveler la marque si on veut durer, c'est un grand principe. » Le fin et expérimenté analyste politique, qui a avalé tant de couleuvres avec les Mitterrand, Jospin, Delors, Fabius et autres « camarades » socialistes, avait déjà compris que la nouvelle marque s'appelait Emmanuel Macron, pour lequel il a d'ailleurs voté, à son corps défendant.

Sa marque à lui reste celle de l'humour, même une fois déserté le rayon Élysée. Lors d'une visite dans le Midi, une femme remarque : « Ça fait bizarre de vous voir en

1. La dessinatrice a suivi le président en 2017 pour sa BD *Cher François*.
2. Le 6 avril 2017, à Troyes.

chair et en os. — Surtout en chair », blague celui qui n'en est plus à un régime près.

Recordman du Prix de l'humour

Aussi collectionne-t-il les prix Press Club de l'humour politique. Il est honoré tout spécialement le 28 novembre 2017 pour ses plus récentes saillies : « Aujourd'hui, je suis à deux doigts d'être aimé » ; « Toutes les décisions que je prends, je les prends seul avec moi-même, dans un dialogue singulier » ; « Heureusement que *Le Canard enchaîné* est un hebdomadaire et pas un quotidien, sinon imaginez où on en serait avec Fillon » ; « Je salue Christiane Taubira... Sa voix peut porter, même quand elle ne dit rien ». Le lauréat accueille le prix avec sa malice coutumière : « Je prends conscience qu'un hommage m'est rendu. Il était temps ! Ce n'est pas forcément l'abondance des hommages qui justifie qu'on les néglige... J'ai bien compris que c'était l'ensemble de mon œuvre qui était salué, je parle de ce domaine-là. Mais je vais vous faire une révélation : mon œuvre n'est pas achevée, du moins sur ce plan-là. » Il faisait d'ailleurs partie de la sélection pour le prix 2021 avec ce commentaire sarcastique sur les relations entre les présidents Macron et Sarkozy : « C'est sans doute plus facile de consulter son lointain prédécesseur que son ancien employeur[1]. »

Ses « hollanderies » lui valent en 2016 un prix exceptionnel. Il emprunte à la méthode Coué l'autopersuasion narquoise : « Ça va mieux, même la météo va mieux ! »

1. Le 6 mars 2021, sur la chaîne Twitch de Samuel Étienne.

« Entre ceux qui ne veulent rien faire et ceux qui veulent tout défaire, nous, nous allons bien faire. » Il succombe parfois aux lapalissades, à l'humour involontaire, mais encore primées : « Un pays ne compte que s'il a de bons comptes » ; « L'afflux des migrants est une situation exceptionnelle qui va durer » ; « Il n'y a rien de plus terrible pour un soldat déjà anonyme que de mourir inconnu » ; « Je demande aux Français de ne pas aller dans les zones à risques parce que c'est dangereux » ; « Il y a ceux qui n'attendent plus rien ; je fais en sorte de leur apporter ce qu'ils attendent » ; « Il y a aussi le défi de la mondialisation, parce que le monde n'est pas facile, et parfois il n'est pas gentil ». Mention spéciale en 2014 : « Quand ça va bien, on devrait se rappeler que ça ne va pas durer. Et quand ça va mal, on peut penser que cela pourrait aller plus mal ou que ça ne va pas durer. »

Bourdes et lapsus

Il lui arrive également de friser le « hors-jeu » diplomatique : « Monsieur le ministre de l'Intérieur qui nous revient d'Algérie sain et sauf, c'est déjà beaucoup ! » Les Algériens ont peu goûté la moquerie. Ils n'ont pas non plus été dupes de cet hommage faussement flatteur à un Bouteflika très affaibli : « Il est rare de rencontrer un chef d'État qui a cette alacrité[1]. » Hors-jeu géographique ou l'art de s'emmêler les pinceaux : « Je rappelle que le Japon a été frappé, comme la France d'ailleurs, lors de la prise d'otages en Algérie. J'ai exprimé les

1. Visite à Alger, le 15 juin 2015.

condoléances du peuple français à l'égard du peuple… chinois[1] ! »

Quelques mini-bourdes sans conséquence. Par exemple quand il croit féliciter pour ses élections « propres » le président du Burkina Faso, mais Michel Kafando est absent de la salle[2] ! Il voulait encourager la sportive Assia El Hannouni lors des Jeux paralympiques de Londres, en septembre 2012 : « J'ai essayé de vous faire signe. » Pas de chance, l'athlète est malvoyante ! Les lapsus sont fréquents chez les politiques qui prennent leurs désirs pour la réalité, surtout quand il s'agit de leurs adversaires : « Ils sont prisonniers… euh, présumés innocents. » Son plus beau lapsus restera celui de l'investiture socialiste de Ségolène Royal : « Nous allons battre la gauche[3] ! » Intéressant aussi, ce lapsus lors de sa candidature à la primaire du PS, en mai 2016 : « Si je ne suis pas… euh… si la gauche n'est pas reconduite, c'est la droite qui l'emportera ou l'extrême droite[4]. » Lapalisse n'aurait pas été plus brillant !

« À part lors des attentats, l'humour marque une continuité dans sa vie… comme le chocolat ! » confie l'ami Michel Sapin[5]. Si son père ne lui a pas toujours rendu l'enfance très drôle, il a su prendre la tangente et se réfugier dans « l'humour café-théâtre » de ses camarades de lycée Christian Clavier et Gérard Jugnot. Il aime

1. Agora.fr, 7 juin 2013,
2. Cop 21 avec les chefs d'État africains.
3. Soirée à la Mutualité, le 26 novembre 2006. François Hollande, patron du PS, ne croit pas à la victoire de son ex-compagne.
4. Le 17 mai 2016, sur Europe 1.
5. Entretien avec l'auteur.

rire, il aime « mourir de rire », y compris au téléphone. Par exemple quand Bernard Cazeneuve, le plus drôle de tous, lui balance des insanités le plus sérieusement du monde, fait preuve de son exceptionnel don d'imitation ou d'une hilarante prémonition : « Si on perd, on est mal, si on gagne, on est mort ! » Rires aussi quand Laurent Gerra imite François Bayrou et le centre : « Le nez est au centre, même le trou de balle est au centre ! » Ou Nicolas Sarkozy dans une réplique de la célèbre anaphore : « Moi, président de l'amicale bouliste, j'interdirai à DSK de sortir les siennes ! » Ou encore Patrick Sébastien, ami hollandais, qui annonce un numéro avec « les strausskanos, les beyroupettes et les vallseuses[1] ».

François Hollande, à la différence de François Mitterrand, ne se contente pas de rire. Il aime faire rire, raconter des histoires avec le sens des détails grâce à sa mémoire d'éléphant, ou mimer son rival Sarkozy. En roulant des épaules, quelques tics nerveux et intonations fidèles en prime, il débite le discours que l'impétrant sortira mot pour mot dix jours plus tard : « J'aime trop mon pays pour le laisser dans l'état où il est, donc je reviens, j'avais pas envie, j'avais ma famille, j'étais heureux, mais je me sacrifie[2]. »

C'est plus fort que lui. « Le plus disponible, le plus simple, le plus accessible », selon Cyrille Eldin[3], il ne résiste pas, quel que soit le moment, une discussion, un repas, au plaisir partagé d'une vanne, d'une bonne blague. « François, décrypte Michel Sapin, c'est l'humour

1. RTL, 4 mai 2012.
2. Sur France 2, le 4 mai 2012, pour annoncer qu'il se représente.
3. Acteur et animateur de télévision, Canal+.

bienveillant, plutôt bon enfant. Il peut cogner, mais il n'aime pas faire du mal. Lui-même est sensible à la blessure, mais, contrairement à moi, il peut pardonner à tous[1]. » Ce que l'intéressé résume d'un mot : « Il faut être totalement amnésique et ne rien oublier... Quand je suis devenu président, je me suis dit : "Tous ceux qui m'ont critiqué, je vais leur voter une loi implicite d'amnistie, ça n'a plus d'importance." J'ai gagné, je dois rassembler. Si je gagne et que je règle mes comptes, en fait, j'ai perdu[2]. »

« Monsieur petites blagues »

Nombreux, notamment au PS où son humour permanent en agaçait plus d'un, ont bénéficié de cette amnistie, équivalent de l'ardoise magique d'autrefois. Laurent Fabius en premier, lui qui n'avait cessé de railler son rival socialiste, traité tour à tour de « livreur de pizzas », « Guimauve le conquérant », « François le novice », « Hollande, la farce tranquille », « Tintin de la politique qui ne sera jamais rien d'autre qu'un passeur de plats », « concierge du PS », « l'incarnation de la traîtrise »... « Un petit mec, la fourberie personnifiée sous une apparence bonasse ». Un tombereau d'insultes mises par le récipiendaire sur le compte de son « mépris de classe ».

En le qualifiant de « monsieur petites blagues », en 2012, Laurent Fabius cherchait à le décrédibiliser dans

1. Entretien avec l'auteur.
2. *Un président ne devrait pas dire ça...*, *op. cit.*

sa quête élyséenne. Passe encore qu'il soit candidat : « François, il est bien, il fait le job de candidat. On ne lui demande rien d'autre. Tant qu'il fait ce qu'on lui dit, tout ira bien. » Mais « monsieur petites blagues président ? On rêve ! ». Son mépris remontait à loin. En 2003, déjà : « A-t-on jamais vu un éléphant se cacher derrière une fraise des bois ? » On connaît la suite !

François Hollande n'a eu qu'à attendre l'Élysée pour régler ses comptes avec cet adversaire. Il le nomme au prestigieux Quai d'Orsay, à la grande surprise de son ami Bernard Poignant. « Mais si, lui explique le nouveau président. J'ai beaucoup de plaisir à le voir marcher derrière moi. » L'humour est un plat qui se mange chaud ou froid.

Macron « ne croit en rien »

Pas d'amnistie en revanche pour son prédécesseur et son successeur, tous deux assaisonnés à la sauce « humour grinçant », féroce, à la Mitterrand, ou au deuxième degré. En haut de la liste de « ceux qui l'ont offensé », bien sûr, Emmanuel Macron, face auquel sa capacité de résilience reste sans effet.

Impossible de digérer la trahison de celui qu'il avait fait ministre et, fait aggravant, sur lequel le fin analyste qu'il est pourtant s'est lourdement trompé, malgré les clignotants allumés par le jeune homme lui-même. Lucide et pressé, celui-ci s'agaçait des incohérences du « type à l'arrière du bateau qui donne de petits coups de gouvernail à droite, à gauche ». Et encore : « Si l'on veut réussir, on ne peut pas faire les choses à moitié et, malheureusement, on a fait beaucoup de choses à moitié[1]. » Le « on » vise évidemment François Hollande, prévenu par un simple SMS de la candidature de celui sur lequel il avait misé pour son propre compte. Blessure d'orgueil et marque de cet irrespect dont le président n'aura cessé d'être victime. Les mises en garde hollandaises n'avaient pourtant pas manqué : « Il doit être dans l'équipe, sous mon autorité. Ce n'est pas entre nous seulement une question de hiérarchie. Il sait ce qu'il me doit. C'est une question de loyauté personnelle et politique[2]. »

Emmanuel Macron élu, l'offensé verse sa rancœur : « Politiquement, [Emmanuel Macron] n'est rien, il saupoudre une pincée de chaque couleur politique selon les jours, dans un savant dosage. Il ne croit en rien, il n'a aucune conviction[3]. » Il lui reconnaît une intelligence supérieure, mais nuance perfidement : « S'il est très intelligent, ce n'est pas pour autant un intellectuel, il est plus Patrick Bruel et Eddy Mitchell que le Panthéon. [...] Il n'est pas très cultivé, il a une culture populaire[4]. » Pronostic jubilatoire : « À vouloir se distinguer à tout prix de son prédécesseur, le plus probable est de rencontrer plus vite que prévu l'impopularité que l'on croyait éviter[5]. » Compatissant, mais peut-être aussi un peu ironique au second degré, il lui demande, devant la tombe

1. *Le Journal du dimanche*, 4 septembre 2016.
2. Le 18 avril 2016.
3. Gaël Tchakaloff, *Tant qu'on est tous les deux*, Flammarion, 2021.
4. *Ibid.*
5. François Hollande, *Les Leçons du pouvoir*, Stock, 2018.

du Soldat inconnu : « Ça va ? C'est pas trop dur en ce moment[1] ? »

Plus satirique : « Macron président des riches ? Non, pas vrai. Président des très riches[2]. » Président de droite ? « Quand on a le soutien de ceux qui sont supposés être bénéficiaires de sa politique, il a été compris[3]. » Une pique au passage lors du vingt-cinquième anniversaire de la mort de François Mitterrand : « Le point commun entre Macron et Mitterrand ? Être président[4]. »

Moqueur pour commenter devant Samuel Étienne la promesse d'Emmanuel Macron à McFly et Carlito de les inviter à l'Élysée si leur chanson sur les gestes barrières atteint le score de dix millions de vues : « J'ai entendu leur chanson. J'ai pensé qu'il faut faire des gestes barrières, y compris à propos de leur chanson ! La récompense m'a paru étrange, car, si leur film est libre, alors il y a tout à craindre, y compris pour le président, et si c'est sous contrôle, alors ça n'a pas d'intérêt[5]. » Le même Samuel Étienne rappelle que Macron a été son ministre : « Vous faites bien de le rappeler. Lui-même ne s'en souvient peut-être pas ! »

Blagueur quand un internaute farceur lui demande ce qui l'a le plus touché en 2017 : « La victoire d'Emmanuel Macron ou celle du FC Barcelone sur le PSG 6 à 1 en Ligue des champions ? — La Remontada de Barcelone. Je m'en souviens. C'était pendant un dîner officiel. On

1. Le 11 novembre 2020.
2. Le « Quotidien » de Yann Barthès, 25 avril 2018.
3. BFM TV, 23 juin 2018.
4. TMC, 8 janvier 2021.
5. Avec Samuel Étienne, sur Twitch, 8 mars 2021.

me donnait les résultats au fur et à mesure. Je n'arrivais pas à y croire… Pas davantage en Emmanuel Macron[1] ! »

Railleur enfin pour juger que « Macron est plutôt le passif dans le couple avec Trump ». Ou lors de l'avant-première de *Présidents*, à Tulle, le 18 juin 2021. Il commente une allusion à Emmanuel Macron dans le film : « On peut être de droite, de gauche, il y en a même qui ne sont rien du tout. » Rappel perfide d'une petite phrase du président qui avait fait scandale : « Une gare, c'est un lieu où on croise des gens qui réussissent et des gens qui ne sont rien[2]. » L'humour se nourrit d'une bonne mémoire.

« Sarkozy ? Bah, tu ne le verras plus ! »

Cette réponse à une fillette qui, au Salon de l'agriculture 2013, s'étonnait de n'avoir jamais vu Nicolas Sarkozy, a connu un franc succès. Une boutade spontanée comme les aime tant François Hollande, en général beaucoup plus impitoyable envers son prédécesseur, malgré son affirmation de 2012 : « Si je retiens parfois mon humour, c'est par charité pour le candidat sortant. » Promesse vite remisée, tant leur détestation réciproque libère la part la plus féroce de leur humour. La photo à la une de *Paris Match* en 2005 où ils posent côte à côte, souriants, n'est qu'une exception, justifiée par leur engagement commun en faveur du Traité européen.

1. « L'Équipe du soir », 15 mars 2021.
2. Le 29 juin 2017, lors de l'inauguration de la Station F, plus grand incubateur de start-up au monde.

Sans lendemain, donc. Bien sûr, ils respectent la poignée de main républicaine à l'occasion des commémorations nationales, 14 Juillet, armistice du 8 mai 1945, ou lors d'hommages aux victimes dans la cour des Invalides. Service minimum également lors de leur passation de pouvoir, le 15 mai 2012. Entretien à tu et à toi et adieux sur le perron, où ça se gâte. Le nouveau locataire de l'Élysée ne raccompagne pas l'ex-président, contrairement à la tradition. Il l'expédie d'une phrase dans son hommage aux prédécesseurs.

Avant et après ce grand jour, François Hollande n'est pas avare en sarcasmes. « Nicolas Sarkozy est très drôle, mais il ne s'en rend pas compte. » Ce « petit de Gaulle » est le « Dark Vador de la politique qui ne s'adresse qu'à la partie noire de chacun d'entre nous[1] ». En janvier 2012, ce « sale mec » est un « président en échec ». En février, dans *L'Express* : « Il a gouverné pendant cinq ans. Il connaît les erreurs à éviter. La preuve, il les a toutes faites. » Le 5 avril, dans un meeting, il tourne en dérision « ce chef de tout, responsable de rien » dont il dévoile le projet : « Ça vous fera gagner vingt-quatre heures. Son projet, c'est son bilan en pire ! » Il le juge « médiocre », « sans colonne vertébrale », « vulgaire et obsédé par l'argent ». Après son élection, il envoie une pique à « l'autre », jamais nommé : « S'il suffisait d'être de gauche pour creuser les déficits, alors ceux qui m'ont précédé sont d'extrême gauche… Est-ce qu'il y a eu un progrès social majeur de 2007 à 2012 pour qu'on en arrive là ? » Un trait d'esprit est nominé en 2008 au prix du club Humour et Politique : « Sarkozy

1. *Un président ne devrait pas dire ça…*, *op. cit.*

est passé de la présidence bling-bling à la présidence couac-couac. » Il imagine même une suite à sa fameuse anaphore du débat de 2012 : « Moi président, je n'ai jamais été mis en examen, je n'ai jamais espionné un juge, je n'ai jamais rien demandé à un juge, je n'aurai pas de conseiller qui m'espionnera. Moi président, je ne ferai pas pression sur la justice, moi président, je ne serai pas en situation d'être écouté par des magistrats, je n'ai jamais été financé par la Libye… Et je peux en rajouter[1]. »

En novembre 2019, Patrick Sébastien offre à François Hollande un masque de Sarkozy, « pour que tu ne te fasses pas gauler la prochaine fois ». Hollande, moqueur : « C'est ressemblant : ce sourire, ce charisme ! » Il retourne le masque : « Derrière aussi, c'est ressemblant : creux et vide. Oui, c'est bien lui ! »

Dans le registre taquin, moins méprisant, il commente, le 16 mars 2021, l'image où on les voit côte à côte au Parc des Princes. Nicolas Sarkozy a une main sur l'épaule de François Hollande, qui reconnaît une autre main dans son dos. Question de « L'Équipe du soir » : « Il vous retient ou il vous pousse ? — Il me gratte, je pense. »

Lors de l'avant-première du film *Présidents*, évoquée plus haut, le Corrézien plaisante, au deuxième degré, comme à l'accoutumée : « Ce que j'appréhendais, c'est comment allait être représenté Nicolas Sarkozy. J'avais peur qu'il soit maltraité. Il n'est pas caricaturé. On s'attache presque à lui. Même si je n'irais pas jusque-là ! »

1. À Gérard Davet et Fabrice Lhomme, dans *Un président ne devrait pas dire ça…*, *op. cit.*

Quand la réalisatrice Anne Fontaine évoque Jean Dujardin « grand et sexy », il ne peut retenir sa blague : « Alors là, elle parle de Nicolas Sarkozy. » Ce dernier, qui n'a pas encore vu le film, ironise dans *Le Parisien* : « Eh oui, il n'a pas de chance, François Hollande, Jean Dujardin, c'est moi. » Curieusement, comme si ce film avait eu un effet apaisant sur son humour ravageur, François Hollande a évoqué peu après son tandem avec Nicolas Sarkozy : « On a commencé ensemble, élus députés en 1988... Ce n'est pas un mauvais collègue ! À droite, c'est quand même l'un des meilleurs. Il peut être drôle, avec de la profondeur. Ce qui trouble la relation, c'est d'être rivaux. On a toujours une amertume envers celui qui vous a battu. On pense qu'on n'a pas été battu par l'autre, mais par les circonstances. Ce qui est vrai aussi[1]. » La sagesse après la défaite !

L'humour contre l'adversité

La solennité du palais de l'Élysée et le costume de président n'ont pas pour autant anesthésié son sens naturel de l'humour. D'aucuns lui reprochent d'en abuser. « Dans les moments les plus graves, dans les circonstances les plus douloureuses, il faut avoir une forme de maîtrise de soi, de contrôle, de sérénité, et l'humour en fait partie. Il nous permet d'être à hauteur d'homme ou de femme, c'est-à-dire d'être capable de résister et de combattre l'adversité. Les fanatiques n'ont pas d'humour. »

1. *Le Parisien*, 29 juin 2021.

Si le titre de « monsieur petites blagues » se voulait malveillant, il est en fait, selon Michel Sapin, « en adéquation avec la personnalité de François Hollande et sa perception des gens. Son humour est, de plus, construit sur une culture générale profonde et des connaissances historiques encyclopédiques sur l'histoire politique et celle de la gauche. On le disait de Mitterrand et de Fabius, mais pas de lui, alors que, dormant peu, il lit beaucoup et très vite ».

Jean-Michel Ribes[1], séduit par son esprit et sa drôlerie, le hisse au rang de « prince des princes ». Pour le metteur en scène, « un président qui rit, c'est rassurant. Il est proche de nous. Il veut amuser les autres et s'amuser lui-même, c'est humain ». L'ex-président ne se réduit pourtant pas au rôle de simple amuseur. « Certes, reconnaît Gaspard Gantzer, avec lui, j'ai eu des crampes de rire ; mais mon regret, c'est de ne pas avoir réussi à le convaincre d'être lui-même dans son côté drôle et simple. Il faut beaucoup de confiance en soi pour apparaître avec ses défauts. Dans une distance permanente, il n'ose pas faire ressortir à l'extérieur son charme humoristique[2]. » Ce que confirme Jean-Pierre Jouyet : « François est celui qui m'a fait le plus rire dans ma vie, mais il a beaucoup de mal à être lui-même. »

Il connaît deux Hollande : l'un professionnel, analytique, sans âme, et un autre, décomplexé, éloquent, spirituel. Les deux cohabitent à l'abri du masque de cet humour qui permet dissimulation et secret. « François, témoigne son ancien Premier ministre Jean-Marc Ayrault,

1. Auteur du *Rire de résistance*, 2018, Beaux Arts éditions.
2. Entretien avec l'auteur.

est quelqu'un de très pudique, qui a peu d'affect et se dissimule toujours derrière l'humour. » Lui-même assume : « Je suis pudique : c'est mon caractère et c'est un principe. J'ai appris tout jeune à garder mes émotions pour moi. Elles transparaissent parfois, à mon corps défendant. Mais c'est à l'abri d'une affabilité sincère et d'une réserve protégée par l'humour, celui qui rend la vie, à mon sens plus agréable, qui préserve de l'ennui ou de la solennité, qui atténue la nature tragique de l'existence humaine[1]. »

L'humour protecteur

À condition d'avoir assez de recul et d'intelligence sur soi, l'humour offre un système de défense aussi protecteur que la langue de bois, chère aux politiques. Il permet de rester à distance, d'éviter les questions gênantes, de mettre les rieurs de son côté en repérant très vite leurs failles et les situations cocasses. L'échappée par une pirouette drôle est également une arme utile pour se sortir d'une situation embarrassante : « Quand vous rencontrez Poutine, vous avez intérêt à avoir un peu d'humour, sinon vous finissez dans un pugilat », confiait-il lors d'un échange avec la comédienne Pascale Arbillot. L'échappée par un pieux mensonge protecteur, différent de celui qui veut du mal ? Les amis en tout cas ne sont pas dupes.

Comme François Mitterrand, il cloisonne et gère ses cercles de relations de façon à rester libre, sans contrainte, sans aspérités, mais à l'abri d'un énorme quant-à-soi, selon un dirigeant socialiste. S'il n'est « pas à l'aise avec

1. François Hollande, *Les Leçons du pouvoir, op. cit.*

sa propre image », confie Gaspard Gantzer, il n'en présente pas moins un « profil narcissique pur[1] ». Jacques Sapir relève la « trouble fascination de ce président qui passe une grande partie de son temps à se regarder dans le miroir métaphorique que sont les journalistes... Mais, comme Narcisse, à trop s'admirer dans la rivière médiatique, il a fini par s'y noyer[2]».

Le narcissisme présidentiel n'est pas celui du commun des mortels. « Il est la seule force pour faire ce métier » quand on se veut porteur de valeurs et d'un projet pour la France, confie un proche, qui décode : « Son point de vue sur lui a une énorme importance. Le point de vue des autres n'est pas capital. Les journaux l'encensent ou l'assassinent, il s'en fout. Il n'y a que lui qui compte. Et la famille. Le reste peut être dur, triste, ça ne doit pas l'anéantir. C'est la solitude du président de la République[3]. »

Il ne se livre jamais, y compris à des intimes qui ignorent certains aspects de sa vie privée. « Je ne montre rien à l'extérieur, je ne donne pas beaucoup aux uns et aux autres. » Ce que Cécile Duflot a pu constater avant de prendre le large : « Son principal défaut, c'est de ne pas dire ce qu'il

1. Marie-Estelle Dupont, psychologue, invitée de Pascal Praud sur CNews, le 9 septembre 2021.
2. *Marianne*, 15 octobre 2016. La relation régulière pendant tout le quinquennat avec les deux auteurs d'*Un président ne devrait pas dire ça...*, unique dans les annales de l'Élysée, par son intensité et le contenu des révélations, y compris des secret-défense, a provoqué une vague de réactions peu amènes envers François Hollande.
3. Xavier Panon, Éric Revel, *Les Conquérants 2017*, L'Archipel, 2016.

pense[1]. » De quoi le rendre insaisissable, même pour son fils Thomas : « Quand on est dans une pièce avec lui, on a l'impression qu'il y a une dizaine de portes autour de lui. On ne sait jamais par où il va sortir[2]. »

Un mystère Hollande ? Il réfute cette réputation, qu'il met sur le compte d'un cliché qui le poursuit depuis trente ans. Soit on le soupçonne d'« entuber » les gens, soit on en fait un artisan du compromis, de la synthèse, de l'équilibre à tout prix. « On parle d'un mystère Hollande. Je me suis souvent amusé des tentatives que l'on hasarde pour le percer. Au vrai, je suis un homme comme les autres avec ses joies, ses bonheurs, ses peines et ses doutes. J'évite seulement de les imposer à autrui. Je préfère leurs épanchements aux miens. J'aime les gens, j'aime les écouter, les confesser, les comprendre, les encourager ou les réconforter[3]. »

Nathalie Kosciusko-Morizet a un avis beaucoup plus tranché : « Personne ne sait qui il est. Les gens qui ont de l'humour sont rarement très sympathiques. Sa force, ce sont ses failles tournées vers l'intérieur[4]. »

Empathie et séduction

Les marques de la gentillesse hollandaise, de son équanimité, sont pourtant nombreuses. Aussi bien quand il va saluer, dès son élection, tous les membres du

1. Entretien avec l'auteur.
2. *Le président*, *op. cit.*
3. François Hollande, *Les Leçons du pouvoir, op. cit.*
4. Entretien avec l'auteur.

personnel élyséen que lors d'une visite à une maternelle, en juin 2012, d'où il ressort en « président des bisous ». Moyennant quoi, le politique est toujours là : « Une main, un selfie, un bisou, trois voix », résume crûment un conseiller[1] !

Son empathie saute aux yeux, à la Chirac, genre « comment va Célestine ? ». En quelques décennies de terrain corrézien, il a appris à aimer les gens, sur les conseils de René Teulade : « Il ne faut pas faire semblant d'aimer ses administrés, il faut les aimer vraiment. » Et cesser de leur serrer la main en regardant déjà les suivants. Le même conseil que Jacques Chirac avait prodigué à Valérie Pécresse, à ses débuts en politique : « Ne fais pas comme Juppé[2] ! »

Nombre de compagnons nuancent cette fameuse empathie. « Plus on est éloigné de lui, plus il est attentif », dit l'un. « Toute relation avec lui est utilitaire », tranchait Alain Minc. « C'est ambigu, dit un autre. Il n'est pas méchant, mais il ne faut pas lui manquer. Il peut tuer s'il le faut, se montrer brutal quand il se sépare de quelqu'un. En même temps, il est toujours souriant. Vous croyez qu'il vous donne tout le temps raison, mais il faut décoder : quand il dit oui, c'est oui. Si c'est oui-oui, c'est non ! »

Comme un couteau suisse, son humour a plusieurs lames. Celle de la protection, celle de l'empathie ambiguë, celle de la séduction. « Femme qui rit, à moitié dans ton lit », selon un dicton moins politiquement correct de nos jours. François Hollande n'a pas le physique d'un

1. AFP, 9 mai 2015.

2. Xavier Panon, *Chirac, quelle histoire !*, *op. cit.*

Chirac, mais il joue d'autres atouts, sa drôlerie, sa fantaisie, sa malice, ses plaisanteries, bref, les divers registres de l'humour. « Il fait craquer les femmes », témoigne le copain Sapin.

Julie Gayet confirme : « Ce n'est pas qu'une réputation, son humour est légendaire. C'est vraiment quelqu'un de très, très drôle, et tous les gens qui le côtoient vous le diront. Dans la vie, il me fait beaucoup rire et c'est très important pour moi[1]. » Le voici enfin heureux, constate Bernard Poignant. Un bonheur pas volé après tant d'années de souffrances muettes.

« Tenir bon »

C'est son mantra. Depuis toujours. Face à son père. Puis sous Mitterrand, celui qui efface d'une loi d'amnistie le financement illicite de sa campagne de 1988 et qui lui inspire ce bon mot : « Quand nous sommes arrivés, c'était le temps des cerises. Aujourd'hui, c'est le temps des noyaux ! » Et cet autre, quand le président à l'humour « trop féroce » le bat froid, lui, jeune « Delors boy » privé de maroquin : « Nous avons été trop jeunes pour gérer les affaires de l'État pour ce coup, et nous serons peut-être trop vieux la prochaine fois. » Pire encore : mal vu de Pierre Bérégovoy, il observe impuissant l'ascension de la mère de ses enfants qui prend toute la lumière mitterrandienne. Il doit supporter les ricanements : « Bonjour, monsieur Royal. » Il encaisse les coups fourrés du Sphinx et le missile Tapie contre Rocard, sur fonds secrets de l'Élysée. Puis

1. *Le Parisien*, 30 juillet 2018.

la rupture avec Lionel Jospin qui le prive de Bercy. Les missiles de Laurent Fabius, ceux de Manuel Valls contre « ce bouchon qui flotte », ceux de Jacques Chirac contre son jeune challenger « moins connu que le labrador de Mitterrand ». Et qui envoie même son épouse Bernadette au front en 1982 pour lui barrer la Corrèze. En vain[1].

Tenir bon encore après des cascades de revers électoraux et, là encore contre Fabius, le « non » au Traité européen le 29 mai 2005. KO debout, mais conscient de son intérêt, il doit simuler le couple parfait avec la ministre Ségolène qui, du haut de son culot, le ringardise, pratique le chantage aux enfants, tente de lui piquer le parti. Pas question pour autant d'abdiquer son sens de la dérision, même contre la star : « L'économie n'est pas son terrain de prédilection. La politique étrangère non plus. Mais vous savez bien que cela n'a pas d'importance, puisqu'elle sait marcher sur les eaux ! »

Tenir bon quand Montebourg, soutien de la candidate socialiste à la présidentielle de 2007, se gausse : « Le problème de Ségolène, c'est son compagnon. » Quand les amis trahissent, débauchés par Nicolas Sarkozy, le triangulateur soudainement héritier de Jaurès ! Bernard Kouchner ? « Sa trahison, persifle Hollande, est son

1. Comme à son habitude, François Hollande se venge en gratifiant l'adversaire de toute sa sollicitude. Président du conseil général de Corrèze, il se met en quatre pour Bernadette et finance largement le musée Chirac à Sarran. Renvoi d'ascenseur en 2012 : « Je voterai Hollande », lance un Chirac heureux de sa provocation, mise par l'entourage sur le compte de son « humour corrézien ».

emblème, sa marque de fabrique, j'allais dire sa décoration au champ de déshonneur. » Éric Besson, passe encore, mais Jean-Pierre Jouyet, l'ami si intime !

Tenir bon toujours quand sa mère adorée décède en janvier 2009. Quand il met le cap sur l'Élysée, résiste à l'alliance DSK-Aubry jusqu'à l'affaire du Sofitel, il se fait violence pour dire enfin « je », et accepte de changer de look : régime, costume sur mesure, lunettes… Il se souvient du conseil de Mitterrand[1] : « Ce poste, il faut aller le chercher au plus profond de soi-même », doublé de cet autre : « Aimez la vie par-dessus tout. »

Tenir bon enfin dans les bourrasques d'une présidence qu'il annonce « normale » : « On me reproche de vouloir une présidence normale. Vous voulez quelqu'un d'anormal ? Allez voir à l'Élysée ! » Quitte à chercher un modèle, ce pourrait être Pompidou : « Politiquement, il était conservateur, mais je me reconnaîtrais volontiers dans sa pratique de la fonction : il avait compris quelque chose, c'était un président normal[2]. » Sauf que cette « bonne idée de campagne ne l'est plus une fois au pouvoir », constate Gaspard Gantzer. « Difficile pour François de sortir ensuite de cette expression, confie Michel Sapin, car être président de la République, c'est anormal. » Élu « moi président » par chance le 6 mai 2012, après la disparition de DSK, c'est la malchance qui l'assaille d'entrée de jeu.

1. Venu faire une apparition au congrès de Liévin, en novembre 1994, conclu sur un appel à Jacques Delors, qui renonce peu après à la présidentielle.

2. Franz-Olivier Giesbert, *Derniers carnets*, *op. cit.*

« *Rain Man* »

Après le président bling-bling, place au « président splash-splash », #passationsouslapluie[1]. Les Britanniques pince-sans-rire en font leur « Rain Man » ! Le jour de son investiture, le 15 mai 2012, il remonte les Champs-Élysées dans sa voiture décapotée. Une pluie diluvienne ruine son costume impeccable. La vue brouillée, il ne bronche pas, comme s'il voulait tout de suite montrer, symboliquement, qu'il ne craint rien. Mais les éléments vont en décider autrement et le faire basculer dans le comique de répétition. Difficile de la jouer président normal quand sa situation semble si anormale. Le même jour, la foudre frappe son Falcon, alors qu'il vole vers Angela Merkel. Le commandant de bord fait demi-tour. « Dommage, plaisante le nouveau président, cela aurait eu son petit effet Jean Paul Ier[2] ! » Quelques heures plus tard, il foule tout de même le sol germanique… sous la pluie ! Décidément pas de bol : au menu du dîner, des asperges, qu'il déteste. Lors du soixante-huitième anniversaire du Débarquement, le 6 juin 2012, le moment solennel est balayé par un vent violent et une pluie battante qui montrent de nouveau un chef d'État dégoulinant et embué. Le mois suivant, en visite à Londres, la pluie est aussi du voyage. Mariage pluvieux, mariage heureux ? Les internautes se gaussent de ce pouvoir qui prend l'eau.

1. Expression de Bastien Bonnefous, journaliste au *Monde*, le 15 mai 2012.
2. Le successeur de Paul VI est mort trente-trois jours après son élection.

Encore ne s'agit-il que du début de cette présidence catastrophe. Le 14 Juillet, un parachutiste se blesse au cours du défilé militaire. Funeste présage de tous ces morts qui vont joncher le quinquennat, tandis que la météo poursuit son harcèlement qui offre à François Hollande le plaisir de faire partager son autodérision à la communauté française de Casablanca : « Je viens, il pleut. Ainsi se perpétue la tradition qui, selon un membre de la famille royale, attribue à Lyautey cette formule détournée : "Gouverner, c'est pleuvoir." Nous réussissons au-delà de toute espérance[1] ! » Le mois suivant à Rodez, alors que les mauvaises nouvelles s'accumulent, il laisse entrevoir une éclaircie : « Il pleut tout le temps depuis un an. Vous allez voir, ça va se lever. » Pas vraiment. Le 21 août 2014, il débarque à La Réunion en pleine saison sèche. Des trombes d'eau s'abattent sur l'île, où il passe moins pour un sourcier que pour un sorcier ! Quatre jours plus tard, à l'île de Sein, aveuglé par un déluge qui lui fait bafouiller son discours, il reste stoïque et refuse un parapluie, puisque les autres personnes présentes n'en ont pas. Bernard Poignant, en digne historien, lui rappelle le général de Gaulle refusant lui aussi un parapluie malgré une pluie violente à la sortie de chez René Coty, après son investiture comme président du Conseil de la IVe République.

À ce niveau de la compétition pluviométrique, il décroche le pompon de la poisse. Avec une variante, toutefois. Au moment de son arrivée sur le front de mer à Alger, ce n'est pas la pluie mais un incendie qui

1. Le 3 avril 2013. La formule « gouverner, c'est prévoir » serait en réalité d'Émile de Girardin, en 1852.

se déclare à la grande poste voisine. Pas de quoi abattre le pendant élyséen de notre Sacha Distel qui chantait : « Je m'en suis toujours sorti avec le sourire / Toute la pluie tombe sur moi / Oui, mais moi je fais comme si je ne la sentais pas / Je ne bronche pas car j'ai le moral et je me dis qu'après la pluie vient le beau temps / Et moi, j'ai tout mon temps. »

Carapace

S'il n'y avait que la météo peu clémente ! À défaut de « suivre sa bonne étoile », comme l'avait cru Julien Dray, François Hollande a dû avaler pendant des décennies un nombre incalculable de couleuvres jusqu'à la fin de son quinquennat marqué par une scoumoune qui aurait pu relever du comique de répétition si elle n'avait été aussi dramatique.

« J'ai la mort tous les jours », confie-t-il à Michel Sapin, dans un moment de lassitude compréhensible[1]. Attentats, Mali, Somalie, Afghanistan, cérémonies aux Invalides devant les cercueils et les familles visitées ensuite discrètement, catastrophes diverses. Dans ces circonstances, l'humour n'est pas de mise, mais une certaine distance permet de s'abriter sous une carapace qui préserve la fonction présidentielle. « On s'habitue aux drames, à la tragédie, elle fait partie de la fonction… On me reproche de montrer de la compassion… On vous fait presque le procès de chercher l'exaltation par la mort. Le sang-froid, on l'acquiert parce que c'est

1. Entretien avec l'auteur.

tellement dur, ce qu'on a à faire. Les otages, les attaques, les frappes que l'on ordonne... Ça ne veut pas dire que l'on devient indifférent, mais on est obligé tout de suite de se créer une carapace... Vous ne pouvez pas montrer de l'insensibilité, bien sûr, mais vous ne pouvez pas apparaître comme tétanisé par une décision trop lourde. D'où l'impression qu'on a de se durcir, qui n'est pas en fait la réalité[1]. »

Face aux coups et aux constantes attaques politiques, il ne se contente pas d'« un aspro et au lit[2] ». Il joue la carte de l'obstination d'abord, celle qu'il avait mise en avant dans son discours du Bourget : « Chers amis, si je suis là, c'est le fruit de mon obstination... Le hasard n'y est pour rien... C'est un aboutissement... C'est vrai que je ne m'exhibe pas. C'est ma force... Je veux conquérir le pouvoir, mais je ne suis pas un vorace. »

La carte de l'optimisme également. « Il m'est impossible de ne pas être optimiste. S'il n'y a plus qu'un optimiste dans ce pays, je dois être celui-là[3]. » Empruntant à Antonio Gramsci, il se veut « optimiste de la volonté. On se moque toujours des optimistes. On pense qu'ils imaginent une réalité selon leurs souhaits. Or l'optimiste, c'est celui qui fatigue l'adversité mais ne se fatigue jamais... L'optimisme n'est pas une naïveté, c'est une rencontre entre un destin et une réalité. L'optimiste, c'est le courageux. Le courage, c'est

1. *Un président ne devrait pas dire ça...*, *op. cit.*
2. Stéphane Le Foll, cité par Bazin et Ventura, *op. cit.* (14 octobre 2014).
3. Déjeuner de presse, 14 octobre 2014.

de supporter sans fléchir les épreuves que prodigue la vie[1] ».

Seul

À la suite de Nietzsche, selon qui « ce qui ne tue pas rend plus fort », François Hollande assure que « tous ceux qui m'ont fait du mal m'ont fait du bien. Ils m'ont endurci, ils m'ont rendu invulnérable[2] ».

Capable en tout cas de supporter pendant cinq longues années sa solitude inhérente à la fonction : « Être président, c'est ne pas avoir d'amis et, c'est l'âge qui fait ça, c'est de ne pas avoir de vie de famille. » C'est déambuler dans les couloirs et ses appartements, tel « le spectre de l'Élysée », comme il dit en riant[3]. C'est dîner seul le soir d'un plateau-repas, plongé dans ses dossiers. En rêvant du bon temps devant une cocotte d'œufs aux morilles, côtes de bœuf, magrets de canard au poivre vert, tournedos, cannellonis aux légumes grillés, tendron corrézien braisé et gratin d'épinards, soles, turbot[4].

L'épicurien n'a tout de même pas non plus vécu en ascète ni déserté les tablées amicales, toujours amusées de son cinéma culinaire avec les serveurs : « Vous avez du poisson ? De la daurade ? Bien. De la sole ? Ah, peut-être aussi une entrecôte ? Alors, une entrecôte béarnaise ! »

---

1. Carmaux, avril 2014. Hommage à Jean Jaurès pour le centenaire de sa mort.
2. Serge Raffy, *Le président*, *op. cit.*
3. *Un président ne devrait pas dire ça…*, *op. cit.*
4. Vanessa Schneider, *L'Énigmatique Monsieur Hollande*, Stock, 2015.

Même cinéma au dessert. « Sorbet mangue, framboise ? Salade de fruits ? Ah, vous avez du moelleux au chocolat ? Alors, un moelleux[1]... »

Sang froid

Sans être insensible aux bassesses ni indifférent aux outrances, il est de pierre et même de fer, soucieux, dit-il, de « ne rien montrer, car le chef de l'État doit mettre ses sentiments personnels de côté ». Bernard Poignant témoigne qu'il « s'est endurci. Il avait du sang-froid. Il est devenu à sang froid[2] ».

C'est donc avec dérision, et même autodérision, qu'il accueille les interrogations à son sujet. Toujours les mêmes : « On se demande : comment fait-il pour tenir, qu'est ce qui le touche vraiment, il ne dit jamais rien sur lui. Ou encore : rien ne l'atteint, quel sang-froid ! Ça, c'est le bon côté. De l'autre, on dit : il n'a pas de cap, c'est un pragmatique total, un homme sans convictions. »

La distance de l'humour aidant, il réussit à ne s'agacer de rien. Il se fend même d'un aveu : « Je n'ai confiance en personne... Je suis devenu plus froid, plus distant. Désormais, plus rien ne peut m'atteindre[3]. » Sauf la rupture violente avec Valérie Trierweiler, le 25 janvier 2014, quinze jours après la publication dans *Closer* de la photo du président casqué sur son scooter, révélant sa liaison avec Julie Gayet, suivie de la sortie vengeresse du livre

1. Laurent Bazin, Alba Ventura, *op. cit.*
2. Entretien avec l'auteur.
3. *Conversations privées*, *op. cit.*

de l'ex-Première dame officieuse, contenant cette formule hors contexte, mais assassine, sur les « sans-dents ». Frédéric Mitterrand y va de ses sarcasmes sur « François le niqueur magnifique », qui transforme son quinquennat en « niquennat général » ! Homme à femmes, Casanova, don Juan ? « Je ne suis pas sûr que ce soit flatteur », ironise-t-il.

« Avec les femmes, blaguait Jacques Chirac, ça m'est toujours retombé sur la gueule ! » Une formule que François Hollande pourrait faire sienne s'il dresse son « bilan féminin », de Martine Aubry à Christiane Taubira, en passant par la piteuse affaire Leonarda en octobre 2012, Aurélie Filippetti, Fleur Pellerin, Cécile Duflot, Yamina Benguigui, Delphine Batho. Encore dans ces cas ne s'agissait-il que de tambouille politique, pénible certes, mais très gérable par ce guerrier qui ne tue pas. Il cajole ses adversaires, les épargne, comme avec Fabius. La tactique du guetteur qui attend son heure, convaincu que c'est l'Histoire qui fait les hommes, plutôt que l'inverse. Cette apparente incapacité à trancher, en quelque sorte sa marque de fabrique, confine à l'indécision, mais c'est son « bouclier de survie[1] ». Lionel Jospin salue à sa façon « cette souplesse qui le pousse souvent aux marges de l'opportunisme ». Martine Aubry l'avait dit autrement, d'une moquerie célèbre : « Quand c'est flou, c'est qu'il y a un loup ! »

1. *Un président ne devrait pas dire ça…*, *op. cit.*

« Ce qui m'a coûté le plus... »

Ses démêlés conjugaux avec Ségolène Royal, et sentimentaux avec Valérie Trierweiler et Julie Gayet, sont d'une autre nature puisqu'elles le touchent personnellement et affectent sa vie de famille, essentielle pour lui. Il a bien été obligé de l'admettre : « En fait, ce qui m'a coûté le plus, outre la douleur de la séparation, c'est l'intrusion dans la vie privée, dans l'intimité. Cette espèce d'exhibition involontaire... C'est le pire moment personnel du quinquennat. C'est violent, tout ça, tellement violent, terrible. » Preuve, comme le suggère Michel Sapin, que, « si l'humour est une composante d'un bon exercice du pouvoir, il ne protège pas des emmerdements, pluie, attentats, deuxième vague de la crise de l'euro, hausse du chômage... Ça peut aider à les supporter, pas à les anticiper[1] ».

Après sa « plus grande erreur », le choix d'Emmanuel Macron, bien d'autres vont suivre. Des trahisons, dont celle, précoce, de Jérôme Cahuzac, un « escroc » selon un de ses anciens collègues de Bercy. Les faiblesses de quelques proches : Aquilino Morelle, Kader Arif, Faouzi Lamdaoui, Thomas Thévenoud.

Ses propres erreurs, ensuite. La cacophonie sur le « ras-le-bol fiscal », relevée dès août 2013 par Pierre Moscovici. La suppression des heures supplémentaires défiscalisées (perte de 432 euros par an pour 9 millions de Français). La promesse courageuse, mais suicidaire, d'inverser la courbe du chômage : « Je la regrette, mais il fallait fixer un objectif, mettre le gouvernement sous

1. Entretien avec l'auteur.

tension[1]. » Il admettra aussi « avoir eu tort » et finalement « pas de bol[2] » ! Faiblesse avec les frondeurs : Arnaud Montebourg, « l'ego sur pattes[3] », qui cherche à « se débarrasser de Pépère », *alias* « Flanby ». Benoît Hamon. Les deux ministres félons se moquent ouvertement du président en se tapant la « cuvée du redressement » à la Fête de la rose de Frangy, en août 2014. Ils sont virés, ce qui n'empêche pas Montebourg d'entrer dans le bureau de Manuel Valls à Matignon en reprenant une chanson des Doors : « This is the End[4] » !

Il ménage au maximum ses écolos « cyniques et emmerdeurs », pourtant pas en reste dans ce jeu de massacre hollandais. Cécile Duflot, en 2014, pour ne citer qu'elle : « Il se prend pour Mitterrand, il lui manque un étage. » Insolence restée impunie. Le boomerang de plusieurs promesses de l'anaphore. Il ne sera pas le président de la majorité, mais il reçoit les frondeurs au printemps 2015, suit les motions du congrès socialiste de juin, reçoit Claude Bartolone pour le lancer sur la région Île-de-France – qu'il perd. Le fin tacticien qu'il était n'en a pas moins perdu la main et les élections.

Même sa communication lui a joué de sales tours. Sa visite soi-disant à l'improviste à Lucette Brochet, infirmière retraitée à Vandœuvre-lès-Nancy, également militante PS, avait en fait été préparée en détail[5]. Une vidéo diffuse en mars 2016 son dialogue, injures comprises,

1. Déjeuner de presse, 14 octobre 2014.
2. *Conversations privées, op. cit.*
3. Selon Martine Aubry.
4. Récit de Manuel Valls à Laurent Bazin et Alba Ventura, *op. cit.*
5. Le 29 octobre 2015. Pot aux roses révélé par BFM TV.

avec des salariés d'une société de vente de vêtements en ligne.

L'humour ne paye pas

« Passer de rien à chef d'État, il va souffrir », avait anticipé Brice Hortefeux de son ton narquois. François Hollande confirme. « J'ai assez rapidement compris que ça allait être très tragique, très lourd. Je voyais la tendance générale à l'antagonisation, au durcissement… Ça a commencé très tôt, dès l'été 2012, les attaques inconsidérées sur la présidence, les manifs contre le mariage, la violence verbale, ce qu'a supporté Taubira… Oui, j'ai senti du lourd, très lourd. L'illégitimité… J'ai pensé que ça s'apaiserait par la présidence que je voulais introduire, que j'avais appelée "normale"[1]. » Le plus normal, qui voulait seulement éviter « excès et outrances », selon son plaidoyer *pro domo* ultérieur, « a accouché d'une présidence anormale[2] ». Imposée par les événements, la conversion à mi-mandat en « premier *Charlie* de France » et en « chef de guerre » contre les terroristes en Syrie, au Mali, en Irak, n'a pas suffi à changer la mauvaise donne.

« Les gens de bonne humeur s'en sortent mieux que les grincheux », assurait pourtant Gaspard Gantzer. Hélas pour François Hollande, son humour n'a pas payé. Le plus drôle des présidents est vite devenu le plus impopulaire. « C'est injuste, car c'était sa façon d'être humain », relevait Nicolas Domenach. Pire : d'une certaine manière,

1. *Un président ne devrait pas dire ça…*, *op. cit.*
2. *Ibid.*

son humour, loin de lui donner une consistance, a paradoxalement contribué à son affaiblissement. Moins qu'un atout, il a pu apparaître comme un handicap, peu compatible avec le sens de l'État qui doit exhiber sa force. Or, reconnaît Michel Sapin, « l'humour de François, son autodérision ne sont pas perçus comme forts, puissants, alors que lui-même est très fort intérieurement, déterminé, capable de supporter une violence comme celle des attentats. Son humour amical, plus que d'attaque, ne donne pas de lui l'image d'un violent, d'un tueur, d'un puncheur[1] ».

Il a sans doute accentué, avec sa réputation d'homme du compromis, voire du flou perfidement pointé par Martine Aubry, le cliché de son impuissance personnelle et politique dans la fonction présidentielle.

L'Histoire est cruelle et tragique pour celui qui se rêvait en passeur de l'héritage des grands anciens mais succombe au « triple poison » détecté par un conseiller, pourtant ami : « Inexpérience et incapacité de sa génération à prendre les rênes d'un pays en grave difficulté. Défaillance de son opérateur principal, socialistes et partenaires de la gauche face aux réformes nécessaires. Manque de doctrine assumée dans la crise. » Après cinq ans d'une proximité taxée de connivence malsaine pour les uns et de professionnelle pour d'autres, Gérard Davet et Fabrice Lhomme pointent chez leur « client » un « triple déficit de préparation, d'autorité et d'incarnation qui a conduit à un affaiblissement sans précédent de la fonction de président de la République[2] ».

1. Entretien avec l'auteur.
2. *Un président ne devrait pas dire ça…*, *op. cit.*

« On ne peut pas être aimé… »

Son regard dans la glace de l'Élysée ne lui renvoie pas la même image. « Ma vie, elle a déjà été réussie, pendant cinq ans j'aurai fait ce que je pensais devoir faire, personne ne m'aura empêché de faire ce que je n'aurai pas voulu faire. J'ai fait exactement ce que j'avais décidé de faire. Je n'ai pas d'excuses, je n'ai pas non plus de regrets… J'aurai vécu cinq ans de pouvoir relativement absolu, finalement, puisque c'est aussi ça, la Ve République. J'ai fait des réformes, il en restera quelques-unes[1]. » L'emblématique mariage pour tous. La loi de transition énergétique, la loi biodiversité, la fiscalité écologique, la Cop 21. La priorité à l'éducation (création de postes, accompagnement des élèves en difficulté). Dans le domaine économique, le Crédit d'impôt pour la compétitivité et l'emploi, le Pacte de responsabilité et de solidarité (baisse de cotisations patronales, réductions fiscales) en assumant, malgré le procès en trahison, « qu'être à gauche, c'est aussi permettre que l'économie puisse redistribuer ». Sur le plan social : la loi travail (des avancées, mais très critiquées à gauche), la prime d'activité, le tiers payant, la complémentaire santé pour les retraités, le compte personnel d'activité, le compte pénibilité… La fin du cumul des mandats, la lutte contre la corruption.

François Hollande n'est guère crédité non plus de son leadership international. La guerre au Mali, bien sûr, avec l'accueil en libérateur à Bamako, le 2 février 2013 : « Le plus beau jour de mon action de président. C'est la France qui se trouvait honorée, récompensée,

1. *Ibid.*

félicitée. » La Somalie. Son « coup de Normandie » sur l'Ukraine avec Angela Merkel. Sa gestion de la crise grecque avec Tsipras (« Aide-moi à t'aider »). L'accord sur le nucléaire iranien. Cuba. Les subtiles manœuvres européennes pour se dépêtrer du dogme des 3 % de déficit.

Aurait-il dû s'inventer un autre humour, mieux à même d'imprimer plus nettement son passage élyséen ? « L'air du temps, plaide-t-il, est à l'extravagance, aux personnages extrêmes, excessifs, Erdoğan, Poutine, Trump et autres Le Pen… Par définition, l'homme raisonnable n'est pas charismatique. On pense que la transgression, c'est le charisme. Non ! Le vrai charisme, il est dans le courage, l'obstination. Le courage, c'est la vraie vertu… J'aimerais que l'on dise de moi, puisque c'est la vérité, que j'ai été courageux dans cette période. Et courageux, ça veut dire qu'on a tenu bon quand même sur des sujets majeurs. »

Ficelé comme Gulliver, il gardait l'espoir de « laisser une trace dans l'Histoire ». Peut-être est-ce trop la solliciter ? Son humour lui offre au moins la garantie de la lucidité : « Le vrai problème de la fonction présidentielle, c'est qu'on ne peut pas être aimé. On peut être craint, respecté, critiqué, mais être aimé, c'est très difficile. On ne peut être aimé que bien après. Mitterrand a été aimé… plutôt mort. »

Emmanuel Macron

« Qui c'est, Raoul ? »

« Ah bon ? Il a de l'humour, Macron ? » Si tant de monde se pose la question, c'est que la réponse ne va pas de soi, malgré sa sélection au prix 2021 de l'humour politique pour sa réponse à une agricultrice dans une foire agricole en Provence : « La réforme des retraites, on fera cela quand on tombera les masques. » *A priori* peu hilarant, mais le double sens ne manque pas d'une subtile ironie. Presque de l'autodérision, dont Emmanuel Macron est moins coutumier que de l'autocritique. Masque du covidé ou masque du président qui attend prudemment le bon moment pour abattre ses cartes sur l'explosif dossier des retraites ? Depuis son ascension élyséenne « par la face nord en tongs », plaisante un proche, le premier de cordée joue les chattemites, soucieux de ne pas subir le même boomerang que l'hyperprésident Sarkozy avec ses provocations et le président « normal » François Hollande avec son humour permanent mais stérile.

Si ses prédécesseurs pouvaient être drôles, Emmanuel Macron, lui, est plutôt un drôle de président, le plus jeune, à trente-neuf ans, depuis Louis-Napoléon Bonaparte. Aurore boréale illuminant soudain le ciel de la Ve République déclinante, il affichait l'ambition de torpiller le système qui a pourtant fait de lui ce météorite inclassable et insaisissable – sauf pour Brigitte, la femme de sa vie.

Pour se couler dans le moule élyséen qui est tout sauf normal, il pratique en public la restriction mentale, car il se sait sous surveillance constante. « Je ne peux même plus aller skier dans les Pyrénées, tout le monde croit que je suis à Courchevel. » Un brin d'humour, certes, mais skier pendant que les Gilets jaunes se lâchent dans Paris ! À tout le moins, une faute de carre.

Après une première salve de scuds perçus comme méprisants, il a mis sur pause son tempérament éruptif pour laisser place à un Jupiter[1] de composition, censé faire oublier son hold-up présidentiel, le savonnage de François Hollande vite diagnostiqué comme « cramé » et son profil d'ambitieux inexpérimenté pour ce niveau de la compétition.

Il retient ses « salut ma poule », ses blagues de potache ou de carabin. « Chaleureux, direct, il était le plus sympa de notre promo. Pour se présidentialiser, il a beaucoup travaillé sur lui », confie Gaspard Gantzer, son ancien camarade de l'Ena et des soirées joyeuses à Strasbourg : « C'était beaucoup de dîners, d'apéros, à l'Académie de la bière. On sortait, mais les boîtes de nuit, ce n'était pas vraiment son truc. En revanche, on s'était fait deux ou trois karaokés, notamment un à Strasbourg, le Bunnys,

1. Dans *Challenges* d'octobre 2016, le candidat Emmanuel Macron avait annoncé, sans rire, une « présidence jupitérienne ».

bas de gamme, mais très sympa. On a chanté "Que je t'aime" de Johnny et "Qu'est-ce que tu fais pour les vacances ?" de David et Jonathan… De Gaulle et Mitterrand en politique. La verticalité en musique et en politique se répondent[1] ! »

Président de la République ! Comment ne pas être saisi de vertige, malgré la conscience de sa supériorité intellectuelle, quand on succède, même de loin, à cette génération de de Gaulle à Jacques Chirac, qui ont connu la guerre, côtoyé la mort et bataillé de longues années dans un marigot politique aux pratiques douteuses, avant de décrocher le Graal élyséen.

« Toutanmacron »

Emmanuel Macron n'est pas de cette trempe. Confronté au syndrome de l'imposteur, le « vieux jeune homme » surdoué – on dit « précoce » – a compris qu'il devait donner le change. Il a donc appuyé sur le champignon de la présidentialité. Il a commencé, dès le soir de son élection, à parler plus posément, quoique d'une voix haut perchée, et, tel François Mitterrand au Panthéon, à marcher à pas comptés vers la pyramide du Louvre, flattée de voir débarquer ce Pharaon qui ne doute pas de son destin. « Toutanmacron[2] » a jeté sur les Français son regard hypnotique avec l'ambition du « performer » qui, après avoir vite réussi chez Rothschild, rêvait d'insuffler son optimisme et sa foi dans le progrès à son vieux pays

1. Interview à *Playboy*, octobre 2017.
2. Jolie trouvaille de l'écologiste Yannick Jadot.

et le convaincre de se mettre en marche vers un avenir radieux.

Cinq ans plus tard, ce n'est pas gagné pour le Macron christique qui, selon la blague attribuée à son épouse Brigitte, « se prend pour Jésus ». Certes, il a fait preuve de courage tout au long de son chemin de croix quinquennal, mais il a peiné à convaincre le peuple d'infidèles, Gilets jaunes, covidés et vaccinés, avec ses Béatitudes provocatrices. Fort de son premier mandat d'apprentissage messianique, qui lui a fait traverser des moments de grande gravité, il est décidé comme Clemenceau, son phare républicain, à « tenir jusqu'au dernier quart d'heure ». Bien sûr, il savoure les jeux de pouvoir, comme tout titulaire de l'Élysée. Mais, au fond de lui, « il ne joue pas. Il est dans le tragique », confie un proche. « Paradoxalement, déclare-t-il en avril 2018, ce qui me rend optimiste, c'est que l'histoire que nous vivons en Europe redevient tragique. Ce vieux continent de petits-bourgeois se sentant à l'abri dans le confort matériel entre dans une nouvelle aventure où le tragique s'invite. Il y a beaucoup à réinventer[1]. » Les phénomènes « multiples, implacables et radicaux » qu'il semble percevoir l'ont en fait surpris comme tout le monde. Mais l'essentiel pour lui est de relever les défis et de vaincre.

Il s'avance vers le Golgotha présidentiel de 2022 quoi qu'il lui en coûte et, surtout, quoi qu'il en coûte à l'État très endetté. Momentanément débarrassé du corset budgétaire européen, le candidat à sa succession fait miracle. À l'approche de l'élection, les petits pains de campagne

1. Interview à *La Nouvelle Revue française*, pour le premier anniversaire de son mandat.

électorale se multiplient comme à Gravelotte : 400 millions d'euros pour les personnes âgées, dont 240 pour les services d'aide à domicile, 500 millions pour les policiers, 600 millions pour les agriculteurs, 580 millions pour les ménages modestes, de 1 à 2 milliards pour les jeunes, 30 milliards pour le Plan de relance ! Ce n'est qu'un début, continuons la campagne…

Un peu d'humour en prime, au moins pour se dégager d'une énième question sur son éventuelle candidature : « Je prends votre question comme un signe d'affection, un désir caché, presque un appel[1] ! »

« Crac ! un bourre-pif… »

Forgé par les souffrances intimes d'un enfant précoce, donc, comme nombre d'autres surdoués, écartelé « en même temps » entre ses rêves d'enfant et d'adulte, il se doit de rester optimiste et pragmatique. Son humour caché et son goût retors pour l'autocritique le tiennent à bonne distance de tout et de chacun, gage d'une résilience salvatrice.

Cette force intérieure, la gravité qui l'habite et sa maîtrise des jeux d'acteur lui permettent de ne pas surréagir à chaque agression comme celle du 8 juin 2021, quand il reçoit une gifle à Tain-l'Hermitage, aussitôt relayée sur Twitter en #tartetatin ! Les réseaux sociaux ne sont, hélas, pas toujours aussi drôles. Sans doute se remémore-t-il la fameuse réplique des *Tontons flingueurs* d'Audiard, quand Bernard Blier reçoit un direct de Lino Ventura sur l'air de « Happy Birthday » : « Non, mais t'as vu ça ? Il chante,

1. Conférence de presse du 9 décembre 2021.

et puis crac ! un bourre-pif. Mais il est complètement fou, ce mec. Mais moi, les dingues, je les soigne. J'vais lui faire une ordonnance, et une sévère. J'vais lui montrer qui c'est, Raoul : aux quatre coins de Paris on va le retrouver éparpillé, façon puzzle. »

Il connaît par cœur les célèbres dialogues si typiquement français, même si, dans la tendance autoflagellatrice de la déconstruction, de la repentance et de la *cancel culture* américaine, il a renié le terme « culture française[1] ». Heureux hasard, l'abécédaire macronien commence par la lettre A, comme… Audiard, suivie de la lettre B. Comme Brigitte, naturellement !

A comme Audiard

Quand il veut défourailler, le plus jeune tonton flingueur de la Ve République s'inspire du maître : « Les deux grands partis, c'est l'amicale des boulistes, mais sans l'amitié et sans les boules ![2] » Interrogé en septembre 2016 sur son intention de succéder à François Hollande, il ne laisse aucune place au doute : « Je ne suis pas là pour beurrer les tartines ! » Citation légèrement approximative. Avec Bernard Blier, il s'agit de sandwichs. Encombrée d'Audiard, la mémoire d'Emmanuel Macron trébuche parfois. À Londres, en février 2017 : « Comme disait Audiard, il y en a beaucoup qui ont essayé de

1. « Il n'y a pas de culture française. Il y a une culture en France. Elle est diverse » (le 6 février 2017, à Lyon). Une sorte de provocation très contestée.
2. Radio Télévision Suisse, 2019.

m'intimider, ils ont eu des problèmes ! » Le seul hic, c'est qu'il s'agit d'une citation des humoristes Chevallier et Laspalès dans leur sketch « Le train pour Pau ». Et, comme personne ne lui a signalé l'erreur, il reprend cette même *punchline* deux mois plus tard sur RFI. Preuve tout de même que son répertoire, riche aussi des *Bronzés* et des films de Louis de Funès, puise aux diverses sources de l'humour gaulois qu'il partage avec Philippe Grangeon, son conseiller spécial en 2019 et 2020.

« Je trouve Audiard d'une extraordinaire modernité, car il ne cède rien à la bêtise, rien au politiquement correct, rien au conformisme », explique le président dans cette sorte d'autoportrait. Il ressort son Audiard dès que l'occasion se présente. Le 31 mars 2019, il rentre avec Nicolas Sarkozy du 75ᵉ anniversaire des combats de la Résistance au plateau des Glières. Dans l'avion, tous deux sont pris de fou rire en collant cette réplique sur le dos de François Hollande : « J'ai pas entendu dire que le gouvernement t'avait rappelé. Qu'est-ce qui t'a pris de revenir ? »

D'Audiard aussi : « Heureux les fêlés, ils laissent passer la lumière. » Il a faite sienne cette Béatitude car il est curieux avant tout des parcours individuels qui sortent des sentiers battus, bousculent les convenances, répondent à son obsession de la « mobilité » et de la transgression.

B comme Brigitte

« Le seul avantage de ce quinquennat, c'est que notre différence d'âge se réduit à vue d'œil. Il est en train de me rattraper », répond un jour la Première dame à une amie qui remarquait les cheveux blancs et la mine fatiguée de son mari. « Alors, vous, vous êtes vraiment des enfoirées », aurait répliqué en riant le président qui venait de surprendre la plaisanterie de son épouse, lestée elle aussi d'une bonne dose d'humour et d'ironie : « Il a un autre défaut : il est plus jeune que moi[1] ! » Raison pour laquelle, toujours dans la même veine humoristique, elle le pousse à se présenter dès 2017 : « On ne peut pas attendre 2022 car on a un problème. Le problème, c'est moi, c'est ma gueule[2]. » Une version plus *light* lui fait dire : « Tu as intérêt à gagner, parce que si tu perds il n'est pas question de retenter ta chance en 2022. Je ne serai vraiment plus présentable[3]. »

La différence d'âge – vingt-quatre ans – dans ce couple peu ordinaire a d'ailleurs alimenté les conversations du début de quinquennat et les railleries. Comme celle de Laurent Ruquier, à la fin du premier été du couple présidentiel : « Brigitte a résisté à la canicule ! » Commentaire de l'époux : « Ceux qui soulignent la différence d'âge n'ont rien compris à qui on était[4]. »

Dans son registre de l'humour, on trouve aussi du grivois. Lors d'une visite en Égypte, elle tombe devant une statue d'Isis et fait remarquer que la seule partie de son corps qui n'a pas été retrouvée, c'est le sexe[5]. Emmanuel a dû apprécier, lui qui, selon madame, « n'est pas un homme de bagatelles, ça ne l'intéresse pas. Le jour où il

---

1. Une pique amusée qui lui a valu le prix de l'humour politique en 2017.
2. Marc Endeweld, *Le Grand Manipulateur*, Stock, 2019.
3. Arthur Berdah, *Emmanuel Macron, vérités et légendes*, Perrin, 2021.
4. Anne Fulda, *Emmanuel Macron, un jeune homme si parfait*, Plon, 2017.
5. *Paris Match*, 31 janvier 2019.

sera infidèle, c'est qu'il sera amoureux[1] ». Certes, il ne faut jamais insulter l'avenir, mais à les voir tous deux, toujours aussi fusionnels après vingt-cinq ans de vie commune et de mariage, cette éventualité semble peu probable.

Hors norme

L'histoire d'amour de Brigitte, la professeure, mariée, mère de famille, et Emmanuel, l'élève de quinze ans, « un fou qui sait tout sur tout[2] », a quelque chose des modèles de l'Antiquité. Comme un signe des dieux ? Un amour quasi « homérique » pour Gaspard Gantzer : « Ils se comportent comme un couple d'adolescents. Ils se roulent des pelles, se tiennent tout le temps par la main… On est presque jaloux. Ils vivent un truc de dingue, ça saute aux yeux. » La romancière Gaël Tchakaloff a joué l'intruse : « Je pense que l'on rêverait tous de vivre cela, la manière dont ils s'aiment, la force de cet amour cérébral et onirique a gardé un côté complètement ludique. Après plus de vingt ans ensemble, ils continuent à s'amuser ensemble, à rire ensemble, à se faire des blagues. Lorsqu'ils se voient, c'est à croire qu'ils ne se sont pas croisés depuis trois mois, ils se jettent l'un sur l'autre, ils se prennent par la main. Leur relation est fraîche et incandescente. » Heureusement, la vie de ce couple hors norme n'a tourné ni au vaudeville courtelinesque ni au drame.

Sous son image de bourgeoise souriante, Brigitte n'en a pas moins bousculé les conventions et les rumeurs

1. Anne Fulda, *op. cit.*
2. Caroline Derrien, Candice Nedelec, *Les Macron*, Fayard, 2017.

malveillantes d'une ville de province crispée sur ses tabous : divorce, amour d'un gamin ! Il lui rend hommage dans *Révolution*[1] : « Le vrai courage, ce fut le sien. La détermination généreuse et patiente, ce fut la sienne. Elle avait alors trois enfants et un mari. De mon côté, j'étais élève et rien de plus. Elle ne m'a pas aimé pour ce que j'avais. Pour une situation. Pour le confort et la sécurité de ce que j'apportais. Elle a renoncé à tout cela pour moi. Mais elle l'a fait avec un souci constant de ses enfants. » Quinze années à refuser de vivre dans le regard des autres. « C'est très dur, ça vous rend moins idiot de vivre ça. La situation d'aujourd'hui, nous l'avons conquise parce qu'on l'a voulu. »

Pas un pot de fleurs

La Première dame, « plus jeune d'esprit que son mari », selon Philippe de Villiers, est « la femme qui souffle à l'oreille de l'artiste ». Elle est sa vigie, celle qui, selon l'ami Stéphane Bern, « le fait revenir *down to earth* », sa « prise terre » en somme. Son rôle est essentiel, « non négociable », selon la formule du président. Bon pour le moral : « Très gaie, joyeuse et optimiste, elle lui donne de l'assurance », dit Serge Weinberg. Bon aussi pour le job, car elle n'est « pas un pot de fleurs », assure-t-elle. Plutôt conseillère politique qui n'hésite pas à dire à son homme d'« arrêter ses conneries » avec ses phrases choquantes[2]. « Reine du débriefing », comme elle dit, elle le met en

1. XO Éditions, 2017.
2. Ava Djamshidi, Nathalie Schuck, *Madame la présidente*, Plon, 2019.

garde contre son image trop à droite, le pousse à descendre de l'Olympe pour expliquer sa politique « que les Français ne comprennent pas ». Plus facile à dire qu'à faire quand la pandémie rebat les cartes. Messagère également et, à l'occasion, DRH ministérielle, avec son fan-club, à commencer par Jean-Michel Blanquer, qu'elle avait repéré.

Brigitte est une femme passionnée qui ne répugne pas aux engagements. Elle préside la Fondation des Hôpitaux de France, donne des cours à l'Institut des Vocations pour l'emploi, lancé à Clichy-sous-Bois et à Valence. Elle se fait l'avocate des enseignants, des handicapés, de la protection de l'enfance. « Sur les femmes, je suis plus radicale que lui, pas du tout tolérante. Je suis terrifiée par ce qui se passe dans certaines banlieues, ces jeunes filles traitées de tous les noms, qui sont conditionnées… » Elle appuie certains projets comme le plan antipauvreté, susceptible, au passage, de gommer l'image de « président des riches ». À l'instar de Claude Pompidou qui prenait à cœur son rôle d'ambassadrice de la mode française, Brigitte Macron soigne son image de Première dame très classe, dans les tenues de la grande couture française, souvent Louis Vuitton. Un régal pour la presse people ou pour *Paris Match*, que le couple n'a jamais négligé, tout en faisant croire le contraire. Line Renaud, la marraine chiraquienne du show-biz, les a rapprochés de Johnny, dont Emmanuel chante le répertoire. Ce qui n'empêche pas la baby-boomeuse « d'écouter Vianney et Maître Gims, comme Bach et Beethoven, de posséder l'application Courtepaille ou de regarder parfois "The Voice", le samedi soir à la résidence de La Lanterne[1] ».

1. *Ibid.*

C comme Covid-19

Avec le coronavirus chinois, ça ne rigole plus. Des morts par milliers, des hôpitaux surchargés, pénurie de masques et de vaccins. Une impréparation totale, malgré le précédent du H1N1 en 2009-2010. « Nous sommes en guerre », répète six fois le général Macron dans sa seconde intervention[1]. La pandémie mondiale est la grande tuile qui a coupé net son ambition de réformer la France soumise à plusieurs confinements. Le président, lui-même touché par le virus, est en première ligne sur tous les fronts. Médical d'abord, en expliquant les gestes barrières et en ne relâchant pas la mobilisation. Témoin son SMS du 3 janvier 2021 au ministre Olivier Véran, soumis à la colère élyséenne : « Tiens bon, on les aura, ces connards ! » Pression que le ministre répercute sans ménagement sur son administration de la Santé. Front scientifique ensuite, en avalant études et rapports pour se faire sa propre opinion et décider, seul contre tous, le 29 janvier 2021, de ne pas reconfiner. Avant de prendre de nouvelles mesures contre les variants du virus. Le quitte ou double pour passer dans un trou de souris. Front économique, enfin, avec le fameux « quoi qu'il en coûte ».

Quelques *mea culpa* plus tard, la vie commence à reprendre. Les terrasses des bistrots sont rouvertes, en présence du président et du Premier ministre attablés devant un café, sous l'œil des caméras. Mais attention, prévient le disciple d'Audiard, « c'est pas la bamboche du jour au lendemain ». Surtout quand déferle le nouveau variant du Covid-19, baptisé « Omicron ».

1. Le 16 mars 2020.

D comme « Dépassement droite-gauche »

Éclaireur du dépassement droite-gauche, Emmanuel Macron l'incarne aussi dans sa rhétorique. Décryptant tous ses discours avec le secours de l'intelligence artificielle, le linguiste et historien Damon Mayaffre a relevé l'étonnante surutilisation du préfixe « re », celui de la réaction, donc la droite, plaqué sur les mots du changement, donc la gauche : « refondation », « renaissance », « recréer », « refonder[1] ». C'est la rhétorique de l'« en même temps », droite et gauche. La linguistique pour rassurer ceux qui « claudiquent de la jambe gauche », comme dit un ministre du premier gouvernement d'Édouard Philippe. À étudier aussi, l'emploi permanent des termes « profondément », « au fond », « en profondeur »… L'intellectuel Macron ne se contente pas de la surface des choses.

À quelques mois du rendez-vous de 2022, et avant le lancement d'une maison commune[2], il en était resté, selon un proche, dans « le brigandage politique organisationnel. Droite fracassée, prises de guerre… On n'est pas dans la construction, mais dans la politique de la terre brûlée ». Certes, son offre nouvelle, que n'avaient pas mise en œuvre VGE avec son « deux Français sur trois », ni Rocard et son big-bang, ni Bayrou, a produit des résultats. Il a explosé droite et gauche « façon puzzle ». Certains, de chaque bord, travaillent ensemble. Depuis début 2020, Jupiter, soucieux de résorber les fractures du pays, professe une vision plus collective, au moins en parole : c'est le temps

1. Damon Mayaffre, *Macron ou le mystère du verbe*, L'Aube, 2021.
2. Le mouvement Ensemble citoyens a été lancé le 28 novembre 2021.

du « en commun » : « Je crois que nous pouvons compter sur notre capacité à construire la France en commun. » L'expression se retrouve dans son discours sur le climat devant la Convention citoyenne et pendant la campagne des municipales. Mais, ajoute cette même source amicale, « il n'a pas fait l'effort du collectif. Il reste à construire, autour du dépassement, une culture politique plus contractuelle, autour de grands principes et de valeurs de progrès ».

E comme Écrivain

« Je ne mets rien au-dessus de l'écriture. Je ne cesse d'y penser comme à un paradis perdu », confie-t-il à Jérôme Garcin, peu avant l'élection présidentielle[1]. Ce n'est pas seulement un rêve. C'est sa passion. « À seize ans, je suis convaincu que je serai écrivain. C'est mon unique vocation. Une vocation que Brigitte, quand elle était ma prof de français, avait partagée et encouragée. » Chaque vendredi, ils écrivent ensemble une pièce de théâtre, prétexte aussi à leur liaison naissante. « J'ai eu l'impression de travailler avec Mozart », dit-elle, convaincue que son jeune surdoué est en effet de la race des écrivains. Trois romans et des poèmes patientent au fond de quelque tiroir, dont *Babylone, Babylone*, une fiction de jeunesse sur les Conquistadors, au temps de Cortés.

Puisque, dit-il, l'écriture permet de connecter le réel à la transcendance, c'est elle qui peut répondre à son insatisfaction profonde. « Auriez-vous eu la vanité et l'humilité de devenir écrivain ? » demande encore Jérôme

1. Interview au *Nouvel Observateur*, le 14 février 2017.

Garcin. « La vanité, oui, l'humilité, non », répond avec lucidité celui qui a été l'assistant éditorial de Paul Ricœur pour son livre *La Mémoire, l'histoire, l'oubli.* L'auteur de *Révolution* a également écrit de nombreuses préfaces, dont celle de *C'était Rocard*, rédigée la nuit même de son élection[1].

E comme Écologie

Enfant, il collectionnait les queues de lézard, dont l'odeur incommodait sa mère et qui ne témoigne pas de son intérêt précoce pour la biodiversité. « J'ai la foi des nouveaux convertis[2] », a d'ailleurs reconnu le président, qui ne s'est pas pour autant mué en zélote écolo. Arrivé à l'Élysée, il prend la mesure du « réchauffement climatique », un mot qui ne figurait pas dans son vocabulaire, et marche sur les pas de François Hollande, artisan de la Cop 21. Braconneur sur les terres de droite et de gauche, il fait également une prise de guerre en terre écolo, avec Nicolas Hulot, l'ex-présentateur d'« Ushuaïa » promu ministre d'État. Il réussit également un joli coup en ripostant au « *Make America great again* » de Donald Trump par cette formule : « *Make our planet great again* ». Succès mondial assuré.

Il stoppe le projet de l'aéroport à Notre-Dame-des-Landes, malgré une majorité d'avis favorables. Il arrête le

1. Jean-Paul Huchon, Xavier Panon, *C'était Rocard*, L'Archipel, 2017. Élu le dimanche 7 mai 2017, le nouveau Président a fait parvenir sa préface dès le lundi matin !
2. Arthur Berdah, *op. cit.*

projet minier de la Montagne d'or en Guyane. Il organise, le 12 décembre 2017, un sommet international, « Our Planet Summit ». Il crée un Conseil de défense écologique et innove en créant, le 25 avril 2019, la « Convention citoyenne pour le climat » dont il s'engage à reprendre les préconisations. Ce qui n'est pas tout à fait le cas dans le projet de loi Climat et résilience présenté en 2021. Les membres de la Convention le jugent très en deçà des enjeux. Les écologistes fustigent également ses reculs sur la fermeture des centrales à charbon, sur la réduction du nucléaire, sur la disparition du glyphosate et des néonicotinoïdes.

Pas plus de succès avec son tweet alarmiste du 10 septembre 2021 à la suite du nouveau rapport du Giec : « +2,7 °C à l'horizon 2100. Ce scénario est dramatique. » Il proclame que « l'écologie est le combat du siècle » et que la réduction drastique des émissions de CO_2 n'est plus discutable. Écologistes et défenseurs de l'environnement dénoncent l'hypocrisie du président : le porte-parole de Greenpeace France, Clément Sénéchal, souligne que « la France est le deuxième plus gros émetteur de CO_2 en Europe. Elle réduit ses émissions trois fois moins vite que la moyenne des Européens. L'État a été jugé responsable de carences fautives sur le climat. Je crois que c'est lui, le scénario dramatique ».

En février 2021, le Tribunal administratif condamne l'État pour inaction climatique. Le 1er juillet, le Conseil d'État donne neuf mois à l'exécutif pour prendre des mesures supplémentaires afin d'atteindre l'objectif de réduction des gaz à effet de serre de 40 % à l'horizon 2030. Le mois suivant, il condamne l'État à une amende de 10 millions d'euros pour ne pas avoir renforcé son dispositif de lutte contre la pollution de l'air. Pour les Amis de la Terre, « son insincérité et son cynisme sont assumés ». « Tartuffe », cingle Julien Bayou, secrétaire national d'EELV. Les écolos préfèrent miser sur Yannick Jadot pour 2022.

E comme Égocentrique

Portrait du Narcisse par un ex-collègue ministre : « Il est complètement sur lui-même : il utilise son moi comme élément de son magnétisme, de sa capacité à charmer les "vieux", comme il dit. Si ça ne marche pas, il se recroqueville sur son moi et il présente alors un regard extraordinaire, caressant ou absent. » Investi de lui-même donc, dans une hypertrophie du moi digne d'un premier de la classe ou d'un président toujours dans le besoin d'être sinon aimé, du moins admiré. « Dragueur de vieux » ou « don Juan asexué », il quête « une sorte de réassurance narcissique perpétuelle[1] ».

F comme France

« J'ai grandi dans les souvenirs de ma grand-mère. J'ai donc une vision de la France qui n'est pas du tout celle de ma génération », reconnaît Emmanuel Macron dans un entretien fleuve de vingt pages à la revue *Zadig*, titré « Ma France ». Secoué par les Gilets jaunes, ce produit de l'élite n'a négligé aucun propos ni visite de terrain

1. Anne Fulda, *op. cit.*

pour apparaître, comme ses grands anciens, président des terroirs, proche des Français qu'il affirme comprendre et aimer.

« Ma France, c'est une carte sensible entre deux pôles que sont Amiens et les Pyrénées, puis un troisième pôle qui est Paris », explique notre chef d'État géographe, originaire d'une Picardie qui a perdu sa richesse et son industrie : « On a totalement sous-estimé ce choc, et le sentiment de relégation », dit-il en référence à la crise des Gilets jaunes. Il dit sa passion pour le Lot, redevenu industriel, et pour Marseille, où, fait exceptionnel, il a passé trois jours en septembre 2021. Une opération séduction accompagnée d'un plan de soutien « historique » baptisé « Marseille en grand » et doté de plusieurs milliards d'euros en faveur de l'éducation, des transports, de la santé et de la sécurité.

« Ma France » est aussi celle de la pandémie, qu'il ausculte cette fois en historien : « Je relierais la période que nous vivons à la fin du Moyen Âge et au début de la Renaissance… C'est l'époque des grandes peurs qui forgent un peuple, et je dirais même la réinvention d'une civilisation. » À l'instar des Japonais, dont le terme désignant la « crise » signifie aussi « opportunité », il appelait, dès le début de la pandémie, à une réinvention du pays et de lui-même. Champion du calendrier mémoriel, as des commémorations, Emmanuel Macron ne rate aucune occasion de rendre hommage à de grandes figures de l'histoire de France qui lui servent de références. Surtout à notre époque où des gens font sécession. « Il essaie, explique un proche, de revenir, sur le temps long, à une mémoire qui soit porteuse d'un récit national » qu'il entend incarner. Il adore ces exercices qui sollicitent sa passion de l'écriture.

« J'ai épousé Jeanne d'Arc », plaisante Brigitte Macron[1]. Il est sûr que, auto-investi de la mission de délivrer la France de ses archaïsmes et lourdeurs, son Emmanuel ne doit pas être tous les jours facile à suivre. À un an de la présidentielle de 2017, il ne craint pas de célébrer Jeanne d'Arc[2], quitte à donner de l'urticaire à la gauche républicaine et à empiéter sur les plates-bandes du Front national. Elle a eu l'intuition de la nécessaire unité de la France. Il en conclut à son tour que le pays « réussira s'il parvient à réunifier les France, celle qui croit en elle et celle qui doute ».

Napoléon ? Là encore, il ose. Contrairement à ses prédécesseurs qui, à l'exception de Georges Pompidou, avaient évité tout hommage à cette figure contestée, Emmanuel Macron n'a pas hésité à commémorer, le 5 mai 2021, le bicentenaire de la mort de l'Empereur. Pour calmer le jeu, il rappelle que « Napoléon Bonaparte est une part de nous » et que l'Histoire « se juge en face et en bloc » sans confondre le passé avec les lois du présent : « De l'Empire, nous avons renoncé au pire. De l'Empereur, nous avons embelli le meilleur. » Napoléon en deux colonnes, pour satisfaire la droite bonapartiste, sensible à son incarnation de la puissance et de la grandeur au service de l'unité française, et la gauche vent debout contre ses coups d'État, la conquête sanguinaire de l'Europe et le rétablissement de l'esclavage en 1802.

Après avoir décrété 2018 « année Clemenceau », il a rendu hommage au « Père la Victoire » en visitant son musée à Paris, sa tombe à Mouchamps et sa maison

1. Renaud Dély, Marie Huret, *Les Macron du Touquet Élysée-Plage*, Seuil, 2020.
2. Le 8 mai 2016, à l'invitation du maire (droite) d'Orléans.

natale, puis évoqué son héritage dans l'hebdomadaire *Le 1* : « La France crut en lui parce qu'il croyait en la France. Ce fut sa force et son secret. ». Clemenceau, « le référent majeur de la présidence Macron », souligne l'historien Jean Garrigues[1]. À l'instar du « grand pourvoyeur de l'énergie nationale pour faire disparaître l'ancien monde », Macron ambitionnait de guerroyer contre les pesanteurs de la société française.

Plus proche de nous, le 75e anniversaire des combats du plateau des Glières, le 31 mars 2019, lui permet de rappeler (sous la plume de l'ami François Sureau) « l'histoire de quelques héros qui ont préservé le pacte séculaire de la France avec la liberté et scellé sa vocation ».

C'est cet héritage que Macron se plaît à revendiquer en rendant hommage à « d'illustres destins qui ont porté haut les valeurs de la République[2] » : Marie Curie, Joséphine Baker[3], Gisèle Halimi, le Guyanais Félix Éboué. Il veut aussi marcher sur les pas de Jean Jaurès, Charles Péguy, Léon Blum, Pierre Mendès France, « qui ont porté haut la République sociale », pour signifier que l'égalité des chances est une priorité de son quinquennat. « Nous sommes encore très loin de cet idéal », doit-il concéder.

N'est pas Desproges qui veut, surtout quand, président de la République, il vous revient de prononcer un éloge

1. *Libération*, 14 juin 2018.
2. Lors du 150e anniversaire de la proclamation de la République, le 4 septembre 2020, au Panthéon.
3. Elle est entrée au Panthéon le 30 novembre 2021. « Ma France, c'est Joséphine », a déclaré Emmanuel Macron, saluant « l'héroïne de guerre, combattante, danseuse, chanteuse, femme défendant le genre humain ».

funèbre. Souvent aux Invalides, ce lieu historique qui n'est plus réservé aux seuls hommages militaires. Après François Hollande qui avait organisé en 2015 une cérémonie pour les victimes des attentats du 13 novembre, Emmanuel Macron innove à son tour en ouvrant la cour d'honneur à des personnalités éminentes et à d'autres personnages populaires et consensuels. Charles Aznavour, Johnny Hallyday[1], Jean-Paul Belmondo, Simone Veil, Jean d'Ormesson, Claude Lanzmann, le lieutenant-colonel de gendarmerie Arnaud Beltrame, treize soldats morts au Mali le 25 novembre 2019, Jean Daniel, Kévin Clément et Dmytro Martynyouk, Tojohasina Razafintsalama (1er régiment étranger de hussards parachutistes de Tarbes), Samuel Paty, le professeur décapité, Daniel Cordier, Tanerii Mauri, Quentin Pauchet et Dorian Issakhanian, Maxime Blasco, tireur d'élite aux chasseurs alpins.

Autant d'hommages à la France, à ses valeurs proclamées universelles, à sa culture[2] et à son patrimoine défendu par l'ami Stéphane Bern. Sans craindre la contradiction entre cette ferveur patriotique pour rassurer une France qui se sent menacée et « le relativisme d'une orientation multiculturaliste et déconstructionniste » pour le moins suspecte s'il ne s'agit que de soumettre le pays à une culpabilité et à une repentance anachroniques[3]. Avec son discours du Vel' d'Hiv, Jacques Chirac avait ouvert

1. Emmanuel Macron lui a rendu hommage devant l'église de la Madeleine.

2. Malgré son étonnante affirmation : « Il n'y a pas de culture française. »

3. Isabelle Barbéris, *Revue des Deux Mondes*, octobre 2021.

la voie à ce travail de mémoire, sans les excès actuels. Nicolas Sarkozy et François Hollande avaient suivi sur le Rwanda et l'Algérie. Emmanuel Macron poursuit cette purge de l'histoire coloniale en jouant les équilibristes[1]. « Il y a eu des éléments de civilisation dans la colonisation », dit-il un jour, avant de dénoncer sans nuances « un crime contre l'humanité » et « une vraie barbarie[2] ». Il va aussi plus loin que ses prédécesseurs envers les harkis : « Je demande pardon, nous n'oublierons pas[3]. » Il promet un projet de loi sur la « reconnaissance et la réparation ».

G comme Gilets jaunes

« On retrouve un des fondamentaux de notre vieux pays, fait de jacqueries, cette idée que lorsque la colère et la peur se nouent, tout est possible », souligne-t-il dans la revue *Zadig*.

En creux, c'est une manière de reconnaître que la France reste un pays éruptif, alors qu'il proposait justement une autre révolution : celle de la négociation, pour sortir de la culture des barricades. Le 4 octobre 2018, une retraitée de Colombey-les-Deux-Églises l'interpelle sur sa petite pension et une autre sur les 80 km/h. Il cite le général de Gaulle : « Vous pouvez parler très librement, la seule chose qu'on n'a pas le droit de faire,

1. Voir le rapport de Benjamin Stora sur l'Algérie et celui, discuté, de la commission de Vincent Duclert sur le Rwanda.
2. Le 14 février 2017, sur la chaîne algérienne Echorouk.
3. Le 20 septembre 2021.

c'est se plaindre. Le pays se tiendrait autrement s'il était comme ça. »

Élu depuis un an et déjà à côté de la plaque, malgré son diagnostic et ses promesses le jour de son investiture !

Au moment où il fait la leçon aux Français geignards éclate le mouvement des Gilets jaunes qui va mettre le pays à feu et à sang. Pas de quoi rire, même jaune ! Amplifié par les réseaux sociaux, le mouvement de protestation contre la hausse du prix des carburants étend ses revendications à l'amélioration du niveau de vie des classes moyennes et populaires qui se sentent exclues, et au rétablissement de l'impôt sur la fortune. Les protestataires des ronds-points réclament aussi un référendum d'initiative citoyenne et la démission d'Emmanuel Macron, jugé arrogant.

À Charleville-Mézières, le 7 novembre 2018, il est directement interpellé : « Je gagne 880 euros. À 2 000 pour deux, on ne vit plus. La CSG, les transports… On devient malheureux. » Il objecte les diverses primes pour la voiture. « Oui, mais il faut sortir tout le reste… » Le jeune président découvre la haine populaire, notamment au Puy-en-Velay, et doit en rabattre. Dans ses propos : « Considérer, c'est entendre quand les gens se plaignent, pour les amener dans cette transformation. Mais les respecter. » Dans les actes : annulation des hausses de taxes sur les produits pétroliers, mesures d'urgence économiques et sociales.

L'Histoire, tragique et ironique, le contraint à l'embardée. Il se voulait économe, le voilà dépensier. Il doit lâcher du lest, comme il le fera davantage encore pendant la pandémie puis à l'approche de l'élection. Jupiter ne manque pas d'audace. Il descend de l'Olympe et plonge dans la fosse aux lions, pour un vaste défouloir, celui du Grand débat national à partir du 15 janvier 2019. Un tour de France inédit sous la Ve, où il affronte en prise directe, pendant des heures, tous les publics qui, parfois, applaudissent sa performance.

Des élus : la maire de Noisy-le-Grand, le 4 février : « Vous allez m'écouter. Je m'appelle Brigitte… — C'est "Brigitte" qui m'a troublé », reprend-il en souriant. Des jeunes, dans un gymnase du Morvan, quatre jours plus tard. Chemise ouverte, manches retroussées, il joue le psychothérapeute de groupe : « Je veux entendre votre indignation. C'est vrai, on n'est pas encore assez bons… » Des intellectuels et des chercheurs, en mars. Il a réponse à tout ou presque et sait habilement brosser dans le sens du poil. Devant les maires de Corse, le 5 avril : « Je ne demande à personne de sacrifier son ancrage, la fierté de vivre sur ce sol. En même temps, nous sommes en République, tous attachés au même idéal. »

Courageux et blagueur. Une maire s'est absentée un instant. Il prend la salle à témoin : « On va lui dire qu'on vient de répondre à sa question. » Elle revient. « Voilà, votre problème est réglé. Les autres vous le diront… Mais non, je plaisante. On a attendu votre retour. » Il se tourne vers la salle : « Vous savez, je la connais. On s'engueule à chaque fois. Elle veut construire dans les cent mètres interdits par la loi Littoral ! »

H comme Humour

« Emmanuel apporte de la joie », témoignait, sans rire, François Hollande pour saluer en juillet 2014 le départ de son secrétaire général adjoint. « C'est vrai, confie un ami, qu'il est très blagueur, très déconneur. » Il ne déteste pas détendre l'atmosphère en chambrant tel ou tel, parfois même sur le perron de l'Élysée. Après la démission de Nicolas Hulot en septembre 2018, il croise Stéphane Travert, ministre de l'Agriculture : « Alors, il t'a laissé seul avec les loups et les ours ? » Blagueur encore au Burkina Faso, le 28 novembre 2017, dans un amphi plein d'étudiants. Certains se plaignent de la climatisation. Le président burkinabé est sorti. « Il est parti réparer la clim, plaisante le président français. Je ne peux quand même pas m'occuper de l'électricité du Burkina Faso ! »

Il peut se laisser aller à un humour « de garçon de bain », un peu trash, mais jamais devant une femme. « Il sait ambiancer une équipe avec son humour naturel, bon vivant », témoigne Jean-Pierre Jouyet. Michel Sapin évoque « son humour sur vous et les autres, plus que sur lui-même ». Pas féroce ni méchant, même s'il peut prévenir : « Méfie-toi, lui, c'est un brigand. »

En fait, son humour relève souvent d'un souci de franchise, du parler vrai, provocateur, en espérant se mettre l'auditoire dans la poche. Un humour d'« anar de droite qui le dessert », selon Nicolas Domenach.

Sarcastique, il cible plutôt la droite que Marine Le Pen, Éric Zemmour, Anne Hidalgo ou Jean-Luc Mélenchon : « J'ai vu qu'au bout de deux cents réunions de réflexion, les ténors de LR ont trouvé leur slogan pour leur projet : "Libérer, protéger, rassembler." Cela me rappelle ma campagne de 2017 : "Libérer, protéger, unir." Soit leur sobriété énergétique les prive des moyens d'information, soit c'est une manœuvre politique éculée. »

Humour caustique. Des industriels se plaignent des impôts de production ? « On ne va pas se tirer les cartes entre gitans ! Vous savez que si je baisse la CVAE plutôt que la C3S, une moitié d'entre vous va hurler et vous allez tous me tomber dessus[1] ! » Quelques mois plus tard, Covid aidant, il baisse ces mêmes impôts de 10 milliards !

Malicieux, quand il remet à Jean Castex la grand-croix de l'Ordre national du Mérite : « Churchill avait cette formule : l'un des problèmes de notre société, c'est que les gens ne veulent pas être utiles, mais importants. Vous voulez être utile, gardez cette qualité[2]. »

Il visite, le 28 juin 2021, l'usine Renault de Douai où un groupe chinois implante une unité de batteries électriques. Xavier Bertrand, président des Hauts-de-France, est présent après sa victoire aux régionales. Devant le prototype 4L moteur électrique, Emmanuel Macron est hilare : « C'est Luciano qui a les clés, il va me l'amener au Touquet[3] ! »

Il présente, le 26 juin 2018, Jean-Yves Le Drian au pape François : « Voici le ministre des Affaires étrangères et… breton aussi, il nous a avoué ce forfait. Les Bretons sont partout : c'est notre mafia française. » Le ministre précise : « Mais les Bretons sont très moraux. »

Dans le registre de la raillerie, lors du débat avec Marine Le Pen, le 3 mai 2017 : « Ce que vous proposez, comme d'habitude, c'est de la poudre de perlimpinpin. » Plus assassin quand des ministres critiquent hors de leur

1. Corinne Lhaïk, *Président cambrioleur,* Fayard, 2020.
2. Le 6 janvier 2021.
3. Luciano Biondo, directeur du pôle véhicule électrique Renault dans le Nord.

champ de compétences : « Je n'aime pas les tireurs couchés[1]. »

Il n'échappe pas à l'humour malgré lui : « Monsieur le débutant », dit-il au député Grandguillaume, le 2 juin 2015. Faux ami en Australie : « Je vous remercie, vous et votre *delicious* femme », alors que ce terme s'applique à la nourriture et au sexe ! *Delightful* eût été moins ambigu. En Guyane, il évoque le blocage de « l'île »… qui n'en est pas une.

I comme Insaisissable

« Les Français ne savent pas qui je suis », semble-t-il regretter, à moins qu'en réalité il se félicite de ne se dévoiler qu'avec parcimonie, pour se tenir à bonne distance de la « comédie humaine », comme il dit, pour ne donner prise à personne. Certes, il a nombre de compagnons liés à ses divers centres d'intérêt, mais très peu d'amis. Il se contente de donner le change. Comme tous les présidents, disciples de Machiavel auquel Emmanuel Macron a consacré un mémoire de philosophie en 2000. Ou, pour citer Pline le Jeune : « Sans doute ce que tu montres au public est-il remarquable, mais ce que tu renfermes dans tes murs ne l'est pas moins. » Il garde la clé de son coffre intime, sa vie qui le distingue de tous les Français, jusque dans l'absence d'enfant par où transite l'angoisse de la mort. Il ne dévoile pas non plus sa cuisine du pouvoir présidentiel. Son âme damnée, secrétaire général de l'Élysée, Alexis Kohler, cite Bismarck : « Si on

1. Conseil des ministres, le 13 janvier 2021.

expliquait aux gens la recette des saucisses, il n'est pas sûr qu'ils continueraient à en manger[1]. »

D'où la question récurrente : est-il sincère ? On ne sait pas dire qui il est sur le plan idéologique, faute d'un logiciel programmé du début à la fin. Si l'on y ajoute l'accusation initiale de traîtrise envers Hollande, cela renforce le questionnement sur sa sincérité, ou ses sincérités successives. « Le fond de la personnalité d'Emmanuel Macron, seule son épouse le connaît », tranche Richard Ferrand, l'un des premiers grognards. Brigitte, justement : « Emmanuel a besoin de tout le monde et de personne. On ne rentre jamais dans son périmètre. Il les met à distance. »

I comme Insensible ?

Il peut laisser couler quelques larmes à l'écoute d'infirmières urgentistes. Exprimer à sa manière, toujours tactile[2], sa compassion envers des familles endeuillées, par exemple celles de militaires morts en opération. Apparaître très affecté du décès soudain, le 5 mai 2017, à deux jours de sa victoire, de Corinne Erhel, député PS bretonne. Témoigner sa délicatesse en faisant lire un petit texte écrit de sa main aux obsèques de la mère d'un

1. Corinne Lhaïk, *op. cit.*
2. Dans *Le Monde* du 5 mai 2018, Bruno Roger-Petit, conseiller mémoire du président, explique sans rire : « Pour lui, le toucher est fondamental, c'est un deuxième langage. C'est un toucher performatif : "Le roi te touche, Dieu te guérit." Il y a là une forme de transcendance. »

conseiller. Souvenir peut-être de sa propre grand-mère, Manette. Se mettre en danger pour un personnage aussi « *borderline* » qu'Alexandre Benalla avec lequel il a du mal à couper les ponts, au point de lancer, bravache : « Qu'on vienne me chercher. » La justice s'en est chargée.

Il n'est donc pas tout à fait insensible, sans pour autant sembler possédé d'une débordante empathie. Rien du Chirac, du Sarkozy ni du Hollande, à la chaleur plus expressive, du moins en apparence. D'aucuns dénient même tout affect à ce président, trop pénétré de lui-même et de sa fonction, pour se livrer à des poussées de chaleur humaine et encore moins à des excès de câlinothérapie ! Dans sa langue, on n'exprime pas un sentiment envers quelqu'un, on l'« attrape ». Mieux encore, on le « harponne » ! Faut-il alors parler de sa froideur ? Si oui, elle suppose une bonne dose de cynisme. Il n'a pourtant ni l'âge ni les multiples vies de son « collègue » Mitterrand…

J comme Jupiter

Il affiche un retour aux sources de la Ve avec un pouvoir exécutif fort, en essayant d'éviter les travers de ses deux prédécesseurs. Il n'y parvient pas tout à fait. S'il prend toute sa place, il lui arrive, par impatience, d'empiéter sur celle de ses ministres. Il est surtout face au véritable dilemme : Jupiter à l'Élysée, ça ne colle plus de nos jours. Les conditions d'exercice du bonapartisme, celui de Macron, ne sont plus adaptées à une république qui a besoin, selon un conseiller, d'un référendum institutionnel pour se renouveler.

Macron est un personnage hybride. D'un côté, il n'appartient à personne, à aucun clan. Il n'appartient qu'à lui-même, avec une conviction explicitée par Patrick Boucheron : « Il faut prendre au sérieux ce qu'il a déclaré dans un entretien donné au magazine *Le 1* à l'été 2015 : "Je pense fondamentalement que le peuple français n'a pas voulu la mort [du roi]." Là, c'est l'élève de Ricœur qui parle. Il fait le constat que nous n'avons pas fait le deuil de la représentation monarchique[1]. »

D'un autre côté, il ne peut être, dit un ami, que l'éclaireur, le « visionnaire mobile » du dépassement qui est son ADN politique et ne s'accorde pas d'un monarque. Ce dépassement ne peut se construire que dans le collectif et le contractuel, qui ne correspondent justement pas à la Ve République conçue par et pour le général de Gaulle. « Il n'a pas trouvé dans ce quinquennat le bon équilibre entre verticalité et horizontalité, ni le bon équilibre entre audace et raison. »

Parfois Jupiter tonne ! Colère quand un ado l'apostrophe, le 18 juin 2018 : « Ça va, Manu ? » Le président le recadre sèchement : « Aujourd'hui, nous commémorons le 18 juin 1940 avec le *Chant des partisans*, *La Marseillaise*. Alors tu m'appelles monsieur le président de la République. » Au Salon de l'agriculture 2019, il tance les producteurs de porc qui vendent plus cher sans améliorer la qualité de leurs bêtes : « Prenez-vous en main. » Même remontrance aux producteurs de bœuf : « Je vous ai ouvert les portes de la Chine, mais vous n'avez exporté que quelques tonnes. Vous n'êtes pas bons. En France, les gens veulent du steak haché,

1. *Le Nouvel Observateur*, 16 juillet 2017.

pas du charolais, alors bougez-vous ! » Il passe un savon à Christophe Castaner, jugé trop lent sur la réforme du Conseil français du culte musulman. Humilié, le ministre lui répond sur Telegram : « Tu ne me parles plus comme ça. Je ne suis pas un gosse. » Macron l'invite à déjeuner : « Merci, j'ai piscine ! » La brouille ne dure que quelques jours.

En septembre 2021, remontée de bretelles des athlètes qui n'ont pas rapporté assez de médailles olympiques par rapport à l'argent investi. « Il faut que ça change. Il faudra faire beaucoup plus dans trois ans. » Il évoque un « pacte de performance » pour figurer dans les cinq meilleures nations olympiques, parle de « cordée du sport » et de « capital sportif-entrepreneur ». Jupiter exécute à l'occasion : « Lui, n'en parlons plus. Il a été payé. »

K comme Kwassa-kwassa

Le président discute au Cross d'Étel, le 1er juin 2017 sur différents types d'embarcations. Aux Comores, par exemple, il y a les « tapouilles » pour la pêche à la crevette. Il y a aussi de fragiles embarcations, les *kwassa-kwassa*. Il ne résiste pas : « Le *kwassa-kwassa* pêche peu, il amène du Comorien, c'est différent. » Tollé sur les réseaux sociaux. La plaisanterie sur l'immigration clandestine, plaie de Mayotte, passe mal, d'autant que de nombreux migrants des Comores se noient quand ils tentent de rejoindre Mayotte.

L comme Littérature

« Il n'y a rien que j'aime plus que la littérature », confie-t-il dans le livre collectif *Dans la bibliothèque de nos présidents*[1]. Preuve à l'appui : « Du plus loin que je me souvienne, j'ai éprouvé des sentiments en les lisant avant de les vivre. Je suis convaincu d'avoir connu la Creuse avant d'y être allé, à cause de Pierre Michon. J'ai très sincèrement cru pouvoir décrire l'automne grâce à Colette. Je peux vous dire tout de la chaleur des soirs de Provence, parce que j'avais lu Giono. Cela exige beaucoup d'heures d'apprentissage, de se tromper, de traduire et retraduire[2]... »

C'est sa grand-mère maternelle, auprès de laquelle il passait « des jours entiers à lire à voix haute », qui lui a fait découvrir Molière et Racine, mais aussi Stendhal, dont *Le Rouge et le Noir* est visible sur sa photo officielle.

Dans son panthéon littéraire également, Victor Hugo, Mauriac, Camus, André Gide (*La Symphonie pastorale*), Rimbaud, Zeruya Shalev[3]. Ou encore Proust, dont il visite la maison natale à Illiers-Combray, le 15 septembre 2021, pour les Journées du patrimoine, « qui ne se limite pas aux vieilles pierres, mais dit aussi la part immatérielle de notre culture avec la littérature ou les paysages ».

Il faut être assez habité pour se permettre de citer, en meeting à Lyon[4], les *Feuillets d'Hypnos* de René Char,

1. Sous la direction d'Étienne de Montety, Tallandier, 2020.
2. Discours à l'Académie française, le 20 mars 2018.
3. Initié à la langue française, à Odessa, par un enseignant breton.
4. Le 4 février 2017.

dont il dévore aussi *Fureur et Mystère*, Francis Ponge, Julien Gracq, Philippe Jaccottet. Ou d'émailler ses discours de références à Spinoza, Balzac, Tourgueniev, Isaac Babel, comme à ses philosophes de prédilection : son maître à penser Paul Ricœur *(Philosophie, éthique et politique)*, Kant, Aristote, Descartes, Levinas, sans oublier Nicolas Machiavel, sujet de son mémoire universitaire.

M comme Manette

Un ami se souvient avec quels trémolos dans la voix il évoque la disparition, avant son élection, de ses deux principales figures tutélaires. Henry Hermand, homme d'affaires, qui lui a fait confiance, y compris sur le plan financier. Et sa grand-mère maternelle, Germaine Noguès, *alias* Manette, ex-professeure d'histoire-géo et directrice d'école, qui s'était totalement investie dans l'éducation de ce petit-fils chéri. Il l'avait choisie depuis l'âge de cinq ans, car il trouvait près d'elle toute l'affectueuse exigence au travail et toutes les connaissances en littérature, en histoire, en philosophie dont un surdoué a besoin pour répondre à son appétit de savoir et à sa mémoire d'hypermnésique.

Il pensait chaque jour à elle jusqu'à sa mort, en 2013. De ce moment date d'ailleurs la vraie rupture avec François Hollande. Le président n'avait pas compris l'absence de son collaborateur pour le décès « d'une grand-mère », ignorant son rôle irremplaçable dans sa vie. Du moins est-ce ainsi qu'Emmanuel Macron évoquait, y compris en public, cette Manette adorée qu'il survalorisait peut-être en occultant le propre rôle de ses parents médecins.

M comme Mobile

C'est son mantra. « Heureux les mobiles, car ils rejoindront le premier de cordée ! » Emmanuel, en l'occurrence, apôtre de cette « mobilité » conçue d'abord comme dépassement des clivages politiques pour diviser et vampiriser la droite et la gauche. Une tactique qui inspire sans doute son « traitement » de Nicolas Sarkozy, sous les apparences de bonne courtoisie républicaine : déjeuners, déplacement commun sur le plateau des Glières, motards pour escorter la dépouille de la mère de l'ex-président...

« Sa force, dit un proche, c'est son côté éclaireur, visionnaire mobile. Il invente un software permanent, mais il court le risque de tout faire buguer. » Comme lors des régionales en Paca, quand le Premier ministre avait cru judicieux d'annoncer que la liste LREM dont il n'est pas membre rejoignait la liste Muselier.

La mobilité n'est pas seulement pure tactique politique. Dans son esprit, c'est aussi la mobilité *versus* le conservatisme qui répondra aux attentes des Français. Son ambition : « Changer notre démocratie, notre organisation, notre administration, remettre l'humain et la justice au cœur du projet national... Bâtir une ambition à 2025 avec des objectifs clairs. » Vaste programme, aurait dit de Gaulle, balayé par les Gilets jaunes et la pandémie.

Dans ces situations extrêmes, dit un ami, « il tire des bords pour arriver au cap fixé. Je le vois comme un formidable régateur, un homme des chemins de traverse ». D'où ses annonces impromptues pour les Gilets jaunes et pour réagir à la pandémie « quoi qu'il en coûte ».

Enfin, difficile d'être plus mobile que lui : de l'Inspection des finances au théâtre, de la banque à la philosophie, du piano à la une des magazines *people*, de l'ombre d'un conseiller élyséen à la lumière ministérielle de Bercy, de la gauche à la droite et vice versa, des patrons aux syndicats, pour finir de François Hollande à... lui-même[1]. Mutant, caméléon, au choix. En tout cas président mobile le 13 avril 2020 : « Il nous faudra bâtir une stratégie où nous retrouverons le temps long, la possibilité de planifier, la sobriété carbone, la prévention, la résilience... Sachons sortir des sentiers battus, des idéologies et sachons nous réinventer, moi le premier. » Une habileté dans l'autocritique, non dénuée de malice, car il en faut pour rester dans le bon tempo, indispensable à la conservation du pouvoir.

M comme Mea culpa

Autodérision, non, très peu pour lui, du moins en public. Autocritique, oui. « Jamais un président en exercice ne l'a autant pratiquée », constate Philippe Grangeon. À trois jours de la mobilisation des Gilets jaunes contre la hausse du prix des carburants, il reconnaît « ne pas avoir réussi à réconcilier le peuple français avec ses dirigeants, et c'est pour moi au cœur de ce qui m'attend dans les mois à venir. C'est un vaste programme, mais

1. Portrait d'Emmanuel Macron dans *Les Conquérants 2017*, *op. cit.*

il requiert la mobilisation de toute la nation ». Il promet de « gouverner d'une manière différente à l'avenir. Nos concitoyens aujourd'hui veulent trois choses : qu'on les considère, qu'on les protège, qu'on leur apporte des solutions. La considération, on ne l'a sans doute pas assez apportée[1] ». Un « on » plaisant au lieu du « je », en réalité.

Décidément mobile, le régateur de tempêtes tombe de Charybde en Scylla ! La Covid-19 le délivre des Gilets jaunes, mais c'est pour l'expédier en première ligne sur le front de la pandémie. Là encore, autocritique habile, mais obligée : « Il y a eu des insuffisances, comme dans tous les pays du monde. Nous avons manqué de blouses, de gants, de gel hydroalcoolique. Nous n'avons pas pu distribuer autant de masques que nous l'aurions voulu. »

Autant de « ratés » dont il faudra « tirer toutes les conséquences en temps voulu ». Y compris pour lui-même. Il concède, d'un euphémisme proche de l'autodérision, qu'il « ne réussit pas tout », mais c'est pour promettre de « décider peut-être d'une manière différente. Pas tout à Paris ». Il demande aux ministres, aux directions d'administration centrale, aux conseillers, d'aller beaucoup plus sur le terrain. Refrain connu.

N comme Notre-Dame de Paris

Le 15 avril 2019, la France et le monde sont sidérés devant le brasier de Notre-Dame. Comme si une malédiction frappait d'un coup le cœur séculaire de la

1. TF1, le 14 novembre 2018.

nation. L'histoire est tragique, mais oblige tout président. Emmanuel Macron, dont l'élection exprimait un espoir, un refus du déclinisme, relève le défi de l'optimisme : « L'incendie nous rappelle que notre histoire ne s'arrête jamais, jamais, et que nous aurons toujours des épreuves à surmonter et que ce que nous croyons indestructible peut être atteint. C'est à nous, Françaises et Français d'aujourd'hui, qu'il revient d'assurer au long du temps cette grande continuité qui fait la nation française. Nous rebâtirons la cathédrale plus belle encore, et je veux que cela soit achevé d'ici cinq années. » Deux ans plus tard, il visite le chantier qu'il voit comme une « métaphore de ce que nous pouvons vivre avec la pandémie. Ces grands défis nous rappellent que nous sommes une nation vivante qui a toujours à rebâtir et à faire ».

O comme Opportuniste

Une qualité avant d'être un défaut, si le cynisme s'en mêle. « Il est assez pragmatique et opportuniste pour s'adapter aux événements, confie Michel Sapin. Libéral proche de Chevènement. Vent debout contre la dette, il l'aggrave. Sans réelle conviction à part l'Europe, il s'est placé au centre du dispositif. Avant, quand vous étiez centriste, vous étiez écrabouillé par les deux bords. Comme Bayrou, Lecanuet, Poher. Sa force a été de profiter de la faiblesse des autres. La gauche, fracturée, faiblarde. Affaiblissement moral à droite, avec Fillon. Il a pris l'espace central. Les deux bords se sont écartés. La mer Rouge s'est ouverte. Il est passé de l'autre côté avec les Européens des deux rives[1]. »

P comme Président

« Que serez-vous dans trente ans ? », lui demande Alain Minc dès leur première rencontre. « Je serai président de la République[2]. » Pas besoin de trente ans. Le premier essai de 2017 est un coup de maître, malgré Roselyne Bachelot. Elle avait prédit son échec en citant ce proverbe africain : « L'antilope qui quitte sa mère [sous-entendu : François Hollande] finit toujours sur le tam-tam. » Comme quoi l'humour ne rend pas visionnaire, ce qui ne l'a pas empêchée de devenir à nouveau ministre, cette fois de… la jeune antilope !

Lecteur de René Char, il a retenu ces vers de « Rougeur des matinaux » : « Impose ta chance, serre ton bonheur et va vers ton risque. À te regarder, ils s'habitueront. » S'il a pensé à la présidence dès son entrée à l'Élysée, au service de François Hollande, et forcément en comparant ses qualités aux siennes, il a en effet pris « son risque ». En citant *Fanny* de Pagnol : « Si vous voulez aller en mer sans risque, achetez une île, pas un bateau. »

Il a donc choisi de quitter l'îlot de Bercy pour « prendre la mer sur une embarcation plus frêle, mais avec un cap ». Et du culot puisque, sur la ligne de départ, il ne coche aucune case du présidentiable. Il possède en revanche, grâce à Manette, dit-il, « une confiance en soi immense,

1. Entretien avec l'auteur.
2. Anne Fulda, *op. cit.*

une liberté incroyable ». La force de violer les tabous. À la Mutualité quand il assure ses supporters en délire : « Je prendrai tous les risques avec vous. » Ou quand il régale les réseaux sociaux de sa photo en maillot de bain croisant un nudiste. Quand il ose ce clin d'œil au de Gaulle de l'Algérie : « Parce que je veux être président, je vous ai compris et je vous aime. » Dès le soir de son élection, au Louvre, il lâche sa curieuse anaphore : « Nous ne céderons rien à la peur, nous ne céderons rien à la division, nous ne céderons rien au mensonge, nous ne céderons même rien à l'ironie, à l'entre-soi, à l'amour du déclin ou de la défaite. »

« Performer »

Imprégné de l'histoire de France, porté par les grandes figures de son Panthéon, de Jeanne d'Arc à de Gaulle, Emmanuel Macron a choisi la politique et le job de président pour « faire » de grandes choses. Pour « performer », en langage néolibéral. C'est son côté « sorélien », celui du *Rouge et le Noir* de Stendhal, bien en vue sur son portrait officiel[1]. La gloire en combattant victorieusement. Napoléonien, romantique, pour sa part intime, celle du rêve : « *Sky is the limit.* » Pragmatique pour sa part publique. Report de la réforme des retraites, résistance aux effets économiques de la pandémie « quoi qu'il en coûte », lutte contre l'islamisme radical, après avoir dit, à rebours

1. Auprès des *Mémoires de guerre* de Charles de Gaulle et des *Nourritures terrestres* d'André Gide.

d'un Valls intraitable, qu'il regrettait « un terreau de notre responsabilité ».

Pas de présidence dans le renoncement, même si les événements lui imposent des reculs tactiques. « Le cap sur lequel je me suis engagé consiste à avoir une politique de transformation en profondeur du pays. » Prudent, il ajoutait : « On ne le fera pas en un an, cela prendra le temps de ce quinquennat. » La pandémie a eu raison de ses engagements, mais il cite encore le général de Gaulle : « J'entends les inquiétudes, mais il faut avancer ». Il a fait passer en force, contre les syndicats, sa réforme très contestée de l'assurance chômage. Il lui fallait, pour 2022, un marqueur politique de sa volonté réformatrice.

P comme Piano

« Il est rentré, il s'est mis à jouer du piano et il m'a dit qu'il allait être candidat. » Brigitte Macron a un sens de la concision qui témoigne de son humour. On dirait du Woody Allen : « J'ai pris un cours de lecture rapide. J'ai lu *Guerre et Paix* en vingt minutes. Ça parle de la Russie. » Quant à son Emmanuel de mari, la maîtrise distanciée dont il fait preuve alors que sa vie est en train de basculer prouve aussi son humour à ceux qui en douteraient.

La Ve République compte donc pour l'instant deux présidents pianistes, Valéry Giscard d'Estaing et lui. Mais, si l'on se souvient de l'amusante prestation télévisée de VGE avec Claude François, leur talent n'est pas comparable. Emmanuel Macron a fait le conservatoire, où sa mère l'avait inscrit. Il rate le concours d'entrée, mais, comme il ne supporte pas l'échec, il repasse l'année suivante avec la même professeure. Bingo. Sa mère le voit pianiste. « Il pensait à l'excellence, il s'était pris au jeu, dit son père. Il se prend au jeu de beaucoup de choses, d'ailleurs[1]. »

Q comme Quoi qu'il en coûte

Discours très solennel d'Emmanuel Macron, chef de la guerre contre la Covid-19, le 12 mars 2020 : « La santé n'a pas de prix. Le gouvernement mobilisera tous les moyens financiers nécessaires pour porter assistance, pour prendre en charge les malades, pour sauver des vies. Quoi qu'il en coûte. » En fait, toute l'économie du pays est impactée. Bruno Le Maire monte en première ligne avec le président : « Tout sera mis en œuvre pour protéger nos salariés et pour protéger nos entreprises, quoi qu'il en coûte, là aussi. » Il annonce un mécanisme « exceptionnel et massif » passant notamment par la mise en place de chômage partiel. « L'État prendra en charge l'indemnisation des salariés contraints à rester chez eux. Toutes les entreprises qui le souhaitent pourront reporter sans justification, sans formalité, sans pénalité, le paiement des cotisations et impôts dus en mars. »

Ainsi en va-t-il pendant plus d'un an. Fin août 2021, le « quoi qu'il en coûte » est remplacé par du sur-mesure. L'enveloppe totale pour les entreprises et les salariés s'élève à 240 milliards d'euros, un tiers en subventions, deux tiers sous forme de prêts. Le fonds de solidarité a été doté de 35 milliards, autant dans le dispositif d'activité

1. Anne Fulda, *op. cit.*

partielle. À quoi s'ajoutent 160 milliards de prêts garantis par l'État et d'autres.

R comme Rire

Il ne faut pas se fier à l'apparence. Emmanuel Macron aime rire. « Pour lui, une journée sans rire est une journée perdue », témoigne Philippe Grangeon, qui a « beaucoup ri avec lui[1] ». Il savoure les moqueries qui l'ont brocardé dans le monde digital pendant la pandémie. Son épouse Brigitte, en institutrice, au tableau noir, menaçant un certain élève : « Emmanuel, dis maintenant : "Je ne suis pas socialiste." — Euh, oui madame… euh, Brigitte. » Ou encore, près d'un moulin à vent, Macron 100 % écologiste : « Mon programme, c'est 100 % du vent ! » Il retweete à quelques amis les *morphings* les plus drôles : son portrait vieilli après des années de confinement. Les caricatures qui, en Allemagne, le présentent en rasta, dreadlocks et pétard allumé. Ou la photo d'Édouard Philippe, en septembre 2019, le visage couvert de taches rouges au retour d'une visite à l'usine chimique incendiée de Lubrizol et qui se veut rassurant : « Je suis à Rouen, j'ai pu boire de l'eau et me laver. Rien de toxique[2]. » Fou rire garanti sur Europe 1 quand Nicolas Canteloup pastiche François Hollande prononçant « Gougleu » pour Google et « Amstramgram » pour Instagram !

Bon imitateur de Christophe Castaner, de Gérard Collomb ou du président du Sénat, Gérard Larcher,

1. Entretien avec l'auteur.
2. Corinne Lhaïk, *op. cit.*

en train de manger, il aime faire rire, mais, dit encore Grangeon, « il n'a rien du plaisantin qui blague à longueur de temps ». Rien des TOC de François Hollande ! Le 5 juin 2019, il reçoit, pour leur remettre la Légion d'honneur, les vingt-trois héros de la Coupe du monde de 2018 : il évoque les deux poumons de N'Golo Kanté : fou rire de Adil Rami et Paul Pogba. Pour Mbappé, il cite Cocteau, qui disait de Rimbaud et Radiguet : « Quand on est un génie, on n'est pas jeune. »

Il échange des SMS assez cash, paraît-il, depuis 2017 avec Patrick Sébastien, qui, selon son entourage, lui fait remonter « ce qu'endurent les vraies gens ». Ils ont dîné discrètement en juin 2021 à Martel, dans le Lot, où l'animateur possède une propriété. Sans être *addict* à l'autodérision, il y a eu recours par exemple pour faire un sort aux rumeurs sur son homosexualité. « Je n'ai pas été l'amant d'Alexandre Benalla », dit-il pour démentir ceux qui trouvaient suspecte la confiance aveugle accordée au jeune homme. Il tord aussi le cou, en février 2017, à l'autre rumeur : « Si on vous dit que j'ai une double vie avec Mathieu Gallet, c'est mon hologramme qui m'a échappé, mais ça ne peut pas du tout être moi ! » Brigitte raconte en souriant : « L'autre jour, j'ai vu un pépé dans la rue qui me dit : “On le sait bien qu'il n'est pas pédé, Macron.” — Vous voulez dire “homosexuel”. » Le pépé n'a pas écouté Brigitte : « Moi, je les sens, les pédés » !

R comme Réformer

« Je ne céderai rien aux fainéants, aux cyniques et aux extrêmes », déclare Emmanuel Macron, le 8 septembre

2017 en présentant la réforme du Code du travail, sous menace de manifestations. Fainéants ? L'accusation passe mal, malgré la promesse présidentielle de réformer le pays « sans brutalité ». En réalité, Macron, comme tous ses prédécesseurs, doit affronter la même répulsion des Français aux réformes. De Gaulle, déjà, avait eu la dent dure : « Ils sont versatiles. Le Français est un cheval qui, au lieu de sauter l'obstacle, essaie chaque fois de passer à côté. S'il ne trouve pas un jockey pour le forcer à aller droit sur la haie, hop, il l'évite. »

Le président jockey, malgré Gilets jaunes et virus, a tout de même sauté quelques obstacles : réforme du Code du travail, moralisation de la vie publique, réforme de la SNCF, remplacement de l'ISF par l'IFI (impôt sur la fortune immobilière), plan de relance post-Covid-19, mesures pour le pouvoir d'achat, dédoublement des classes en REP, école à trois ans, réforme du bac, Parcoursup, PMA pour toutes, congé paternité doublé, Immigration et sécurité, Séparatisme, reste à charge zéro pour les lunettes et prothèses dentaires, projet de loi climat, réforme de l'assurance chômage.

S comme Séducteur

Son tableau de chasse est impressionnant : grands patrons, personnalités de tous bords, intellectuels, artistes, élus, simples citoyens croisés au hasard des déplacements. Il sait y faire. Il aime séduire en vous regardant au fond des yeux, à croire que vous êtes le plus important au monde. Un regard magnétique auquel il est difficile de résister, confie Gaspard Gantzer[1]. Surtout quand il prend tout son temps avec vous, si le jeu en vaut la chandelle. Mais la question de sa sincérité revient toujours. « En fait, il se regarde dans tes yeux », analyse une communicante qui en a vu d'autres. « Ce n'est pas un séducteur. Il joue », dit Anne Fulda, qui évoque une « construction en trompe-l'œil » et rapporte même cette histoire de l'Ena : des camarades de promo auraient piraté sa boîte mail et envoyé ce message : « Chers tous, je vous fais la bise, je vous souris, mais au fond de moi, je vous méprise profondément. » Une blague, à moins que…

Une séduction feinte, une proximité de façade sous une carapace d'acier ? En tout cas, l'acteur aime son public et prépare ses shows avec application. Brigitte lui fait répéter certains discours. Il répète sa poignée de mains avec Trump. Dans l'avion vers le Rwanda pour une visite marquante de son quinquennat, il répète même la gestuelle de ses mains qui accompagnera son discours.

S comme Sobriquets

« Mozart de la finance » ; « monsieur Couac 40 », selon François Hollande ; « Macaron » car sucré à l'extérieur et mou à l'intérieur. Son activisme jugé suspect et agaçant le fait passer pour le « coucou du ministère de l'Égonomie » qui fait son nid dans les autres ministères, le « taré du troisième étage » à Bercy pour Michel Sapin, le « petit marquis poudré » selon Laurent Fabius avant de quitter « tout ce bordel » du quinquennat hollandais ; « Tullius

1. Entretien avec l'auteur.

Détritus, le semeur de zizanie dans *Astérix* ; « Brutus » qui tue son père César, *alias* Hollande, « Choupinet Ier » selon des députés, « Manu » pour ses belles-filles, « Daddy » pour les petits-enfants de Brigitte, « Micron » pour Depardieu…

T comme Transgression

« C'est Brigitte la vraie transgressive », assure Emmanuel Macron quand il songe à tous les tabous qu'elle a dû briser pour lui. Mais c'est tout de même Emmanuel qui a osé franchir le Rubicon présidentiel. Au fond, un petit bijou d'humour si l'on se souvient de la manière dont le chat s'est joué de toutes les souris. « J'avais sous-estimé dès le début sa propension à la transgression », reconnaît après coup sa victime François Hollande[1]. Également dans le déni, Julien Dray, en mission jour et nuit pour coacher le novice : « Nous sommes en pleine crise des ambitions, confiait-il en 2016, mais je ne crois pas aux aventures individuelles. Il n'arrivera pas à empêcher Hollande, le seul qui peut faire gagner la gauche. » On mesure, rétrospectivement, la drôlerie de la prédiction !

Pourtant, dès 2013, tenu au « off » de discrétion par sa fonction de secrétaire général adjoint de l'Élysée, le social-libéral assumé tenait déjà en confidence, au nom de sa franchise et de sa vérité, des propos iconoclastes[2] : « Si c'est pour recommencer des vieux trucs, ça ne m'intéresse pas. Il faut lutter contre les conservatismes. Il existe

1. *Conversations privées, op. cit.*
2. Devant des journalistes, dont l'auteur.

des rentes de droite, elles sont fiscales. Et des rentes de gauche, le statut de la fonction publique en est une. » « La vraie injustice, ce sont les rigidités du marché du travail dont les jeunes et les seniors sont les grandes victimes. Notre préférence pour le chômage est troublante. » Et encore : « Le plus nuisible pour les jeunes, c'est la hausse du Smic, décalé par rapport à la réalité et qui freine les patrons. Ce qui est bon pour l'entreprise est bon pour le salarié. Certains politiques font croire aux gens qu'il y a une pensée magique en économie et que le romantisme est possible, mais on ne peut pas vivre éternellement avec la gauche Cetelem. Nous vivons à crédit depuis trente ans. »

Il allume alors des clignotants : « Ma plus-value dans le système, c'est ma liberté. J'ai bien l'intention d'aller le plus loin possible. Je me moque du microcosme[1]. » « Leur vrai problème, c'est que je ne leur ressemble pas. Dont acte. Je n'ai pas envie de leur ressembler[2]. » Il envoie ses missiles libéraux contre les totems de gauche, dont il se revendique « en même temps ». La tranche d'impôt à 75 % décidée par François Hollande en personne ? « C'est Cuba sans le soleil. C'est un très mauvais signal pour les jeunes. Un jeune qui monte sa boîte, il ne veut pas devenir millionnaire, mais milliardaire », assène le frondeur[3]. Une saillie qui contribue à sa notoriété. Bernard Poignant est d'accord avec l'iconoclaste et le dit à son ami président, qui le raille : « Ah bon, les 75 %, tu es concerné ? » Les 35 heures ? « Un

1. Hervé Bazin, Alba Ventura, *op. cit.* (12 février 2015).
2. France 2, le 26 février 2015.
3. Le 27 août 2014.

progrès, mais qu'il faut faire respirer. » Traduction du sabir macronien : il faut assouplir le Code du travail. Ce sera, une fois propulsé ministre, sa « loi Macron », passée en force au 49-3, malgré deux cents heures de discussion à l'Assemblée. Macron en rajoute dans la transgression provocatrice à gauche : « La vie d'un entrepreneur est souvent plus dure que celle d'un salarié » ; « le libéralisme est une valeur de gauche » ; « le statut de fonctionnaire est de moins en moins défendable ». Il enfoncera le clou deux ans plus tard, en qualité de ministre cette fois : « Je fais de la mécanique. Je débloque, je déverrouille… Je voulais aller plus loin, mais on ne m'a pas laissé faire. Je voulais traiter la fonction publique, ça ne peut pas être un sanctuaire ! Il faut la moderniser, en finir avec les grands corps d'État. Il vaut mieux payer mieux les gens, mais avec moins de garanties. Moins nombreux, mieux payés, plus mobiles. J'ai perdu l'arbitrage, mais je reviendrai en deuxième saison[1]. »

Les pâtes alphabétiques de Gad

Tant qu'il parlait « off », ses propos ne faisaient pas encore scandale. Mais, une fois qu'il est au gouvernement, ses grenades dégoupillées le contraignent parfois au rétropédalage. Ainsi, en septembre 2014, quand il pointe le nombre d'« illettrées » dans les abattoirs Gad. Ses explications tombent dans le vide. Il passe pour arrogant : « C'est Versailles chez les gueux. » Il présente

1. 12 février 2015.

ses excuses devant l'Assemblée. Les « illettrées » ont le sens de l'humour et lui font passer des pâtes aux lettres de l'alphabet ! Son projet de loi pour relancer l'activité prévoit le développement de lignes d'autocar dix fois moins chères : « Les pauvres qui ne peuvent pas voyager voyageront plus facilement[1]. » La phrase passe mal.

Vient l'affaire du « costard ». Lors d'un échange avec deux chômeurs opposés à sa loi Travail, le ministre tient tête, façon Sarkozy devant des pêcheurs du Guilvinec : « Vous n'allez pas me faire peur avec votre T-shirt. — Vous, avec votre pognon, vous achetez des costards ! — La meilleure façon de se payer un costard, c'est de travailler. — Mais je rêve de travailler. » Costard contre T-shirt, banquier contre chômeur. France d'en haut, France d'en bas. La vidéo cartonne sur YouTube, annonciatrice des Gilets jaunes. Un manifestant interrompt un de ses discours à Nancy pour lui offrir un bleu de travail. Jets d'œufs à Montreuil, fief du PC et de la CGT.

Ses transgressions lui rapportent des soutiens, mais il en perd à gauche. Martine Aubry résume : « Macron ? Comment vous dire ? Ras le bol ! »

La curée se poursuit au gouvernement. Avec malice pour ce qui est de son collègue Michel Sapin : « C'est Macron qui m'a poussé », blague-t-il en montrant son bras dans le plâtre. « Nous ne prenons pas la navette fluviale ensemble : ça ferait un noyé ! » Macron est absent au meeting de Hé oh la Gauche ? « Normal, il n'y avait que des amis de Hollande. » Un autre collègue : « Macron ?

1. 15 octobre 2014.

De la chantilly. Une tête nouvelle, une méthode nouvelle… Comme Lecanuet ! »

« Arrêtez de patachonner »

« Je respecterai chacun », avait-il promis, sitôt élu, le soir à la pyramide du Louvre. Mais, chassez le naturel… Il a voulu montrer aux Français « qui c'est Raoul » ! Version grand-mère Manette qui lui a légué son grenier linguistique : « carabistouilles », ou « poudre de perlimpinpin » lancée à Marine Le Pen lors de leur débat de 2017. Il remonte même à la Belle Époque et en rapporte un verbe pour le moins désuet : « Arrêtez de patachonner dans la tête », répond-il, le 14 janvier 2020, à un enseignant gréviste de Pau qui l'interpellait sur les retraites. Il n'accuse pas bien sûr ce prof de mener « une vie de patachon », mais plutôt de tout mélanger, de divaguer. Comme quoi, le président, comme tout surdoué, chevauche à la fois le passé et la modernité digitale.

Et voici Raoul version Audiard : « C'est curieux, chez les marins, ce besoin de faire des phrases. » Il en a balancé quelques-unes sévères, qui, au nom d'un parler vrai, avaient valeur d'encouragements. Emmanuel Macron a eu beau plaider son intention humoristique, ses « macronneries » ont blessé. Selon Pierre Rosanvallon, il est la « version contemporaine typique de l'épreuve du mépris, la teintant même parfois d'un certain parfum d'arrogance ».

Il recadre des sans-papiers : « Vous avez des devoirs avant d'avoir des droits. On n'arrive pas en disant "on doit être considérés, on a des droits". On a une culture d'accueil et les choses se passeront bien si chacun fait son devoir, et dit "je respecte les règles, j'essaie de m'intégrer, de me former, j'apprends la langue[1]". »

Sur la défiance envers la justice et la « traque incessante à l'erreur » : « Nous sommes devenus une nation de 66 millions de procureurs[2]. » « Dès que quelque chose ne va pas, on le reproche à l'État », dit-il à *L'Express*, en décembre 2020. Il débat pendant des semaines en 2019 avec les Gilets jaunes, mais n'hésite pas à dire quelques vérités : « À côté des droits de chacun dans la République, il y a des devoirs » ; « nous ne pouvons pas être dans une démocratie de l'émeute ».

Le Gaulois « réfractaire au changement »

Comme le Général, Emmanuel Macron ne craint pas non plus de dire aux Français leurs quatre vérités. Ainsi, en novembre 2018, il appelle, notamment l'opposition, « à ce qu'on sorte d'une forme de poujadisme contemporain, où les mêmes qui vous disent "on paye trop d'impôts" sont les mêmes qui vous disent, dès que vous commencez à demander des efforts ou à faire des réformes en profondeur, "ne touchez pas aux dotations, ne demandez pas d'efforts aux collectivités locales, ne demandez surtout aucun effort" ».

En visite au Danemark, le 29 août 2018, il évoque devant la reine Margrethe II la flexisécurité : « Ce peuple

1. Le 21 mai 2021 à Nevers, lors du coup d'envoi du « pass Culture » pour les jeunes.
2. Le 21 janvier 2021, à Paris-Saclay.

luthérien qui a vécu les transformations de ces dernières années n'est pas exactement le Gaulois réfractaire au changement. » Tollé des Gaulois, peu convaincus par ce « trait d'humour ». Moyennant quoi, dans la foulée, il se déplace à Égletons, en Corrèze, où le président de région cite le cas d'une fonderie qui n'arrive pas à recruter. Plusieurs manifestants se montrent violents : « Certains, au lieu de foutre le bordel, feraient mieux d'aller regarder s'ils ne peuvent pas avoir des postes. » Sa remontrance en exaspère plus d'un. « Une gare, lâche-t-il à peine élu, c'est un lieu où on croise des gens qui réussissent et des gens qui ne sont rien[1]. » Dans son entourage, c'est la consternation : « C'est sa plus grande erreur, confie un proche, car il n'existe pas de gens qui ne sont rien. »

« Pognon de dingue »

Parler vrai, ce n'est pas parler drôle, observe Jean-Michel Ribes, mais c'est surtout, même si le propos est juste sur le fond, et l'intention louable, ne pas parler efficace. Ainsi quand il déclare le 12 juin 2018 : « La politique sociale, regardez : on met un pognon de dingue dans des minima sociaux, les gens sont quand même pauvres. On n'en sort pas. Les gens qui naissent pauvres, ils restent pauvres. Ceux qui tombent pauvres, ils restent pauvres. On doit avoir un truc qui permette aux gens de s'en sortir. » Il veut dire que les aides – le « *care* » – déresponsabilisent les gens sans les sortir de la pauvreté.

1. Inauguration de Station F, incubateur de start-up, le 29 juin 2017.

Il serait plutôt favorable aux suggestions de l'économiste péruvien Hernando de Soto Polar en faveur de droits de propriété pour les pauvres. Son propos, qui laisse l'impression que les pauvres seraient responsables de leur malheur, hérisse les associations concernées. Il les reçoit et leur concède qu'en effet on peut vouloir mais ne pas pouvoir. Il lance ce message aux premiers de cordée : « N'oubliez pas les derniers de cordée. »

Peu après, lors des Journées du patrimoine, un jeune chômeur lui explique que Pôle emploi ne lui propose rien. « Si vous êtes prêt et motivé pour l'hôtellerie, la restauration ou le bâtiment, je traverse la rue et je vous trouve du travail. » Mot pour mot ce que lui avait dit, la veille, un restaurateur. Là encore, les reproches sur son arrogance pleuvent. Brigitte nuance : « Son assurance, c'est celle de la connaissance, mais peut-être quelque chose dans la forme ne convient pas. »

Robinson Crusoé

En mai 2020, il reste assis sur le perron de l'Élysée à réciter du Audiard à un aréopage d'artistes et d'intellectuels. Du « présentiel », comme on disait en plein confinement, pour faire suite à une visioconférence sur son programme de soutien au monde de la culture, invité à ne pas se contenter d'attendre les aides de l'État. Il prend modèle sur Robinson Crusoé : « Il y a dans l'enseignement de Robinson quelque chose de ce qu'on vit. Robinson, quand le naufrage est là, il ne se prend pas la tête dans les mains en essayant de faire une grande théorie du naufrage. [...] Il prend d'abord du jambon et du fromage, des choses très concrètes. Il a en lui cette capacité à réinventer une histoire unique. »

Artistes et intellectuels sont également invités à « enfourcher le tigre, à le domestiquer » ! Sans doute le président, philosophe à ses heures, veut-il inciter les « cultureux » à se confronter à la réalité, à se dépasser pour ne pas se laisser « dévorer par le tigre ». Mais sa curieuse métaphore, reprise d'un titre du sulfureux philosophe italien Julius Evola, référence de la Nouvelle Droite française, pour ne pas dire des néofascistes, en laisse plus d'un perplexe.

Transgressif, enfin, envers l'Algérie d'après 1962 quand il dénonce « la rente mémorielle entretenue par le système politico-militaire », ainsi qu'une « histoire officielle totalement réécrite, qui ne s'appuie pas sur des vérités, mais sur un discours qui repose sur une haine de la France[1] ». Avec une belle pointe d'ironie quand il fait semblant de s'interroger : « Est-ce qu'il y avait une nation algérienne avant la colonisation française ? Ça, c'est la question. » Ironie toujours quand il évoque de précédentes colonisations, en l'occurrence l'Empire ottoman : « Je suis fasciné de voir la capacité qu'a la Turquie à faire totalement oublier le rôle qu'elle a joué en Algérie et la domination qu'elle a exercée. On est les seuls colonisateurs, c'est génial. » Cash, comme à son habitude, et sans précédent sous la Ve.

1. Le 30 septembre 2021, lors d'un entretien avec des jeunes.

V comme Vaincre

… ou convaincre. Emmanuel Macron aime la confrontation, le combat des idées et des points de vue, avec pour seul objectif de déconstruire les gens, de les retourner. Bref, gagner le corps-à-corps en suivant la leçon du philosophe Paul Ricœur : regarder le visage de l'autre pour une bonne lecture, même quand elle n'est pas conforme à son point de vue. Un jour, à Lyon, une syndicaliste lui jette un pot de yaourt. Il la retrouve dans un cortège quelques mois plus tard et va la voir pour un nouvel échange.

Tout échec à convaincre lui est pénible et, comme il répugne au clivage, il ne ménage pas sa peine ni son temps. Contrairement à de Gaulle, dont l'agenda était calé à la minute près, et à Sarkozy, le lapin Duracell, il fait durer les visites le temps qu'il faut. Il ne regarde pas sa montre et ne tient pas compte de l'emploi du temps concocté par l'Élysée. On le presse, il ralentit ! Curieux de tout, mais soucieux aussi de séduire, il se met à l'écoute ici d'infirmières urgentistes, là d'un menuisier. À l'image de François Mitterrand, le temps ne doit pas faire obstacle à sa liberté et à son besoin d'être aimé. Jacques Attali, qui se flatte d'avoir été le premier à comprendre le potentiel du jeune homme, le voit comme « un homme heureux qui a envie d'être porteur de bonnes nouvelles ».

Y comme YouTube

Là encore, « Raoul » a osé ! Pari tenu avec les stars de YouTube David Coscas et Raphaël Carlier, *alias* McFly et Carlito, très populaires auprès des jeunes, que le président veut toucher non seulement sur la pandémie, mais au-delà, pour 2022. Le 2 septembre, jour de la rentrée scolaire, Emmanuel Macron a donc posté une vidéo pour rappeler aux jeunes les gestes barrières et « la fameuse chanson de nos amis McFly et Carlito » dont il a, comme promis, montré les visages en photo – il avait aussi rendu hommage à Samuel Paty, professeur décapité. Épilogue du défi qu'il leur avait lancé en février : faire une vidéo pour inciter les jeunes à respecter les gestes barrières et, si elle dépasse dix millions de vues, promesse de participer à leur concours d'anecdotes. Chose promise… Lors du tournage du jeu à l'Élysée, chaque camp s'est affronté à coups d'anecdotes à classer « vraies » ou « fausses ». L'occasion pour le chef de l'État d'assister à un concert du groupe de métal Ultra Vomit dans le jardin de l'Élysée et de joindre sur portable Kylian Mbappé au sujet de son éventuel transfert à… l'OM ! Faux, bien sûr. Résultat final : égalité, avec gages à la clé. Pour les youtubeurs, le survol des Champs-Élysées, le 14 Juillet, dans des Alphajet de la Patrouille de France. Pour le président, montrer la photo de ses deux nouveaux influenceurs enrôlés dans une opération de séduction des jeunes. Le « coup de com », digne du marketing d'entreprise, a sans doute atteint son objectif viral de millions de vues, mais il a fait polémique. La vidéo présidentielle « ne fait honneur ni à la politique, ni aux influenceurs, ni à la jeunesse », juge le consultant Mathieu Slama, qui critique cette « vision utilitariste, dominée par la pensée marketing qui découpe l'électorat en cibles auxquelles il faut s'adresser séparément ». Plus grave critique, le disruptif Emmanuel Macron a troqué sa casaque jupitérienne, censée redonner prestige à la fonction, contre celle d'influenceur, lancé dans la pêche à la jeunesse avec de multiples appâts : présence à un concert du groupe de rap 47Ter, pass Culture de 300 euros pour 800 000 jeunes, tweets « aux fans de rap, de métal, d'électro », ainsi qu'aux « amateurs de cinéma, de théâtre », « aux lecteurs de romans, de BD », « aux accros de *GOT [Game of Thrones],* de *Validé* », « au Bataillon d'exploration [manga *L'Attaque des Titans*].

« Pitre de la République », tonne Philippe de Villiers. « Ce n'est pas en faisant des clips d'influenceurs qu'on va aider les jeunes, ni dans leurs difficultés sociales, ni dans leurs aspirations », souligne l'écologiste Yannick Jadot. « Il est meilleur youtubeur que président… Une zouaverie », ironise le communiste Ian Brossat. Le camp macroniste applaudit la performance présidentielle. Marion Lenne, députée de Haute-Savoie : « Allez les scrogneugneux, détendez-vous ! »

Bibliographie

Charles de Gaulle :

[Collectif], *Ainsi parlait de Gaulle. Les mots du Général*, Albin Michel, 2010.

BILLOTTE Pierre, *Trente ans d'humour avec de Gaulle*, propos recueillis par J.-P. Dorian, Mengès, 1978.

BLANC Pierre-Louis, *De Gaulle au soir de sa vie*, Fayard, 1990.

DULONG Claude, *La Vie quotidienne à l'Elysée au temps de Charles de Gaulle*, Hachette, 1990.

FLOHIC François, *De Gaulle intime*, L'Archipel, 2010.

GAULLE Charles de, *Traits d'esprit*, Le cherche midi, 2020.

GAULLE Philippe de, *De Gaulle, mon père*, Plon, 2003.

GUY Claude, *En écoutant de Gaulle*, Grasset, 1996.

JENSEN Sabine, *Les Sautes d'humour du Général*, Payot, 2018.

KERSAUDY François, *Le Monde selon de Gaulle*, Tallandier, 2018.

LACOUTURE Jean, *De Gaulle*, Seuil, 1985.

OLLIVIER Jean-Paul, *Le Tour de France du Général*, Julliard, 1986.

PEYREFITTE Alain, *C'était de Gaulle*, Fayard, 1994.

POUHIER Frédéric, JOUFFA Susie, *Perles de de Gaulle*, Éditions Leduc, 2019.

RAGUENEAU Philippe, *Humeurs et Humour du Général*, Jacques Grancher, 1990.

ROUSSEL Éric, *Charles de Gaulle*, Gallimard, 2002.
SALAT-BAROUX Frédéric, *De Gaulle-Pétain*, Robert Laffont, 2010.
TAURIAC Michel, *Vivre avec de Gaulle*, Plon, 2008.

Georges Pompidou :

ABADIE Frédéric, CORCELETTE Jean-Pierre, *Georges Pompidou*, Balland, 1994.
FREREJEAN Alain, *C'était Georges Pompidou*, Fayard, 2007.
MANIGAND Christine, *La Présidence de Georges Pompidou*, Nouveau Monde, 2019.
POMPIDOU Georges, *Le Nœud gordien*, Plon, 1974.
POMPIDOU Georges, *Lettres, Notes et Portraits 1928-1974*, Robert Laffont, 2012.
POMPIDOU Georges, *Pour rétablir une vérité*, Flammarion, 1982.

Valéry Giscard d'Estaing :

GISCARD D'ESTAING Valéry, *Le Pouvoir et la Vie*, 2 tomes, Compagnie 12, 1988 et 1991.
CORCELETTE Jean-Pierre, ABADIE Frédéric, *Valéry Giscard d'Estaing*, Nouveau Monde, 2009.
VALANCE Georges, *VGE, une vie*, Flammarion, 2011.
PONIATOWSKI Michel, *Mémoires*, Plon/Le Rocher, 1997.

François Mitterrand :

ATTALI Jacques, *C'était François Mitterrand*, Fayard, 2005.
BENAMOU Georges-Marc, *« Jeune homme, vous ne savez pas de quoi vous parlez »*, Plon, 2001.
BENAMOU Georges-Marc, *Le dernier Mitterrand*, Plon, 1997.
BENAMOU Georges-Marc, *Mémoires interrompus* (avec François Mitterrand), Odile Jacob, 1996.
CARLE Françoise, *Les Archives du président. Mitterrand intime*, Éditions du Rocher, 1998.

COTTA Michèle, *Le Monde selon Mitterrand*, Tallandier, 2015.
FAVIER Pierre, MARTIN-ROLAND Michel, *La Décennie Mitterrand*, 4 tomes, Seuil, 1990-1999.
GIESBERT Franz-Olivier, *Derniers carnets*, Flammarion, 2012.
GIESBERT Franz-Olivier, *François Mitterrand, une vie*, Seuil, 2011.
HALLIER Jean-Edern, *L'Honneur perdu de François Mitterrand*, Éditions du Rocher, 1996.
HARTÉ Yve, TUQUOI Jean-Pierre, *Latche*, Seuil, 2021.
MITTERRAND Danielle, *Le Livre de ma mémoire*, Jean-Claude Gawsewitch, 2007.
MITTERRAND François, *Ici et Maintenant*, Fayard, 1981.
MITTERRAND François, *La Paille et le Grain*, Flammarion, 1992.
MITTERRAND François, *Lettres à Anne (1962-1995)*, Gallimard, 2016.
MITTERRAND François, *Pensées, Répliques et Anecdotes*, Le Cherche Midi, 1997.
MITTERRAND François, *Politique 1938-1981*, *Textes et discours*, Marabout, 1984.
NAY Catherine, *Le Noir et le Rouge*, Grasset, 1984.
PÉAN Pierre, *Une jeunesse française*, Fayard, 1994.
PINGEOT Mazarine, *Bouche cousue*, Julliard, 2005.
SHORT Philip, *François Mitterrand, portrait d'un ambigu*, Nouveau Monde, 2015
TRANO Stéphane, *Mitterrand, une affaire d'amitié*, L'Archipel, 2006.

Jacques Chirac :

BARET Guy, *Chirac, entre perles et culture*, Éditions du moment, 2015.
CHIRAC Bernadette, *Conversation*, avec Patrick de Carolis, Plon, 2001.
CHIRAC Jacques, *Mémoires*, t. 1. *Chaque pas doit être un but*, Nil, 2009.

DEBRÉ Jean-Louis, PANON Xavier, *Jacques Chirac, l'album souvenir*, L'Archipel, 2019.
GIESBERT Franz-Olivier, *La Tragédie du président. Scènes de la vie politique 1986-2006*, Flammarion, 2006.
GIESBERT Franz-Olivier, *Chirac, une vie*, Flammarion, 2016.
PANON Xavier, *Chirac, quelle histoire !*, L'Archipel, 2019.

Nicolas Sarkozy :

DECOUTY Éric, JEUDY Bruno, *Sarkozy et « ses » femmes*, Plon, 2008.
GIESBERT Franz-Olivier, *Monsieur le président*, Flammarion, 2011.
MONGIN Olivier, VIGARELLO Georges, *Sarkozy, corps et âme d'un président*, Perrin, 2008.
SARKOZY Nicolas, *Le Temps des tempêtes*, Éditions de l'Observatoire, 2020.
SARKOZY Nicolas, *Passions*, Éditions de l'Observatoire, 2019.
SCHUCK Nathalie, GERSCHEL Frédéric, *« Ça reste entre nous, hein ? »*, Flammarion, 2014.

François Hollande :

ANDRÉ Antonin, RISSOULI Karim, *Conversations privées*, Albin Michel, 2016.
ASQUIN Hervé, *L'Élysée selon Hollande*, L'Archipel, 2016.
BUGAT Stéphane, *Le Président Hollande*, L'Archipel, 2012.
DAVET Gérard, LHOMME Fabrice, *Un président ne devrait pas dire ça…*, Stock, 2016.
FRANÇOIS Hollande, *Changer de destin*, Robert Laffont, 2012.
FRANÇOIS Hollande, *Les Leçons du pouvoir*, Stock, 2018.
MALOUINES Marie-Ève, *La Force du gentil*, JC Lattès, 2012.
PINGAUD Denis, *L'Homme sans com*, Seuil, 2013.
RAFFY Serge, *Itinéraire secret*, Fayard, 2011.
RAFFY Serge, *Le Président*, Fayard, 2012.

SCHNEIDER Vanessa, *L'Énigmatique Monsieur Hollande*, Stock, 2015.

Emmanuel Macron :

BÉDÉÏ Jean-Pierre, BERTRAND Christelle, *La Macronie ou le nouveau monde au pouvoir*, L'Archipel, 2018.
BERDAH Arthur, *Emmanuel Macron, vérités et légendes*, Perrin, 2021.
BOURMAUD François-Xavier, *Emmanuel Macron, les coulisses d'une victoire*, L'Archipel, 2017.
BOURMAUD François-Xavier, *L'Invité surprise*, L'Archipel, 2017.
BRUN Maelle, *Brigitte Macron, l'affranchie*, L'Archipel, 2018.
DARMON Michaël, *Les Secrets d'un règne*, L'Archipel, 2021.
DERRIEN Caroline, NEDELEC Candice, *Les Macron*, Fayard, 2017.
ENDEWELD Marc, *Le Grand Manipulateur*, Stock, 2019.
FULDA Anne, *Emmanuel Macron, un jeune homme si parfait*, Plon, 2017.
LARROUTUROU Paul, BLONDET Eliot, *Élysée confidentiel*, Flammarion, 2021.
LHAÏK Corinne, *Président cambrioleur*, Fayard, 2020.
TCHAKALOFF Gaël, *Tant qu'on est tous les deux*, Flammarion, 2021.

Autres ouvrages :

BARBIER Christophe, *Maquillages*, Grasset, 2012.
BAZIN Laurent, VENTURA Alba, *Le Bal des dézingueurs*, Flammarion, 2016.
BEAUCARNOT Jean-Louis, *Le Tout-Politique*, L'Archipel, 2011 ; 2016 ; 2022.
BOUCHET Thomas, *Noms d'oiseaux*, Stock, 2010.
BROUSSARD Philippe, PONTAUT Jean-Marie, *Les Grandes Affaires de la Ve République, L'Express*/Presses de la Cité, 2010.

Clodong Olivier, *Bourdes de politiques*, Fayard, 2016.

Clodong Olivier, *Quand les politiques se lâchent*, Mille et une nuits, 2011.

Deloire Christophe, Dubois Christophe, *Sexus Politicus*, Albin Michel, 2006.

Djamshidi Ava, Schuck Nathalie, *Madame la présidente*, Plon, 2019.

Fauvet Jacques, *La IVe République*, Fayard, 1959.

Fuligni Bruno (dir.), *Petit Dictionnaire des injures politiques*, L'Éditeur, 2011.

Garnier Stéphane, *Perles de politiques*, First, 2015.

Ghebali Éric, *Vincent Auriol*, Grasset, 1998.

Giesbert Franz-Olivier, *Derniers Carnets*, Flammarion, 2012.

Giroud Françoise, *La Comédie du pouvoir*, Fayard, 1977.

Huchon Jean-Paul, *C'était Rocard*, avec Xavier Panon, préface d'Emmanuel Macron, L'Archipel, 2017.

Krieg-Planque Alice, Ollivier-Yaniv Caroline (dir.), *Les « Petites Phrases » en politique*, Necplus, 2011.

Le Goff Jacques, *L'humour, c'est sérieux !*, Éditions Apogée, 2014.

Le Séac'h Michel, *La Petite Phrase*, Eyrolles, 2015.

Lévy-Waitz Patrick, *Lapsus politicus*, Éditions du Moment, 2011.

Mayeur Jean-Marie, *La Vie politique sous la IIIe République*, Seuil, 1984.

Nay Catherine, *Souvenirs, souvenirs*, Robert Laffont, 2019.

Novarino-Pothier Albine, « Mac Mahon, le président aux citations cultes », *Le Journal de Saône-et-Loire*, 27 décembre 2013.

Ottenheimer Ghislaine, *L'Impossible Victoire*, Laffont, 1995.

Panon Xavier, Revel Éric, *Les Conquérants 2017*, quinze portraits dont ceux de François Hollande, Nicolas Sarkozy, Emmanuel Macron, L'Archipel, 2016.

PASSARD Cédric, RAMOND Denis, *De quoi se moque-t-on ? Satire et liberté d'expression*, CNRS, 2021.

POURQUERY Didier, *En finir avec l'ironie ?*, Robert Laffont, 2018.

REVEL Renaud, *Les Visiteurs du soir*, Plon, 2020.

ROYER Michel, *Les Présidents et l'humour*, documentaire, Planète +, 2020.

SAUVY Alfred, *Aux sources de l'humour*, Odile Jacob, 1988.

SERNA Pierre (dir.), *La Politique du rire. Satires, caricatures et blasphèmes, XVIe-XXIe siècle*, Champ Vallon, 2015.

TANDONNET Maxime, *Histoire des présidents de la République*, Perrin, 2013.

VALODE Philippe, *Les Présidents de la République*, De Vecchi, 2005.

Table

AUX ÉDITIONS DE L'ARCHIPEL

PHILIPPE VALODE

La Ve République

Une histoire

Les hommes, les dates, les événements

Élection du président au suffrage universel, majorité à 18 ans, loi Veil sur l'avortement, abolition de la peine de mort, 35 heures, quinquennat ou encore mariage pour tous : plus d'un demi-siècle après sa naissance, la Ve République apparaît comme la république du changement. Sociologiquement, elle voit l'émergence de la classe moyenne et, politiquement, un bipartisme de fait, aujourd'hui menacé.

Des débuts de la France gaullienne à nos jours, Philippe Valode revient sur les grands projets, les moments délicats et les innovations voulues par les sept présidents et par leurs vingt Premiers ministres, de Michel Debré à Manuel Valls.

Index, biographie détaillée des ministres et secrétaires d'État, encadrés et documents complètent cet ouvrage de référence. Diplômé en sciences politiques, Philippe Valode est l'auteur de plus de soixante livres et albums, dont, aux éditions de l'Archipel, Les Premières Dames de la Ve République *(2010),* Les 24 Présidents de la République *(2012) et* Histoires cachées de la Grande Guerre *(2013).*

ISBN 978-2-8098-1577-1 / 29,95 €

Cet ouvrage a été composé
par Facompo
à Montrouge (Hauts-de-Seine)

Impression réalisée par

NORMANDIE ROTO IMPRESSION S.A.S.
à Lonrai (Orne)

en janvier 2022
pour le compte des Éditions de l'Archipel,
département éditorial de la S.A.S. Écriture-Communication

Imprimé en France
N° d'impression : 2106891
Dépôt légal : février 2022